KB042900

당송 예악지 역주 총서 11

구오대사
예지
악지

이 책은 2018년 대한민국 교육부와 한국연구재단의 지원을 받아 수행된 연구임
(NRF-2018S1A5B8070200)

당송 예악지 역주 총서 11

구오대사
예지
악지

연세대학교 중국연구원
당송 예악지 연구회 편

學古房

연세대학교 중국연구원은 부상하는 중국에 대한 전문적인 연구의
필요성에 부응하고자 설립되었다. 본 연구원은 학술 방면뿐만 아니
라 세미나, 공개강좌 등 대중과의 소통으로 연구 성과를 사회적으로
확산하는 데 노력해왔다. 그 일환으로 현재의 중국뿐만 아니라 오늘
을 만든 과거의 중국도 중요하다고 판단하고 학술연구의 토대가 되
는 방대한 중국의 고적古籍에 관심을 기울였다. 중국 고적을 번역하
여 우리의 것으로 자기화하고 현재화하려는 중장기적 목표를 세우
고, 이를 단계적으로 추진하고자 '중국 예악禮樂문화 프로젝트'를 기
획하였다. 그 결과 '당송 예악지 연구회'는 2018년 한국연구재단의
중점연구소 지원 사업에 선정되어 출범하였다.

중국 전통문화의 중요한 특성을 대변하는 것이 바로 예악이다. 예
악은 전통시대 중국을 포함한 동아시아 국가 체제, 사회 질서, 개인
간의 관계를 설명할 수 있는 중요한 개념이다. 국가는 제사를 비롯
한 의례를 통해 정통성을 확보하였고, 사회는 예악의 실천적 확인을
통해 신분제 사회의 위계질서를 확인하였다. 개개인이 일정한 규범
속에서 행위를 절제할 수 있었던 것 역시 법률과 형벌에 우선하여
인간관계의 바탕에 예악이 작동했기 때문이다.

이렇게 예악으로 작동되는 전통사회의 양상이 정사 예악지에 반
영되어 있다. 본 연구원이 '중국 예악문화 프로젝트'로 정사 예악지

에 주목한 이유도 이것이다. '당송 예악지 역주 총서'는 당송시대 정사 예악지를 번역 주해한 것이다. 구체적으로 『구당서』(예의지·음악지·여복지), 『신당서』(예악지·의위지·거복지), 『구오대사』(예지·악지), 『송사』(예지·악지·의위지·여복지)가 그 대상이다. 여복지(거복지)와 의위지를 포함한 이유는 수레와 의복 및 의장 행렬에 관한 내용 역시 예악의 중요한 부분이기 때문이다.

'당송 예악지 역주 총서'는 옛 자료에 생명력을 부여하는 작업이다. 인류가 자연을 개조하고 문명을 건설한 이래 그 성과를 보존하고 전승하는 중요한 수단 중의 하나는 문자였다. 문자는 기억과 전문傳聞에 의한 문명 전승의 한계를 극복해준다. 예악 관련 한자 자료는 그동안 접근하기 어려워서 생명력이 없는 박물관의 박제물과 같았다. 이번에 이를 우리말로 풀어냄으로써 동아시아 전통문화를 보다 정확히 이해하는 데 토대가 되길 기대한다. 이 총서가 우리 학계를 포함하여 사회 전반에 중요한 자산이 되길 바란다.

연세대학교 중국연구원 원장 김현철

구오대사「예지」「악지」해제 ……………………………………… 9

舊五代史卷一百四十二『구오대사』권142
禮上 예 상 …………………………………………………… 33

舊五代史卷一百四十三『구오대사』권143
禮下 예 하 …………………………………………………… 101

舊五代史卷一百四十四『구오대사』권144
樂上 악 상 …………………………………………………… 163

舊五代史卷一百四十五『구오대사』권145
樂下 악 하 …………………………………………………… 239

참고문헌 ……………………………………………………… 276

일러두기

1. 본 총서는 『구당서』『신당서』『구오대사』『송사』의 예악禮樂, 거복車服, 의위儀衛 관련 지志에 대한 역주이다.

2. 중화서국中華書局 표점교감본標點校勘本을 저본으로 사용하였다.

3. 각주에 [교감기]라고 표시된 것은 중화서국 표점교감본의 교감기를 번역한 것이다.

4. 『구오대사』[교감기]에서 약칭한 판본은 구체적으로 다음과 같다.

> 영고본影庫本(청 건륭 熊氏의 四庫全書 영인본)
>
> 전본殿本(청 건륭 49년 武英殿 간행본)
>
> 유본劉本(1925년 劉承幹의 嘉業堂 간행본)
>
> 공본孔本(臺北 國家圖書館 소장 孔荭谷의 초본)
>
> 소본邵本(일본 靜嘉堂文庫 소장 邵晉涵 舊章초본)
>
> 팽본彭本(上海圖書館 소장 彭元瑞의 교초본)

5. 번역문의 문단과 표점은 저본을 따르는 것을 원칙으로 하되, 원문이 너무 긴 경우에는 가독성을 위해 문단을 적절히 나누어 번역하였다.

6. 인명·지명·국명·서명 등 고유명사는 한자를 병기하되, 주석문은 국한문을 혼용하였다.

7. 번역문에서 서명은 『　』, 편명은 「　」, 악무명은 〈　〉로 표기하였다.

8. 원문의 주는 【　】 안에 내용을 넣고 글자 크기를 작게 표기하였다.

9. 인물의 생졸년, 재위 기간, 연호 등은 (　)에 표기하였다.

구오대사 「예지」「악지」 해제

1. 집일본 『구오대사』의 구성과 특징

『구오대사』는 북송 설거정薛居正 등이 태조太祖의 명을 받아 오대
(後梁, 後唐, 後晉, 後漢, 後周)의 역사를 기록한 정사이다. 원명은 『양
당진한주서梁唐晉漢周書』 혹은 『오대사五代史』라고도 한다. 뒤에 구
양수歐陽脩의 『오대사기五代史記』가 『신오대사新五代史』라 불리게
되면서 이 책은 『구오대사舊五代史』 혹은 『구사舊史』『설사薛史』라
고 불리게 되었다. 『신오대사』가 편찬된 뒤에는 금金 태화泰和 7년
(1207)의 「학령學令」에서와 같이 『신오대사』를 주로 이용하였기 때
문에 다른 정사류와 마찬가지로 『구오대사』는 점차 유전流傳되지 않
게 되었다. 급기야 청대 『사고전서』 편찬 때에는 이미 원본을 찾아
볼 수 없었기 때문에 영용永瑢, 소진함邵晉涵 등은 『영락대전永樂大
典』에 수록된 내용을 저본으로 『신오대사』, 『구당서』, 『오대회요五代
會要』, 『자치통감資治通鑑』, 『구국지九國志』, 『십국춘추十國春秋』, 『태
평어람太平御覽』, 『책부원귀冊府元龜』 등의 일문佚文을 모아 원본의
편제編制를 추정하고 자구字句를 교정하여 원본의 복원을 꾀하였다.
채록된 문장의 출처와 고증을 주기注記하여 건륭乾隆 40년(1775) 집
일본을 완성하였는데, 이것이 현행본의 원조격인 (영)고본庫本이다.
그렇기 때문에 『구오대사』는 청대 고증학의 성과로 탄생한 유일한

집일본 정사로 평가된다.

그 구성을 살펴보면, 5대 53년간을 양서梁書, 당서唐書, 진서晉書, 한서漢書, 주서周書와 같이 단대사斷代史로 나누어 각각에 제기帝紀(61권)와 열전列傳(70권)을 배치하고 10국은 세습世襲, 참위僭僞 열전 5권에, 그외 이민족을 외국열전 2권에, 5대의 여러 제도를 지志 10편 12권에 배치하여 총 150권으로 이루어졌다. 이 책은 5대 역대 실록과 북송 태조 건륭 연간의 『오대통록五代通錄』 65권을 저본으로 하고 있어 설거정이 살았던 시기가 5대에 근접하여 사실적인 내용과 풍부한 재료면에서 『신오대사』보다 낫다고 평가하기도 한다. 그러나 10국에 대한 기사는 상대적으로 소략하여 후대 이를 보충하는 자료들이 출간되기도 하였는데,1) 『구오대사』는 청대 사고전서 편수 시 『영락대전』을 중심으로 이러한 수많은 자료를 참조하고 고증을 통해 복원되어 24사에 편입되었다. 또한 집일본 『구오대사』 편찬 시 미처 수록하지 못한 자료들은 소진함邵晉涵의 『구오대사고이舊五代史考異』에 별도로 잘 정리되어 있고, 북송 왕박이 편찬한 『오대회요五代會要』와 상호 교차하여 참고할 수 있다.

집일본 『구오대사』는 총 6가지 판본이 있다. 『구오대사』 소주와 교감기에 언급된 판본은 다음과 같다.

① 영고본影庫本(건륭 연간 사고전서본을 영인한 웅씨熊氏의

---

1) 북송 노진路振의 『구국지九國志』, 도악陶岳의 『오대사보五代史補』 5권, 왕우칭王禹稱의 『오대사궐문五代史闕文』 및 청대 만광태萬光泰가 찬한 『오대십국세가연보五代十國世家年譜』, 강희康熙 연간에 오임신吳任臣의 『십국춘추十國春秋』가 그것이나.

1921년 영인본)

② 전본殿本(건륭 49년 무영전武英殿 간행본)

③ 유본劉本(1925년 유승간劉承幹의 가업당嘉業堂 간행본, 상무인 서관의 백납본 이십사사에 편입)

④ 공본孔本(대북臺北 국가도서관 소장 공홍곡孔紅谷의 초본)

⑤ 소본邵本(일본 정가당문고靜嘉堂文庫 소장 소진함邵晉涵 구장 초본舊章鈔本)

⑥ 팽본彭本(상해도서관 소장 팽원서彭元瑞의 교초본)

이중 대표적인 판본은 ① 웅씨 영고본影庫本 ② 전본殿本 ③ 유본劉本이다. 현재 통행되고 있는 중화서국 표점본(1976)은 ① 웅씨熊氏 영고본影庫本을 저본으로 하고 여러 종의 초본鈔本과 전본殿本으로 교감하여 표점을 가한 판본이다. 처음 진원陳垣과 유내화劉迺龢가 교감과 표점을 담당하였다가 1971년 완성하여 복단대학교復旦大學校에서 1976년에 출판하였다. 총 6가지 판본을 참고하고 원문 외에 주(원주)에서 각종 저본과 소진함의 『구오대사고이』를 근거로 증보하고 출처를 명기하였다. 이외에도 비석과 묘지문 등 교정에 참고 가능한 것도 참고하여 [교감기]에 밝히고 있다. 중화서국 표섬본 원주는 원문 아래 작은 글씨로 부기하고 있는데, 본 역주 역시 작은 글자체로 하고 【 】로 표시하여 구분하였다.

『구오대사』는 원본 그 자체가 아닌 집일본인 까닭에 교감학 방면에서 연구가 두드러지는데, 근대 이후에는 진원陳垣의 『구오대사집본발복舊五代史輯本發覆』, 『구오대사집본인서권수다오례舊五代史輯本引書卷數多誤例』와 곽무웅郭武雄의 『오대사집본증보五代史輯本增補』,

진상군陳尙君의 『구오대사신집회증舊五代史新輯會證』 등이 있다. 이러한 연구성과의 최종 결과물이라고 할 수 있는 '수정 점교본『구오대사』'가 2015년에 출간되었다.[2] 본 역주는 다른 정사의 예악지와 마찬가지로 기왕의 중화서국 표점본을 저본으로 하되 이러한 최근 연구성과를 반영하여 역주하였다.

2. 『구오대사』 「예지」 구성과 내용

1) 「예지」의 구성과 그 특징

집일본 『구오대사』는 지志의 경우 천문, 역, 오행, 예(상·하), 악(상·하), 식화, 형법, 선거, 직관, 군현 10가지 주제에 12권으로 구성되어 있다. 예지와 악지만 상하 권으로 배치할 정도 예악 제도를 중시한 점에 있어서는 타 정사와 다를 바 없다. 다만 『구오대사』가 집일본인 까닭에 현행본의 지가 원래 존재했는지, 존재했다면 현행본과 같은 형태인지 여전히 확정할 수 없으나, 이중 「악지」는 연구 결과 원문과 거의 동일한 수준의 표준본으로 삼을 만큼 교감 방면에서

---

2) 최근 중국에서는 2007년부터 기존의 중화서국본 24사 표점본 수정 작업이 '24사 표점본 수정과 淸史考 편찬' 프로젝트 일환으로 진행되고 있는데, 2022년 현재까지 10種 수정본이 출간되었으며, 그중 『구오대사』도 포함되어 있다. 이미 『舊五代史新輯會證』을 출판한 경험이 있던 陳尙君을 중심으로 24사수정본 『구오대사』가 총 6책으로 2015년 중화서국에서 출간되었다. 기존 점교본보다 3배가량 증가한 분량이며, 기존 점교본에서 이용하지 않았던 각종 판본을 참조하여 기존 점교본의 표점을 수정한 것이 2,000여 곳에 이르는 것으로 알려져 있다.

논증이 되었다.3) 「악지」의 경우처럼 「예지」 자체를 교감학 방면에서 분석한 연구는 현재 없어 실제 원본이 존재했는지, 아울러 현행 점교본이 원본을 어느 정도 복원했는지 현재로서는 알 수 없다. 하지만 「악지」가 『구오대사』 원본의 표준본으로서 입증된 만큼 「예지」의 원본이 있었음은 의심의 여지가 없다. 따라서 여기에서는 『구오대사』 자체에 「예지」 원본이 있다는 전제하에 역대 정사 「예지」와의 비교를 통해서 그 특징을 살펴보고자 한다.

첫째, 예의 기원과 개념에 관한 예지의 서문이 없다. 점교본 원주에 의하면 『영락대전』에도 실려 있지 않다고 했다.4) 「악지」가 짧게나마 역대 예악 제도 정비의 당위성을 언급한 것에 비해 「예지」를 여는 서문이 없고 아울러 역대 예악 제정과 관련된 연혁도 없다. 사마천의 「예서」 이래 역대 정사 예지는 짧게나마 예와 인성人性과의 관계, 예의 정치적, 사회적 필요성을 언급하고 난 뒤 역대 성왕의 제례작악의 연혁을 설명하고 해당 왕조의 예악 제정에 대해 서술하는 것이 「예지」의 통례이다.5) 서문이 없는 점에 대해서는 다양한 추측이 가능한데, 『구오대사』가 집일본이라는 점을 감안할 때 원본에는

---

3) 陳智超·鄭慶寶, 「『舊五代史』諸志標准本的論證」, 江西社會科學, 2012-8 에서는 「악지」가 『구오대사』 지에 있고 원본에 부합하며 무엇보다 여러 지의 표준본으로 삼을 만 한 점을 논증하고 있다. 「악지」 외에 「오행지」 또한 표준본으로 제시하고 있다.

4) 『구오대사』 10志 중 현재 서문이 있는 것은 「樂志」「曆志」「五行志」「選擧志」「職官志」 5志이다. 小注에 의하면 모두 원래부터 『영락대전』에 실려 있지 않았다고 했다.

5) 『사기』부터 『淸史稿』까지 『구오대사』『송사』『요사』 예지 3곳을 제외하고 모두 예의 의의와 삼대 이래 제례작악에 관해 서술한 서문이 있다.

있었지만 현재 전하지 않을 수도 있고, 혹은 같은 책 「악지」의 서문이 제례작악의 필요성을 서술하고 있어 「악지」 서문으로 대신했을 가능성도 있다. 만일 후자의 경우라면 『구오대사』 편찬자의 예악 제도에 관한 무게 중심이 어디에 있는지 짐작할 만하다. 이 문제는 당이후 오대를 거쳐 송대까지 국가의 예제 개편의 방향 속에서 좀더 세밀히 검토해볼 만하다.

둘째, 오례 중 길례吉禮, 특히 종묘 제도에 한정해서 구성되어 있다. 바로 직전 당대 예제를 오례 체계에 맞춰 기술하고 있는 『구당서』 『신당서』 예악지와 비교해볼 때 매우 특이할 뿐만 아니라 역대 정사 중에서도 비슷한 사례를 찾기 힘들다. 길례 중 교사는 대사大祀 중의 대사이며, 역대 왕조에서 국가 제사의 근간으로 여겨 완비하려 했던 것은 무엇보다 천명天命의 수수로 황제의 정통성을 뒷받침하고 상징하는 의례이기 때문이다. 그러므로 기존 정사 「예지」의 첫 번째 주제는 늘 교천郊天 제사였다. 『구오대사』 「예지」는 이러한 전통과는 달리 「예지」의 대문을 종묘 제도로 시작한 점이 눈에 띈다. 오대 예제에 관련한 기존 연구에 따르면, 『구오대사』 외에 『자치통감』 『책부원귀』에 산재되어 있는 기록을 검토할 때 오대 13명의 황제 중 4명의 황제가 5차례 친교(황제가 직접 교사)를 지냈을 뿐만 아니라 『구오대사』 「예지」 하권에 후반부에는 교사와 관련된 부수적인 의절儀節을 언급하고 있기 때문에 오대 때 교사 제도가 자체가 없어 「예지」에 기술하지 않았던 것은 아니었을 것이다.[6] 또한 여러

---

6) 이점은 오대 예제를 연구한 耿元驪, 「五代禮制考」, 『五代典制考』 제1장, 中華書局, 2007 ; 盛險峰, 「郊廟地點與五代兩都分立」, 『社會科學戰線』, 2003年 第4期 ; 王美華, 「皇帝祭天禮與五代十國的正統意識」 『陝西師

곳에서 오대 모두 당대 「개원례」를 모델로 하여 예악 제도를 추진한 흔적이 있고 대사-중사-소사의 삼사三祀 체계로 구성된 예전 체계를 구상했음을 사료가 부족한 가운데에서도 쉽게 확인되기 때문에 대사 중 황제 의례의 대표성을 띤 남북교를 예지에서 제외했다는 점은 확실히 주목된다.

셋째, 서술 형식면에서 상권과 하권으로 분권되어 있다. 시간 순서대로 왕조별로 기술하는 것은 공통이지만 상권은 개국 후 종묘제 설정을 둘러싼 논의를 중심으로 왕조별로 기술하고 있고, 하권은 체협, 축문, 소소한 의절 등 주제별로 기술되어 있다. 상권의 경우, 큰 틀에서 후량을 시작으로 왕조 순서에 따라 편성되어 있지만, 다만 분량면에서 볼 때 후량은 한 줄 요약으로 그친 데 반해 당의 후계를 표방한 후당이 제일 많은 지면을 차지하고 있고 후주가 그 뒤를 이었다. 내용 역시 전통적인 사묘, 칠묘의 묘제와 친묘제 설정 여부 등 태상예원과 소속 관리들 사이에 주고받았던 논쟁이 주류를 이루었다. 이에 반해 하권에서는 대강의 곁가지에 해당되는 행례行禮에 따른 규정, 즉 희생, 제옥, 제복, 제사에 참여하는 제관에 관련된 의절로 이루어져 있다. 이러한 서술의 안배는 이전 『구당서』 「예지」나 이후 『송사』 「예시」에도 확인되고 있어 예지 서술 형식면에서 일정한 계승관계에 있음이 확인된다.

넷째, 내용상 길례 중 종묘 제사에 한정되어 있지만 ① 묘제를 둘러싼 의론, 특히 오대 시기를 대표하는 인물인 유후劉昫, 장소원張昭

範大學學報』제47권 제4기, 2018년 7월 등에서도 확인된다. 이들 연구에 따르면 오대 교사 사례가 확인될 뿐만 아니라 군례와 빈례는 거의 보기가 힘들고 가례와 흉례는 비교적 많이 보인다고 하였다.

遠, 섭숭의聶崇義 등의 예론과 ② 예의 유례 또는 고사故事를 통한 역대 예의 연혁, ③「개원례」의 서례序例 형식에서 볼 수 있는 예전의 의례 절차, 희생과 제기, 거복의 규정, 유사섭사 시 관리 규정 등 종묘 제사 전반에 걸쳐 있어,「예지」의 내용을 구성하는 필수적인 조항들이 형식적으로나마 구비되어 있다. 이는『통전』이래 전통을 염두에 둔 것으로 보인다.

2)「예지」의 주요 내용과 의의

앞에서 말한 바와 같이 상권의 내용은 후량부터 후주까지 개국 이후 종묘 제도 정비에 관한 논의가 주를 이룬다. 하권은 종묘 제사의 연장으로 체협 제사를 전반부에 싣고 후반부에는 대사 때 희생의 숫자, 유사섭사의 경우 파견하는 관리의 등급에 관한 논의, 교묘의 축문과 뇌에 관한 논의, 별묘에서의 의례 제도에 대해 해당 왕조의 논의를 싣고 있다. 여기에서는 왕조별로 요약하기보다는 주목되는 주요 내용을 중심으로 살펴보기로 한다.

첫 번째로 주목할 것은 개국 후 종묘를 세우는 문제이다. 오대 모두 개국 후 종묘 세우는 데 관심을 집중했는데, 사묘제를 기본으로 하면서 여기에 사친묘를 두는가의 여부 혹은 시조묘를 두어 오묘제로 하는가의 문제로 귀결된다. 후량은 숙조肅祖(선원황제宣元皇帝), 경조敬祖(광헌황제光獻皇帝), 헌조憲祖(소무황제昭武皇帝), 열조烈祖(문목황제文穆皇帝)를 추존하여 사묘를 세웠는데, 역대 왕조가 개국 초 사묘를 세웠던 전례를 따른 것이다. 이후 개국 후 사묘는 공식화되는 듯하였는데, 후량의 뒤를 이은 후당은 북도에 세운 종묘와 개국 후에 닉양에 세운 종묘를 따로 세워 측천무후 때 장안과 낙양 2

군데 종묘를 세운 선례를 따랐다. 이후 예부상서 왕정언王正言이 이 것을 비례라고 비판하자 북도의 종묘의 신주를 낙양으로 이전하였 다. 또한 후당은 2대 명종 때 건국초 사묘 외에 친묘(헌조, 태조, 장 종)를 추가하여 칠묘제(당 고조, 태종, 의종, 소종+사친묘)를 실시하 였다. 후진 역시 개국 초에는 태상박사 단옹段顒이 칠묘제를 건의하 였으나 『구당서』를 편찬하였던 유후가 '개국 초 사묘제'를 내세워 사묘에 시조묘를 추가하여 오묘제를 주장하였다. 이를 둘러싸고 양 측의 치열한 논방 끝에 장소원의 건의에 따라 사친묘로 결정되었다. 다만 석경당이 사망한 후 사묘를 조천하지 않고 부묘함에 따라 오묘 제를 시행한 셈이 되었다. 후한의 경우 후진 때 시조묘 건립을 주장 하였던 단옹이 원조遠祖인 광무황제를 시조로 하여 오묘제를 주장 하였고 이부상서 두정고가 단옹의 오묘제에 고황제를 추가하여 육 묘를 건립할 것을 제안하면서 그대로 시행되었다. 후주는 일찌감치 사묘제를 실시하여 종묘제에 관한 쟁론은 없었으나 시호를 추증할 때 곤면복에 규옥, 책문 등의 의례를 어떻게 할 것인가, 낙양 외에 동경(변량)에 별도로 태묘를 세우는 문제 등을 다루고 있다.

사묘제를 둘러싼 종묘제도 의론 중에서 눈에 띄는 것은 이존욱李 存勗이 세운 후당의 칠묘제, 석경당石敬瑭이 세운 후진의 시조묘 건 립 논의, 후한의 육묘제 실시이다. 아시다시피 세 왕조는 모두 호족 胡族이 세운 왕조인 까닭에 자신의 정통성을 이전 한과 당의 후계자 임을 내세워 사묘 외에 무엇인가 더 추가하여 개국의 정당성을 분식 하는 데 주력했음을 짐작할 수 있다. 또 한 가지 주목할 점은 후당 때부터 예관이었던 단옹의 종묘제론을 군이 조대마다 편폭을 할애 하여 싣고 있는 점이다. 단옹은 후진에서는 칠묘제, 후한에서는 오묘제를 주장하여 왕조에 따라 입장을 달리하고 있다. 이 때문에 원주原注는 꼭 집어 마단림馬端臨을 인용하여 두정고竇貞固와 단옹을 난세에 곡학아세하는 무리로 평가하였다. 단옹은 후주 때 장작대감匠作大監까지 승진하였고 북송 초까지 활동한 것으로 보이는데, 같이 활동했던 유악劉岳과 전민田敏은 입전되어 있지만, 단옹에 대해서는 열전조차 입전되어 있지 않은 점에서 편찬자의 포폄이 적용되었다고밖에 볼 수 없다. 이 문제는 하권에서 교사 때 사용되는 규벽에 관한 섭숭의의 상주문을 실은 것과도 대조된다.

두 번째 주목할 부분은 오대 종묘 제사 중 체협 제사이다. 체협 제사는 종묘의 대제사로 예경에 3년에 1번 협제, 5년에 1번 체제를 지낸다고 하였다. 「예지」에는 후당의 사례만 다루고 있는데, 후당은 앞에서 얘기한 것처럼 칠묘제를 실시하였고 이는 당대 숙종肅宗 보응寶應 연간에 결정한 태조 경황제, 대조 원황제, 고조, 태종 4묘와 후당의 헌조(문경황제 이국창), 태조(무황제 이극용), 장종으로 구성되었다. 문제는 체 제사 때 시조를 그대로 경황제로 할 경우 원래 왕조의 수명제가 되는 이를 태조로 해야 한다고 한 예경과 맞지 않고 또 자신의 태조(무황제 이극용)를 세울 경우 칠묘제로 설정된 종묘 제도와 맞지 않는 모순에 봉착하게 된다. 이 문제는 뜻밖에 호부상서 한언운韓彦惲이라는 인물이 당의 덕종德宗 때 안진경顔眞卿의 제안을 상기시켜 평소에는 고조를 시조로 추존하고 체협 제사에만 잠시 경황제를 동향의 자리(즉 태조)에 추존하는 '절충'의 방식을 채택하는 것으로 해결되었다. 이밖에 후진과 후주 때에도 체협 제사에 관련된 기록이 있지만,[7] 「예지」에는 모두 싣지 않고 있다.

세 번째 언급할 것은 교사 제도에 수반된 의절과 관계된 기술로,

오대 중 후주의 경우에 해당되며 하권의 절반가량을 차지하고 있다. 먼저 교사를 포함한 종묘 제사 때 사용하는 축문은 원래 축책祝冊에 썼다가 「개원례」에 축판祝板을 사용하는 것으로 규정되었는데, 후량을 거쳐 후당 대에는 교사 때 죽책竹冊을 사용했음을 전하고 있다. 후주의 경우 「개원례」를 준거로 삼은 '예례禮例'에 따라 축판을 사용하는 것으로 결정하였다. 그다음 교사와 종묘 때 사용하는 규圭·벽璧·종琮·황璜의 모양, 크기, 재질을 어떻게 결정할 것인가의 문제인데, 결론은 당 현종의 사례에 따라 고제古制를 고수할 필요 없이 군주의 자의로 시의에 맞게 제작할 것을 건의하고 있다. 이 문제에 관해서는 세종 때에도 이어져 제기와 제옥에 관한 윤졸尹拙과 섭숭의聶崇義간의 논쟁이 소개되어 있고 결국 『주례』를 근거로 내세웠던 섭숭의의 의견에 따르기로 결정되었다. 또한 교묘 제사에 사용되는 희생에 쓰이는 소를 줄이는 방안을 논의한 끝에 역시 당대 희생 소의 숫자를 변경한 사례에 따라 원구圜丘, 방택方澤, 사직社稷 제사에는 원래 대로 송아지를 쓰고 태묘 및 기타 제사에는 사용하지 않는 것으로 하되, 황제의 친사親祀일 경우는 원래대로 쓰는 것으로 결정한 내용이 기술되어 있다.

　네 번째 교사 시 유사섭사有司攝事일 경우 어떤 관리를 파견하느

---

7) 『舊五代史』 권83 「晉書·少帝紀」 '開運 元年 秋七月'조에 "禮官奏：「天子三年喪畢, 祫享於太廟, 高祖聖文章武明德孝皇帝今年八月喪終畢, 合以十月行大祫之禮, 冬季祠祭, 改薦爲祫.」從之."와 후주 廣順 3년 8월 초 체 제사에 대한 언급은 『冊府元龜』 권594와 『全唐文』 권847에 실려 있다. 또한 『五代會要』에는 섭숭의가 9가지 증거를 들어 훼묘가 안 된 선조도 협 제사에 포함시켜 지내야 한다고 한 주장이 실려 있다.

냐의 문제를 언급하고 있다. 주제가 바뀌었기 때문에 다시 후당의 사례를 언급하고 있다. 후당은 당과 마찬가지로 남교 교사 전에 태미궁太微宮에 먼저 제사를 지낸 다음 남교에서 교사를 지냈는데, 중서문하가 태위를 대신하여 제사를 지내고 태묘와 그밖의 교단에는 이부에서 3품 이상 관이 섭사하도록 하고 이후에 다시 태묘의 제사에도 재상이 대행토록 하였다. 처음엔 대사는 재상, 중사는 여러 시의 경감, 소사는 태축과 봉례랑이 주관하도록 했는데, 이후 소사小祀를 5품관이 대행하는 것으로 변경하였다. 아울러 재상이 치재 시 백관 접견 금지, 일반 업무 중지, 그리고 연회를 중지하도록 하였다. 이 문제와 관련해서 최거검崔居儉의 건의가 주목되는데, 대사와 중사 때 황제의 출행 금지, 기존의 대사에만 제복을 입는 규정을 고쳐 중사 이상에는 제복과 이履(신), 책幘을 착용할 것을 요청하고 있다. 그리고 대사 때 유사섭사일 경우 해당 재신이 유고 시 풍도는 휴가, 이우는 사가의 기일, 유후는 삼사사三司使 일이 번다하여 모두 고사하니 누가 대신할 것인가를 놓고 논의하였다. 이 두 사례를 통해 황제는 교사 때 친사는 물론이고 심지어 외부로 출타까지 하였고 유사섭사할 때에도 재상이 휴가를 이유로, 유후는 삼사의 번다함을 이유로 대행을 거부하고 있다는 점에서 대사인 교사에 대한 태도의 일면을 엿볼 수 있다.

마지막으로 다시 주제가 종묘 제도로 돌아와 후당 명종 때 당의 마지막 황제인 소제少帝의 묘호와 시호를 추존하고 맞이하는 의례 절차에 관해 기술하고 있다. 처음엔 묘호를 경종景宗, 시호를 소선광열효황제로 추존하였다가 묘호는 거두고 시호만 추존하고 이에 따라 종묘에 부묘祔廟하지 않고 별묘를 두는 것으로 처리하였다.

이상에서 『구오대사』 「예지」의 주요 내용을 살펴본 결과 몇 가지 주목되는 사례를 중심으로 『구오대사』 「예지」의 특징과 그 의의를 대신하도록 하겠다.

첫 번째, 「예지」에 한정해서 보아도 후당과 후진의 경우 대사, 중사, 소사의 삼사 제사 체계가 존재했고 남교 제천과 영기迎氣 오례를 행하였으며, 교사 때 사용되는 희생의 소를 절감하는 문제를 보아도 실제로 대사로서 교사가 행해졌음을 알 수 있다. 이것을 보면 본기와 열전, 기타 문집에 산재되어 있는 자료를 통해 다른 정사 「예지」와 같이 교묘 제사를 중심으로 오대의 교사 연혁을 기술할 수도 있었을 것이다.8) 오대 예제를 다루었던 연구자들 대부분은 「예지」에 오대 교사에 관한 기술이 없는 이유에 대해 오대십국기는 혼란과 분열의 시대로 교사 제도를 제대로 정비할 시간적 여유가 없었을 뿐만 아니라 황제의 정통성을 제천 의식이 아닌 종묘제로 드러내고자 한 데 따른 현상으로 보았다. 물론 그러한 측면이 없지 않아 있지만 이는 사서 편집자의 의도가 반영된 결과가 아닌가 생각해본다. 즉 교사 제도를 제외하고 종묘 제사 중심으로 「예지」를 편성한 것은 단순히 제도의 미비나 관련 사료의 부족이라기보다는 편집자의 선택적 판단에 의해 구성되있다는 점이나. 하권에 실린 교사와 관련된 내용이 책문 자료, 희생 소 숫자 변경, 유사 섭사로 파견되는 관리의 규정, 그리고 제관들의 복장 등이어서 이전 정사 예지에서 주로 다루었던 교사에 배사되는 시조 추존 문제와 동지 교사와 기곡

---

8) 송대 王薄의 『五代會要』는 권2에 비록 짧지만 '親拜郊'라는 항목을 설정하여 오대 교사 제도를 편성하고 있다.

제사를 둘러싼 교사의 의의 등 교사의 핵심적인 주제와는 다른 점에서도 확인된다. 이는 또한 「예지」의 구성 조건과 관련된 문제로 향후 전체 정사 「예지」와 비교 속에서 좀 더 주의 깊게 살펴볼 문제로 보인다.

두 번째, 후주에서 교사 때 축문은 축판을 사용하기로 하고 그 근거를 '예례禮例'에 두고 있는데, 오대에 이미 '예례禮例'라는 형식의 예에 관한 법식이 등장하고 있는 점이 주목된다. '예례'는 경전에는 없고 예경에서 비교될 만한 예의 종류 혹은 이전에 행해졌던 예의 사례, 조례라고 할 수 있는데, 양한대 '고사故事'와 같이 제도적 전거로 예악 제도를 제정할 때 제시되고 있다. 연구에 의하면 '예례'는 예전禮典과 법률의 「영令」과 「식式」이 중심이었던 한당 이후에 새롭게 등장한 일종의 예의 조례, 혹은 세부 규정으로 송대 빈출하는 예제 형식이다. 송대에는 이것만으로 이루어진 일종의 판례집을 해당 부서의 관리들이 참조하기 쉽게 편찬하기도 했다.[9] 이러한 새로운 형식의 예의 조례나 규정 형식이 오대에 이미 나타나고 있음을 확인할 수 있다.

세 번째, 「예지」는 역대 정사 예지와 마찬가지로 종묘 제도나 교사례에 부수된 의절을 둘러싸고 주관부서인 태상예원과 예관들의 집의集議를 통해 결정되는 과정을 보여주고 있는데, 예지 절반 이상

---

9) 이와 관련 연구는 거의 없는 실정인데, 吳麗娛 主編, 『禮與中國社會-隋唐五代宋元卷』(中國社會科學出版社, 2016) 제2장 제3절 "宋初三朝的禮例與禮制的變遷" 樓勁의 글이 매우 의미 있는 분석을 하고 있어 참조할 만하다. 누경에 의하면 법률문서의 판례집과 같이 예의 조례를 편집한 例冊, 例簿기 새로운 형태의 에서로 등장하고 있음을 지저하고 있다.

이 이들의 상주문으로 채워져 있다. 예지에 언급된 인물들은 대부분 오대를 거쳐 북송대까지 활약하였기에 양오대사 열전과 송사 열전에 입전되어 있어 상주문 일부가 열전에 중복되어 실려 있기도 하다. 그런데 이중 주목되는 인물은 단웅, 장소원, 섭숭의이다. 단웅은 후량을 거쳐 후당, 후진, 후한, 후주 그리고 북송 초까지 예관을 지냈는데도 양오대사나 송사에 입전되어 있지 않은 거의 유일한 인물이기도 하다. 그는 후진 때에는 7묘제, 후한 때에는 5묘제를 주장하는 등 왕조의 상황에 따라 논지를 바꾸고 있는 상황을 보여주고 있다. 이에 반해 『구당서』 편찬의 실질적인 담당자였던 장소원의 경우 왕조 교체와 상관없이 사묘제를 주장하고 있어 좋은 대비를 이룬다. 또한 섭숭의의 경우 종묘제의 묘제를 둘러싼 예론이 『오대회요』에는 실려 있지만 「예지」에는 오로지 하권에 교묘 제사에 사용되는 규벽圭璧과 관련된 논의에만 실려 있다. 이는 섭숭의가 삼례에 언급된 도상 자료를 『삼례도』로 집대성한 인물이란 점을 감안할 때 「예지」 편찬자가 내용에 따라 인물과 상주문을 어떻게 선택적으로 선정하였는지 그 일면을 짐작케 한다.

끝으로 오대십국기는 중국의 역사에서 분열과 혼란의 시기이며, 당과 송으로 이어지는 과도기로서 예제 자체도 연혁으로 정리할 수 없을 만큼 혼란스러운 것은 사실이다. 『구오대사』 「예지」 하권도 종묘 체협 제사를 시작으로 교사와 관련된 의절을 주제로 했다가 마지막에 묘호와 시호를 추증하는 의절에 관한 것으로 기술하는 점에서도 체례상 혼란스러운 상황이다. 그러므로 구양수가 『신오대사』를 새롭게 저술하면서 오대 예제는 따로 언급할 만한 게 없다고 하여 아예 예악지를 설정하지 않았던 것도 이해할만하다. 이러한 원인에 대해서 생각해보면, 예악 제정의 실질적인 주체인 황제인 경우 이민족 출신인데다 무관 출신이었기에 예제에 어둡기도 했고 당대 안사의 난 이후 사회 분위기 역시 상무적인 사조가 팽배했으며, 사상적 측면에서도 이념보다는 실용성을 추구하는 경향이 강했던 시대 상황을 먼저 지적할 수 있다. 이러한 분위기는 예제 상에도 반영되어 형식과 내용 면에서 한편으로는 「개원례」를 준거 삼아 계승을 표방하면서도 또 한편으로는 오대 각국의 시대 상황에 따라 예악 제도를 재편하고자 하는 데에서도 잘 드러난다. 동시에 마지막 왕조인 후주의 경우 한 연구에 의하면, 역대 왕조에서 개국 후 법령 정비와 함께 예전을 편찬했던 전례에 따라 「대주형통」과 「대주통례」, 「대주정악」을 제정하였는데, 자세한 내용은 현재 전하지 않으나 단순히 『개원례』의 편목을 답습한 것이 아니라 개원례 이후의 예악 제도를 『당회요』식 주제별로 '통례' 형식으로 서술하였다고 전한다.[10] 이런 점에서 구양수와 같이 오대가 예제 면에서 언급할 만한 내용이 없고 예제 상 공헌한 바가 없다고 평가절하할 수도 있지만 「개원례」이후 사회 변동과 당에서 송으로 이어지는 이 과도기의 사회상을 제례작악의 생생한 현장 속에서 전하고 있다는 점에서 당송 간의 변화상을 보다 구체적 복원하는 데 공헌하고 있음을 확인할 수 있다.

---

10) 張文昌, 「〈大周通禮〉與〈開寶通禮〉內容與體例試探」, 『早期中國史研究』
    제2권 제2기, 2010 참조.

3. 『구오대사』 「악지」 구성과 주요 내용

1) 「악지」의 구성과 그 특징

첫 번째, 교감학 방면에서 「악지」는 『구오대사』 복원의 표준본으로 제시되고 있다. 『영락대전목록』에 따르면 권21678에 실려 있었으며 현재는 전하지 않지만 다른 자료와 비교 검토를 통해 원본 『구오대사』에 확실히 「악지」가 존재했고 또한 원본에 부합한다는 점에서 『구오대사』를 복원하는 데 필요한 표준본으로 삼을 만하다.[11]

두 번째, 형식 면에서 『구오대사』 「악지」는 서론이 있으며, 간략하게나마 여기에 오대 악사와 연혁을 서술하고 있다. 이외 나머지는 모두 오대 악제에 관한 내용으로, 상권에 이어 하권까지 이어진다. 정사 악지 체제상으로 볼 때 악사樂史, 즉 악의 연혁만 있는 셈이다.[12] 또한 하권이 후주의 악제만으로 구성된 점에서 볼 때 「예지」와 달리 상권과 하권으로의 분권은 주제에 따른 것이 아니라 후주 〈대주정악〉의 성립으로 수렴되는 형식을 취하고 있다.

세 번째, 내용상 「악지」는 크게 세 부류로 나눌 수 있다. 첫째는 오대 시기의 악사樂史를 간략히 다루고 있으며, 둘째는 오대 시기 각 왕조의 종묘宗廟에서 사용한 악무樂舞의 명칭을 소개하고 있으며, 셋째는 오대 가운데 후진·후한·후주 때의 음악 관련 주요 논의를 살필 수 있는 상주문을 수록하고 있다. 상권은 악사, 악무 명칭,

---

11) 陳智超·鄭慶實, 「『舊五代史』諸志標准本的論證」, 江西社會科學, 2012-8 에서는 「오행지」와 더불어 「악지」가 여러 지의 표준본으로 삼을 만한 점을 논증하고 있다.

12) 李方元, 「唐宋時期的正史樂志及其文體傳統」, 『中國音樂』, 2004년 제4기

그리고 후진과 후한 때의 음악 관련 상주문에 해당하는 내용이다. 하권은 '후주' 시기의 음악과 관련된 내용을 전적으로 다루고 있다.

『구오대사』「악지」의 가장 큰 특징은 오직 아악雅樂만 다루고 있다는 점이다. 이는 전란이 계속되고 왕조가 잇달아 단명했던 오대 시기의 역사적 상황과 밀접한 관련이 있다. 오대 시기는 아악 외의 음악에 신경 쓸 겨를도 없었거니와, 통치의 수단이자 태평성세의 표징으로서 '악樂'의 역할이 그 어느 때보다 필요했다.『구오대사』「악지 하」에서 '후주' 시기 음악을 전적으로 다룬 것은, "천자는 덕을 수레로 삼고 악樂을 마부로 삼는다(天子以德爲車, 以樂爲御)"(『예기禮記』「예운禮運」)라는 전통적인 신념과 관계가 있다. 하권에서는 후주 세종世宗(시영柴榮) 때 왕박王朴의 신악율新樂律 제작과 관련하여 상당한 편폭을 할애하고 있는데, 새로운 악율이 제작될 수 있었던 원동력을 바로 세종이라는 명군에서 찾고 있다. 오대 시기 제일의 명군으로 평가받는 세종은 내정을 충실히 하여 천하 통일의 토대를 구축하였다. 황제가 바로 서면 예악 역시 바로잡힌다는 전통적인 예악관을 고려해야만 『구오대사』「악지」 서술이 '후주' 시기 음악에 편중된 양상을 이해할 수 있다.

『구오대사』「악지」의 또 다른 특징은 기타 정사 악지와 달리 역대 왕조의 음악 연혁을 완전히 생략하고 바로 오대 시기 음악부터 서술하고 있다는 점이다. 이 밖에도 악장樂章에 대하여 서술하면서도 악장의 가사는 생략했다는 점 역시『구오대사』「악지」의 특징이다. 가사를 생략한 이유가 산실되었기 때문이 아니라 오히려 많아서 기록하지 않았다는 점에서 오늘날 관점에서 보자면 굉장히 아쉬운 측면이 있다.

2) 『구오대사』「악지」상하권의 주요 내용과 특징

첫 번째, 「악지」상권의 주요 내용은 다음과 같다.

먼저 후량·후당·후진·후한·후주의 악사樂史를 간략히 다루고 있다. 후량과 후당에 대해서는 선왕의 아악이 사라진 시기로 평가하고 있으며, 후진과 후한에 대해서는 단명한 탓에 예악을 제정할 수 없었던 시기로 규정하고 있다. 앞의 네 왕조와 달리 후주의 경우, 세종 시기 왕박이 율준律準을 제작해 새로운 악율을 만들게 된 과정을 상세히 설명하고 있다. 결국 후량·후당·후진·후한의 네 왕조에서는 아악이 제대로 존재하지 못했고 후주에 이르러서야 비로소 아악이 바로 서게 되었다는 의미이다. 이러한 서술 맥락은 상권 서두에서 밝힌 "고대의 왕은 다스림이 안정되면 예禮를 제정하고 공업이 이루어지면 악樂을 제작한다"라는 사상의 반영이라고 할 수 있다.

오대 시기 악사에 이어서 서술하고 있는 내용은 오대 시기 각 왕조에서 사용한 악무의 명칭이다. 후량 때 묘실廟室에서 사용한 악무 및 교사郊祀에서 사용한 악무, 후당·후진·후한·후주 때 각각의 묘실에서 사용한 악무가 무엇이었는지 언급하고 있다.

후량에 이어서 후진 고조(석경당石敬瑭) 천복天福 5년(940), 원단元旦과 동지 조회에서의 의제儀制를 완비하고자 태상경太常卿 최절崔梲 등에게 조서를 내린 내용과 최절 등이 문무文舞·무무武舞·고취십이안鼓吹十二按과 관련된 사항을 상세히 상주한 내용이 나온다. 이는 오대 시기 문무·무무·고취십이안의 상황을 살필 수 있는 귀한 자료라고 할 수 있다.

후진에 이어 후한 고조(유지원劉知遠)가 황제가 된 해(947)에 태상경 대리[權太常卿] 장소원張昭(遠)이 주요 문무와 무무의 악무 명칭을 바꾸길 상주한 내용이 나온다. 이는 새로운 악무를 제정할 여유가 없는 상황에서 우선 악무의 명칭을 바꿈으로써, 나라를 세운 황제가 악樂을 제정한다는 관례를 상징적으로나마 실천한 조치라고 할 수 있다. 이로써 사무四舞의 명칭이 새로 정해졌는데, 문무는 〈치안무治安舞〉와 〈관상무觀象舞〉이고, 무무는 〈진덕무振德舞〉와 〈강공무講功舞〉이다. 장소원이 상주한 내용에는 사무에 관한 진언 외에 '대당大唐 아악'인 당나라 때의 〈십이화十二和〉를 〈십이성十二成〉으로 바꾸는 것에 관한 진언도 담겨 있다. 이처럼 『구오대사』 「악지상」은 〈인성禋成〉〈순성順成〉〈유성裕成〉〈숙성肅成〉〈정성政成〉〈필성弼成〉〈덕성德成〉〈의성扆成〉〈윤성胤成〉〈경성慶成〉〈성성騂成〉〈수성壽成〉의 〈십이성〉 악곡이 각각 어느 경우에 연주되었는지 알 수 있는 정보의 원천이다.

이상 『구오대사』 「악지」 상권은 오대 시기 음악이 철저히 '아악' 위주였음을 말해준다. 결론적으로 말하자면, 『구오대사』 「악지」 상권은 후량·후당·후진·후한·후주의 악사樂史, 당시 종묘와 교사에서 사용했던 악무, 문무·무무·고취십이안에 관한 제도, 문무와 무무의 명칭 변화, 〈십이성〉의 생성 배경 등 '아악'을 중심으로 한 오대 시기 음악을 개괄하고 있다.

두 번째, 「악지」 하권은 세 편의 상소, 상주문을 통해 후주 아악雅樂이 제정된 역사와 아악 복원 노력 및 제작 과정을 기술하고 있다. 이를 통해 어떤 사람들에 의해, 어떻게 악율樂律의 계승과 정비가 이루어졌는지를 상세히 알 수 있을 뿐 아니라 모든 조대에, 특히 건국 초기나 황제 즉위 초에 악율의 제정이 왜 그토록 중요한 문제였는지를 엿볼 수 있다. 주요 내용을 정리하면 다음과 같다.

태조 즉위 후 태상경太常卿 변위邊蔚(885~955년)가 악무 명을 바꿀 것을 상소한 내용이다. 당 태종 때 조효손祖孝孫이 정한 2무舞, 〈십이순十二順〉의 악곡 명칭을 바꿀 것 등을 주장했다.

세종世宗 즉위 후 현덕顯德 5년(958)에 두엄竇儼(918~960년)이 명에 의해 태상아악太常雅樂을 검토한 후, 예악의 정비를 고한 내용이다. 예악에 관련된 것을 정리해 『대주통례大周通禮』라 이름하고 예원禮院에서 관장할 것, 고래부터 전해진 악장을 연혁별로 수록하고 격식화해 『대주정악大周正樂』이라 이름하고 악시樂寺에서 관장할 것, 엄격하게 규율에 따를 것 등을 주장했다.

현덕顯德 6년(959년) 봄 정월에 추밀사樞密使 왕박王朴(906~959)이 명에 의해 '12율이 돌아가며 궁이 되는 법'을 확정하고 율의 기준을 만들어 올린 내용이다. 여기에는 주대 이래 확정된 12율 84조가 이후 수대까지 제대로 전해지지 않은 상황과 당대의 고증 노력, 안사의 난 이후 음악이 제대로 계승되지 못한 상황, 세종 즉위 후 두엄과 왕박의 노력으로 84조를 다시 보정해서 올린 경위 등이 상세히 설명되어 있다. 특히 왕박은 찰기장으로 척도를 교정해 12율관律管을 만들고 12율과 7성을 조화시켜 84조를 이루게 된 과정을 설명하면서 악율의 완벽한 고구가 어려움을 호소하고 상세한 시행령이 필요함을 주장했다.

세종의 명에 의해 백관들이 모여 논의한 내용으로 병부상서兵部尙書 장소(원)張昭(894~972) 등이 올린 상주문이다. 여기에서는 음악을 통해 예를 세우려는 세종을 칭송하고 왕박이 고증한 악율이 조화로움을 인정하면서 제례, 의식에 사용할 것을 주청하고 있다. 더

불어 의식과 음악을 관장하는 예시禮寺·태상시太常寺가 새로운 악
율을 엄격히 검증하고 시행할 것을 주장했다. 이에 대해 세종은 왕
박의 노력을 칭찬하고 '왕박이 상주한 악율을 장소(원) 등이 의논한
바에 의거해 시행하라'고 명한다.

이상 「악지」 하권을 통해 아악의 복원과정과 그에 기여한 사람들
의 노력을 구체적으로 알 수 있을 뿐만 아니라 이 일이 왜 황제가
직접 관여할 정도의 중요한 일인지를 알 수 있다.

4. 『구오대사』 예지 악지의 의의와 과제

중국 역사상 오대십국기는 단순히 혼란과 분열의 시기이자 당에
서 송으로의 왕조 교체의 과도기가 아니라 문벌을 중심으로 한 귀족
제 사회에서 사대부 중심 사회로의 재편과 서민 사회의 등장 등 사
회구조가 변화하고 그에 따라 정치적, 사상적, 문화적 변화의 조짐
이 전개되던 시기이다. 이러한 교체기의 변화상이 『구오대사』의 「예
지」「악지」에도 드러나 있다.

먼저 짧은 시기에 오대 왕조가 교체됨에 따라 개국 후 법률 개정
과 함께 진행되었던 예전 편찬 작업이 진행되지 못했고, 그 결과물
과 성과 역시 전해지지 않는다. 그럼에도 오대의 마지막 왕조인 후
주 때 『대주통례』나 『대주정악』이 편찬되었으며, 북송 초 제례작악
에 기초가 되었음은 주지의 사실이다. 『구오대사』를 편찬에 참여했
던 인물들이 대개 오대 시기 예악 제정에 깊이 관여했던 사실에서도
북송 초기 예악 제정을 이해하는 데 의의가 있다고 하겠다. 동시에
정사 자료로서 「예지」의 편찬 형식과 구성의 한 측면을 닐것 그 자

체로 제공하고 있다는 점에서도 의미를 부여할 수 있다.

　두 번째, 「예지」를 통해 살펴본 바에 의하면, 당대 「개원례」를 표준 삼아 대 - 중 - 소 삼사 체계와 오례 형식을 계승하면서도 한편으로 이러한 표준 예제가 현실에 맞지 않는 문제에 봉착했을 때 개국 후 제례작악의 관례를 내세워 군주의 의도와 필요에 따라 개정되기도 하였다. 「예지」 전편에 걸쳐 유일하게 황제의 의견이 담겨 그 개성이 그대로 드러난 조칙이 상권에 실려 있는데, 후당 명종이 자신의 선조에게 '황'과 '제'의 시호를 추존하려고 내세웠던 주장이다. 이것을 통해 후당에서는 황제의 정통성을 지지하는 의례로서 제천의식인 교사보다는 종묘 제도에 관심이 더 집중되어 있음을 알 수 있다. 이점 「예지」 자체가 남북교가 아닌 종묘 제도와 그와 관련된 의절로 구성된 점에서도 확인된다.

　세 번째, 이와 동시에 「예지」와 「악지」를 비교할 때 「악지」는 서문이 있고 오대 악제의 연혁이 짧게나마 서술된 점에서 전문 분야의 「지」로서의 완결성을 가지고 있다. 또한 내용상으로도 제례작악의 핵심이 내용이 '제례'보다는 '작악'에 무게 중심이 옮겨지고 있다는 점이다. 「예지」에서 살펴본 바와 같이 「개원례」를 표준으로 하는 국가 예전은 큰 틀에서 변함없이 삼사 체계와 오례 형식으로 계승되고 '제례'는 세부적인 항목에서 개정되는 것으로 그쳐 정형화되어 예의 의미가 형해화되어 가는 반면, 악 분야에서는 왕조를 대표하는 악이 편찬되고 이를 위해 악을 위한 전문 부서가 신설되며 악율 개정 및 악기 제작 등 실제적인 제도 개선과 실행으로 이어져가고 있다. 한당대 왕조 교체가 '개정삭改正朔 역복색易服色'으로 표상되거나 명당 건설로 이상적 통치를 상징화하였다면, 오대 이후에는 '고례의 부활'을 명목으로 표준 도량형과 그에 따른 12악률의 재정비, 후주 「대주정악」과 같은 왕조 고유의 악 제도 유무로 드러나게 되었다. 이러한 현상은 오대 이후 송대 전시기에 걸쳐 더욱 뚜렷해지는데, 북송대 6차례에 걸친 악제 개편의 사례가 그러하다. 이처럼 '예'에서 '악'으로의 무게 중심의 이동은 향후 당송간 예제 연구에 있어서 보다 주의깊게 검토해볼 과제이다.

마지막으로, 『구오대사』「악지」는 『구당서』「음악지」가 구부기와 속악까지 아울러 구성된 데 반해 아악 중심으로 편성되었는데, 이러한 특징은 『송사』「악지」에도 그대로 계승되어 아악 중심으로 편성되기에 이른다. 한편 「악지」에는 언급되어 있지 않지만 전촉前蜀 왕건王建의 영릉永陵廟에 조각된 기악도상이나 오대 왕처직王處直 묘의 악기 도상 등 오대시기 출토된 유물을 함께 검토해봄으로써 당송간 아악제도의 변화상을 보다 입체적으로 살펴볼 필요가 있음을 지적하고자 한다.

舊五代史卷一百四十二
『구오대사』 권142

禮上
예 상

문정희 역주

【案：禮志序, 永樂大典原闕.】

【살펴보건대,「예지禮志」의 서문은 『영락대전永樂大典』[1]에 원래 빠져 있다.[2]】

---

1) 『영락대전永樂大典』: 明 永樂 연간 成祖 朱棣의 명령으로 解縉·姚廣孝 등이 주도하여 편찬한 중국 고대전적의 백과사전적인 類書이다. 처음 『文獻大成』이라 이름하였는데, 성조가 직접 序言을 작성하고『영락대전』이란 명칭을 하사하였다. 책 전체는 22,877권(목록 60권을 합하면 22,937권) 11,095책으로 약 3.7억 자이며 고금의 도서 8천여 종을 수록하였다. 『영락대전』의 내용은 경사자집, 천문지리, 음양의술, 점복, 불교, 도경, 희극, 농공 기예 등에 걸쳐 있으며, 수천 년간 축적되어온 지식보고로 '유사 이래 최대 백과전서'라고 일컬을만하다.

2) 『舊五代史』의 小注는 淸代 永瑢, 邵晉涵 등이 『永樂大典』과 宋代 諸書에서 佚文을 모아 자구를 교정하고 출처와 고증을 주기한 것이다. 본문과 구별하여 번역문에서는 【 】로 표시하여 구별하였다. 『구오대사』는 北宋 薛居正 등이 宋 太祖의 명을 받아 五代(後梁, 後唐, 後晉, 後漢, 後周)의 역사를 기록한 정사이다. 『新五代史』가 편찬된 뒤에는 金 泰和 7년(1207)의 學令에서와 같이 『新五代史』를 주로 이용히였기 때문에 淸代 『四庫全書』 편찬 때에는 이미 원본을 입수할 수 없어 『永樂大典』 및 宋代 諸書의 佚文을 모아 원본의 編制를 추정하여 복원을 꾀하였다. 淸 乾隆 40년(1775) 輯本을 완성하여 황제에게 진상하였는데, 현행본의 조본이라 할 수 있는 庫本이다. 이것을 1921년 南昌熊羅宿에서 影印하여 널리 유포하니, 이른바 '영고본影庫本'이라고 칭하였다. 5代의 53년간을 梁書, 唐書, 晉書, 漢書, 周書와 같이 斷代史로 나누어 각각에 帝紀(61권)와 列傳(70권)과 5대의 여러 제도를 志 10편 12권에 배치하여 총150권으로 구성하였다. 특히 지는 10가지 분야 중 예(2권)와 악(2권)만이 2권씩 편성하였다.

梁開平元年夏四月, 太祖初受禪, 乃立四廟於西京, 從近古之制也.

후량後梁[3] 개평開平[4] 원년(907) 여름 4월, 태조太祖가 처음 수선
受禪하고 곧 서경西京(낙양)에 4묘[5]를 세웠는데,[6] 이는 근고近古의

---

3) 후량後梁(907~923) : 오대십국 시대 오대의 첫 번째 왕조이다. 당나라 말
   기 혼란한 정세 속에 당 조정을 장악한 군벌 朱全忠이 907년 당 哀帝(소
   선제)로부터 선양을 받아 건국하였다. 수도는 開封이다. 남북조 시대 괴뢰
   정권인 後梁이나 남조 梁나라와 구별하기 위해 朱梁이라 부르기도 했다.
4) 개평開平 : 후량의 태조인 주전충의 치세에 쓰인 첫 번째 연호로 907~911
   년 동안 사용하였다.
5) 서경에 4묘… :『舊五代史』권3「梁書・太祖本紀」에 보다 상세한 기사가
   실려 있다. "(개평 원년 사월), 4대 묘호를 추존하였다. 고조 규주부군을
   선원황제로, 묘호는 숙조, 태묘 제1실에 안치하고 능호는 흥극릉이라 하
   였다. … 황증조 선혜왕은 광헌황제로, 묘호는 경조, 제2실에 안치하고 능
   호는 영안릉이라 하였다. … 황조 무원왕은 소무황제로, 묘호는 헌조, 제3
   실에 안치하고 능호는 광천릉이라 하였다. … 황고 문명왕은 문목황제로,
   묘호는 열조, 제4실에 안치하고 능호는 함녕릉이라 하였다.追尊四代廟號
   : 高祖嬀州府君上諡曰宣元皇帝, 廟號肅祖, 太廟第一室, 陵號興極陵
   … 皇曾祖宣惠王上諡曰光獻皇帝, 廟號敬祖, 第二室, 陵號永安 … 皇祖
   武元王上諡曰昭武皇帝, 廟號憲祖, 第三室, 陵號光天 … 皇考文明王上
   諡曰文穆皇帝, 廟號烈祖, 第四室, 陵號咸寧."
6) 개평 원년 … 세웠는데 :『舊五代史』권4「梁書・太祖本紀」에는 "개평 3
   년 정월 무진 초하루에 태묘 4실의 신주를 받들고 서경에 갔는데, 태상의
   장고취가 재거를 인도하고 문무백관이 개명문 밖에서 축사를 받들었다.
   開平三年正月戊辰朔, 帝御金祥殿, 受宰臣・翰林學士稱賀, 文武百官
   拜表於東上閣門. 己巳, 奉遷太廟四室神主赴西京, 太常儀仗鼓吹導引
   齋車, 文武百官奉辭於開明門外."라고 하여 개평 원년이 아닌 3년으로
   되어 있다. 이때 西京은 낙양을 말한다.『구오대사』권30「당서・장종본
   기」"(동광 원년) 十二月庚午朔, 車駕至西京"의 주에『신오대사』에는

제도를 따른 것이다.[7)]

　唐同光二年六月, 太常禮院奏 :「國家興建之初, 已於北都置廟, 今克復天下, 遷都洛陽, 却復本朝宗廟. 按禮無二廟之文, 其北都宗廟請廢.」乃下尚書省集議. 禮部尚書王正言等奏議曰 :「伏以都邑之制, 宗廟爲先. 今卜洛居尊, 開基御宇, 事當師古, 神必依人. 北都先置宗廟, 不宜並設. 況每年朝享, 禮有常規, 時日既同, 神何所據. 竊聞近例, 亦有從權. 如神主已修, 迎之藏於夾室 ; 若廟宇已崇, 虛之以爲恆制. 若齊桓公之廟二主, 禮無明文, 古者師行, 亦無遷於廟主. 昔天后之崇鞏·洛, 禮謂非宜 ; 漢皇之戀豐·滕,【豐·滕, 原本作「封藤」, 今從漢書改正.(影庫本粘籤)】事無所法. 況本朝故事, 禮院具明, 洛邑舊都, 嵩丘正位, 豈宜遠宮闕之居, 建祖宗之廟. 事非可久, 理在從長. 其北都宗廟, 請准太常禮院申奏停廢.」從之.

　후당(後唐)[8)] 동광(同光)[9)] 2년(924) 6월 태상예원(太常禮院)[10)]에서 다음

　'서경'이 '낙경'으로 되어 있고 그 이유가 영평군을 서경이라 고치기 전이라 이전대로 낙양을 서경이라 하였기 때문이라고 말하고 있다."案 : 歐陽史作甲子如洛京, 庚午至自汴州. 薛史作西京, 蓋其時未改永平軍爲西京, 故尙仍梁制, 稱洛陽爲西京也. 又, 通鑑考異云 : 諸書但謂之洛京, 未嘗詔改西京爲洛京, 至同光三年, 始詔依舊以洛京爲東都. 或者以永平爲西京時, 即改梁西京爲洛京, 而史脫其文也. 歐陽史于元年冬即書洛京, 未審所據."(『舊五代史考異』)

7)　당 건국 초에 4묘를 설치한 사례를 두고 한 말이다. 구체적인 내용은『구당서』「예의지」5를 참조.

과 같이 상주하였다. "(후당은) 건국 초에 북도北都[11])에 종묘를 설
치하였는데,[12) 이제 천하를 모두 회복하고 낙양으로 천도하여 본조

8) 후당後唐(923~936) : 오대십국 시대 중 오대의 두 번째 왕조로 이국창李
   國昌의 손자이며 晉王 이극용의 아들 李存勖이 건국한 나라이다. 당나라
   의 후계자를 자임하여 국호를 당으로 하였는데, 당나라와 구별하기 위해
   後唐으로 부르고 있다. 수도는 洛陽이다.

9) 동광同光 : 後唐 莊宗인 李存勖의 치세에 쓰였던 五代의 연호年號이다.
   923년 4월에서 926년 4월까지 사용하였다.

10) 태상예원太常禮院 : 당대 처음 설치되었고 태상시 소속이다. 德宗 貞元
    7년(791)에 禮院直 2인을 두었고 9년 禮院修撰, 檢討 각각 1인을 두었다.
    五代에도 계속 설치하여 郊廟와 관련된 일을 담당하였고 예의와 관련된
    전례를 검토하였다. 宋初에 判院을 설치하면서 仁宗 天聖 元年(1023)에
    禮儀院을 本院에 귀속시키면서 同知太常禮院官을 추가로 설치하였다.
    명의상 태상시 소속이지만 실제 사무에 있어서 서로 간섭하지 않았다.
    康定 元年(1040)에 처음으로 判太常寺官으로 겸령하게 하였다. 『구오대
    사』「예지」에도 예의제도에 관한 논의는 대부분 태상예원의 이름으로 언
    급되어 있다.

11) 북도北都 : 鎭州를 말한다. 鎭州는 당대 元和 15년(820)에 恒州로 개칭하
    여 설치되었고 치소는 眞定에 두었다. 관할 구역은 지금의 河北 石家莊
    市 및 그 일대이다. 오대시대 後唐이 진정부로 승격하였고 북도로 삼았
    다. 後晉과 後漢대 항주와 진주로 이름을 바꾸어 부르다가 後周 때에는
    다시 鎭州로 개칭하였다.

12) 『舊五代史』 권29 「唐書·莊宗本紀」을 보면, 동광 원년에 위주를 동경,
    태원을 서경, 진주를 북도로 삼았다. "詔升魏州爲東京興唐府, 改元城縣
    爲興唐縣, 貴鄕縣爲廣晉縣, 以太原爲西京, 以鎭州爲北都." 같은 해 진
    양에 종묘를 세웠는데, 고조 신요황제, 태종, 의종, 소종 등 7묘를 세웠다.
    "詔於晉陽立宗廟, 以高祖神堯皇帝·太宗文皇帝·懿宗昭聖皇帝·昭宗
    聖穆皇帝及懿祖以下爲七廟." 그러다가 동광 3년에 옹주를 서경으로 하
    고 낙주를 동도로 하며 병주를 북도로 히였다. 동경으로 삼았던 위주는

의 종묘를 다시 복구하였습니다. 살펴보니 예에 두 곳의 종묘가 있다는 문장이 없으니, 북도의 종묘는 폐지하십시오." 그리하여 상서성에 집의集議를 명하였다.13) 예부상서禮部尚書 왕정언王正言 등이

업도로 개정하고 북도와 함께 차부로 삼았다."辛酉, 詔本朝以雍州爲西京, 洛州爲東都, 并州爲北都. 近以魏州爲東京, 宜依舊以洛京爲東都, 魏州改爲鄴都, 與北都並爲次府."『五代唐史平話』권하에, "4월 진왕 이존욱이 위주 아성 남쪽에 나아가 고대를 축성하고 택일하여 단에 올라 황천후토에 제사를 지내 황제의 위에 올랐다. 국호를 대당이라 하고 동광으로 개원하였다. 모후 조씨를 추존하여 황태후라 하고 적모 유씨를 황태비라 하였다. 위주를 흥당부로 고쳐 동경이라 칭하고 태원부를 서경이라 하였으며, 진주를 진정부로 고쳐 북도라 칭하였다. 이때 당이 획득한 영역이 13절도에 50주였다. 윤월에 당의 종묘를 진양에 세우고 증조 이집의를 추존하여 의조 소열황제라 하고 조부 이국창을 헌조 문황제, 아버지 진왕을 태조 무황제로 추존하였다. 고조, 태종, 의종, 소종, 의종 이하까지를 7실로 삼았다.四月, 晉王存勖就魏州牙城之南隅, 築一高臺, 擇日登壇祭告皇天后土, 即皇帝位, 國號大唐, 改元爲同光元年. 尊母曹氏爲皇太后, 嫡母劉氏爲皇太妃. 改魏州傲興唐府, 稱東京; 以太原府稱西京; 改鎭州傲眞定府, 稱北都. 是時, 唐之所得者, 凡十三節度五十州. 閏月, 立唐宗廟於晉陽, 追尊曾祖執宜爲懿祖昭烈皇帝, 祖國昌爲獻祖文皇帝, 考晉王爲太祖武皇帝; 以高祖・太宗・懿宗・昭宗泊懿宗以下爲七室."

13) 당대에는 7품 이상의 중앙관료에 의해 상서도좌집의가 행해졌다. 공경의와 백료집의 등 상당 규모의 회의가 이곳 상서도성에서 행해졌는데, 『구당서』 「예의지」에는 상서성에 명하여 안건을 회의하도록 한 기사가 자주 보인다. 오대도 마찬가지이다. 대청이 있는 상서도당은 760명이나 되는 사람들이 모여 회의하는 백관상의를 개최할 수 있을 정도로 넓은 장소로, 황제의 지시에 의해 개최되었다. 六朝 때 조당에서의 회의가 귀족과 고급 관료의 집단의지 형성이라는 측면을 지녔던 것과는 반대로 상서도당집의의 성격도 현저한 행정적 색채를 지니고 있었다. 『천공의 옥좌』, 와타나베

상주하여 논의하였다.

　　엎드려 생각건대 도읍을 정하는 제도 중 종묘가 가장 중요합니다. 이제 점을 쳐 낙양을 지존이 거하는 곳으로 정하고 천하를 다스릴 기틀을 마련하였으니, 마땅히 고대(의 예법)을 본받아야 하며, (그러면) 신은 반드시 사람에 의지할 것입니다. 북도에 먼저 종묘를 설치하였지만 두 군데 종묘를 설치하는 것은 마땅치 않습니다. 하물며 매년 거행하는 종묘 제사는 예전에 그 시행에 관한 규정이 있으니, 같은 날에 제사를 지낸다면 신이 어디에 의거하겠습니까? 비근한 예를 보아도 권도에 따른 것이 있습니다. 신주가 오래되었으면 협실에 맞아들여 보관하고, 묘우가 다 찼으면 (순서대로) 묘실을 비우는 것이 항구적인 제도입니다. (그런데) 제환공은 묘에 두 개의 신주를 두었으니,14) 예에는 그것에 대한 명문이 없습니다. 옛날에는 군대가 출동할 때도 (조주祧主를 수레에 싣고 갔지) 현재 묘실에 들어 있는 신주를 옮겨 (수레에 싣고) 가지는 않았습니다. 옛적에 천후(측천무후)가 공鞏·낙洛15)을 추숭한 것은 예에 마땅치 않습

신이치로 저, 문정희 등 역, 신서원, 2002, 참조.
14) 제환공은 두 개의 신주를 두다 … : 『禮記』「曾子問」에 나온다. "그 옛날 제환공은 전쟁을 자주 일으키면서 가짜 신주를 만들어 출전하였다. 전쟁에서 돌아와 조묘에 보관하였는데, 묘에 두 개의 신주를 두는 것은 제환공 때부터이다.昔者齊桓公亟舉兵, 作僞主以行. 及反, 藏諸祖廟. 廟有二主, 自桓公始也."
15) 공鞏·낙洛 : 공현과 낙양을 병칭한 것으로 현재 하남과 공의 일대를 가리킨다. 측천무후가 장안 외에 낙양에 종묘를 세운 것을 두고 한 밀이다.

니다. 한황漢皇16)이 풍豐·등滕17)【풍豐과 등滕은 원본에는 '봉등封藤'으로 되어 있지만 『한서漢書』에 따라 수정하였다.(영고본影庫本 주석)】을 연모한 것은 본받을 만한 일이 아닙니다.18) 하물며 본조의 고사는 (태상) 예원에서 이미 명백히 밝혀놓았으니 낙양은 구도舊都이고 숭산崇山은 정통의 자리[正位]인데 어찌 궁궐과 멀리 떨어진 곳에 조종의 묘를 세운단 말입니까? 오랫동안 지속할 수 없다면 보다 나은 방책을 따르는 것이 도리입니다. 북도의 종묘를 태상예원의 요청대로 폐지하기를 청하옵니다.

그대로 따랐다.

---

16) 한황漢皇 : 여기에서 '漢皇'은 한고조 유방 혹은 유방의 아버지 태상황을 가리키는 중의적인 의미로 사용되었다. 유방의 아버지 太上皇은 고향인 풍을 그리워했기 때문에 고조가 그를 위해 새로운 읍을 조성하여 '신풍'이라 이름을 붙인 일을 말한다. 『史記』 권8 「高祖本紀」 참조.

17) 풍豐·등滕 : 풍현과 등현을 병칭한 것으로 漢代에는 모두 沛郡 소속이었다. 현재 江蘇省 徐州의 속현이다. 한고조 유방이 沛의 豐에서 기의한 뒤 천하를 통일하고 이곳의 조상의 묘를 옮기지 않고 제사관을 두어 제사한 일을 말한다.

18) 『漢書』 권1하 「高祖本紀·贊」에 "풍공은 태상황의 아버지이다. 옮긴 지 얼마 안 되어 풍에 분묘가 드물다. 고조가 즉위하면서 제사관을 설치하고 秦巫, 晉巫, 양무, 형무를 두고 대대로 천지에 제사하고 이어 함께 제사하였다.豐公, 蓋太上皇父. 其遷日淺, 墳墓在豐鮮焉, 及高祖即位, 置祠祀官, 則有秦·晉·梁·荊之巫, 世祠天地, 綴之以祀."라고 하여, 고조 즉위 후 풍에 제사관을 별도로 두어 제사하였으니, 수도 장안의 종묘 외에 별도로 풍에 묘를 둔 셈이다.

天成元年, 中書舍人馬縞奏曰：「伏見漢·晉已來, 諸侯王宗室
承襲帝統, 除七廟之外, 皆別追尊親廟. 漢光武皇帝立先四代於南
陽, 其後桓帝已下, 亦皆上考前修, 追崇先代. 乞依兩漢故事, 別
立親廟.」詔下尚書省, 集百官定議. 禮部尚書蕭頃等議曰：「伏見
方冊所載, 聖概所存, 將達蘋藻之誠, 宜有築梲之制. 臣等集議,
其追尊位號及建廟都邑, 乞特降制命, 依馬縞所議.」

(후당 명종) 천성天成[19] 원년(926), 중서사인中書舍人 마호馬縞[20]
가 다음과 같이 상주하였다. "생각건대 한漢·진晉 이래 제후왕 종실
宗室이 제통帝統을 계승할 경우, 7묘 외에 별도로 친묘親廟를 추존
하였습니다. 후한 광무황제는 선조 4대의 묘를 남양南陽에 세웠으
며,[21] 그 뒤 환제桓帝 이하 또한 전례를 상고하여 선대를 추숭하였

---

19) 천성天成 : 後唐 明宗인 李嗣源의 첫 번째 연호로 926~930년 동안 사용
하였다.

20) 마호馬縞(?~936) : 가계에 대해서는 자세히 알려져 있지 않으며, 어려서
명경과에 급제하고 또 굉사과에 급제하였다. 후량에서 태상소경을 역임하
며 예 전문으로 이름이 났다. 후당 장종 때에는 중서사인·형부시랑·판태
사경의 벼슬을 역임하였다. 『구오대사』에 권71「당서·마호열전」이 입전
되어 있고 마호가 제안한 五服 관련 예제가 실려 있다. 「예지」에 실려
있는 친묘를 세우는 문제는 『신오대사』 열전에 실려 있다. 『신오대사』 열
전에는 제후왕으로 제통을 이은 경우 별도의 친묘를 세우는 문제와 4대
선조에게 제호를 추존하는 문제에 관한 안건이 실려 있다. 이밖에도 五服
제도에 관한 제안이 실려 있다.(『新五代史』 권55「雜傳·馬縞列傳」)

21) 후한 광무황제는 … 세웠으며 : 『舊唐書』 권26「禮儀志」6에 吏部郎中 柳
晃의 상주문에 "또 사묘 넷을 남양에 세운 것 역시 후한의 제도입니다.
남의 자식이 된 자는 대종을 섬기고 사친을 낮추는 법입니다. 그러므로
사묘는 본종을 받들고 태묘는 정통을 높이는 바입니다. 又立私廟四於南

습니다. 바라옵건대 양한대의 고사에 따라 별도로 친묘를 세우십시오."[22] 상서성에 조를 내려 백관들을 모아놓고 의론[集議]하도록 하

陽, 亦後漢制也. 以爲人之子, 事大宗降其私親, 故私廟所以奉本宗也, 太廟所以尊正統也."라고 하였다. 그런데 『후한서』「제사지」상에는 "(건무) 3년 정월에 낙양에 친묘를 세워 아버지 남돈군 이상 용릉절후를 제사하였다.三年正月, 立親廟雒陽, 祀父南頓君以上至春陵節侯."라고 하여 사친묘를 낙양에 세운 것으로 되어 있다.

22) 『新五代史』 권55 「雜傳·馬縞列傳」에 자세한 내용이 실려 있다. "재상 정각 등이 환제와 영제를 예로 들어 영제는 그 선조 해독정후 유숙을 효원황에, 아버지 유장을 효인황에 추존하였다 하여 4대 조고에게 황의 시호를 추존할 것을 청하였다. 이 안건을 태상시에 논의토록 하자 박사 왕비가 환제는 할아버지를 효목황제, 아버지를 효숭황제로 추존하였다고 주장하였다. 마호는 효목과 효숭에는 황만 있지 제가 없다고 하고 손호가 그 아버지 손화를 문황제로 추존한 예가 있지만 결코 모범을 삼기가 힘들다 하였다. 우복야 이기도 동의하였다. 그러자 명종이 조를 내려 말하였다. '오제는 예를 계승하지 않았고 삼왕도 악을 답습하지 않았다. 황과 제는 왕조마다 달리 칭하였다. 진시황 때부터 황과 제 두 칭호를 겸하였는데, 짐이 황제의 위에 거하고 억조 백성들의 존자가 되었으니 어찌 나한테만 두 명칭을 겸하면서 선대에게 글자 하나를 아끼겠는가?' 그리하여 재신들에게 중서에서 백관을 소집하여 논의토록 하였다. 이기 등이 조부와 부를 황제로 추존하고 증조과 고조는 황으로 추존할 것을 청하였다. 재상 정각은 여러 의론을 모아 상주하였다. '예는 하늘이 내린 것이 아니라 인정에 근본하고 있으니 폐지할 수도 있고 행할 수도 있으며 덜 수 있고 보탤 수도 있습니다. 지금 논의자들이 고대를 끌어들여 한을 근거로 삼고 있는데, 한이 만든 것은 또 어디에 근거한 것입니까? 개원 연간 고요를 덕명황제로 추존하고 양무소왕을 흥성황제로 추존하여 모두 경사에 묘를 세웠는데, 이는 당대 고사입니다. 신은 사대 조고에 조서의 취지대로 제를 더하고 경사에 묘를 세울 것을 청하옵니다. 조를 내려 제를 더하고 묘를 응주에 세우도록 하십시오.'"宰相鄭珏等議引漢桓·靈爲比, 以謂靈帝尊

였다. 예부상서 소경蕭頃[23] 등이 의론하여 말하였다. "생각건대 방책에 기록된 것은 성인이 준칙으로 삼아왔던 바이므로 선조에게 정성을 다해 제사를 지내고자 하면[蘋藻之誠][24] 마땅히 제사를 지낼 종묘에 관한 제도[梲稅之制][25]가 있어야 합니다. 신 등이 집의한 결

其祖解瀆亭侯淑爲孝元皇, 父萇爲孝仁皇, 請下有司定諡四代祖考爲皇, 置園陵如漢故事. 事下太常, 博士王丕議漢桓帝尊祖爲孝穆皇帝, 父爲孝崇皇帝. 縞以謂孝穆·孝崇有皇而無帝, 惟吳孫皓尊其父和爲文皇帝, 不可以爲法. 右僕射李琪等議與縞同. 明宗詔曰:「五帝不相襲禮, 三王不相沿樂, 惟皇與帝, 異世殊稱. 爰自嬴秦, 已兼厥號, 朕居九五之位, 爲億兆之尊, 奈何總二名於眇躬, 惜一字於先世.」乃命宰臣集百官於中書, 各陳所見. 李琪等請尊祖禰爲皇帝, 曾高爲皇. 宰相鄭珏等羣議奏曰:「禮非天降而本人情, 可止可行, 有損有益. 今議者引古, 以漢爲據, 漢之所制, 夫復何依? 開元時, 尊皐陶爲德明皇帝, 涼武昭王爲興聖皇帝, 皆立廟京師, 此唐家故事也. 臣請四代祖考皆加帝如詔旨, 而立廟京師. 詔可其加帝, 而立廟應州.」

23) 소경蕭頃(862~930) : 五代 京兆 萬年(현재 陝西省 西安市) 사람. 자는 자징子澄. 蘭陵 蘇氏로 後梁대 宰相을 지냈던 소방蕭仿의 손자이자 京兆尹 소름蕭廩의 아들이다. 어려서부터 문장으로 이름이 났으며 후당 昭宗 때에 진사 급제하여 度支巡官·太常博士·吏部員外郎 등의 관직을 역임하였다. 예부상서는 明宗 천성 원년에 임명되었고 사망하기 직전에는 太子少保로 致仕하였는데, 향년 69세로 사망하였다. 『구오대사』에 입전되어 있다.

24) 선조에게 정성을 다해 제사를 지내고자 하면[蘋藻之誠] … : 『詩經』 「召南·采蘋」장("于以采蘋, 南澗之濱, 于以采藻, 于彼行潦")에 나오는 고사로, 采蘋과 采藻를 합하여 '빈조지성'이라고 한 것이다. 예법에 따라 조상에 대한 제사를 경건히 지내는 것을 말한다.

25) 종묘에 관한 제도[梲稅之制] : '절梲'는 건축물의 기둥 위 들보[梁]를 지탱하는 方木이고, 절稅은 들보 위 짧은 기둥, 즉 동자기둥을 말한다. 이

과 지위와 칭호를 추존하고 도읍에 묘를 세우는 일에 대해서 특별히 황제의 명을 내리셔서 마호가 상주한 바대로 따르기를 바랍니다.”

天成二年, 中書門下又奏:「伏以兩漢以諸侯王入繼帝統, 則必易名上諡, 廣孝稱皇, 載於諸王故事, 孝德皇·孝仁皇·孝元皇是也. 伏乞聖慈, 俯從人願, 許取皇而薦號, 兼上諡以尊名, 改置園陵, 仍增兵衛.」遂詔太常禮院定其儀制焉. 太常博士王丕等引漢桓帝入嗣, 尊其祖河間孝王曰孝穆皇帝·父蠡吾侯【案: 原本訛「蠡愚」, 今據後漢書改正.(舊五代史考異)】曰孝崇皇帝爲例〔一〕,[26] 請付太常卿定諡. 刑部侍郞·權判太常卿馬縞復議曰:「伏准兩漢故事, 以諸侯王宗室入承帝統, 則必追尊父祖, 修樹園陵, 西漢宣帝·東漢光武, 孝饗之道, 故事具存. 自安帝入嗣, 遂有皇太后令, 別崇諡法, 追曰某皇, 所謂孝德·孝穆之類是也. 前代惟孫皓自烏程侯繼嗣, 追封父和爲文皇帝, 事出非常, 不堪垂訓. 今據禮院狀, 漢安帝以下, 若據本紀, 又不見『帝』字. 伏以諡法『德象天地曰帝』. 伏緣禮院已曾奏聞, 難將兩漢故事, 便述尊名, 請詔百官集議.」時右僕射李琪等議曰:「伏觀歷代已來, 宗廟成制, 繼襲無異, 沿革或殊. 馬縞所奏, 禮有按據, 乞下制命, 令馬縞虔依典冊, 以述尊名.」

(명종) 천성天成 2년(927), 중서문하에서 다시 다음과 같이 상주하

였다. "생각건대 양한 때 제후왕의 신분으로 제통을 계승할 경우 반드시 이름을 바꾸고 시호를 올려 효도를 넓히고 '황皇'이라 칭하였음은 여러 제후왕들의 고사에 실려 있으니, 효덕황孝德皇 · 효인황孝仁皇 · 효원황이 바로 그것입니다.[27] 바라건대 성상께서 사람들의 바람을 굽어살피셔 '황'이란 명호를 올리고 아울러 시호를 올려 (선조의) 이름을 추존하며 원릉을 다시 설치하여 호위병을 늘리는 것을 허락하소서." 마침내 태상예원에 조를 내려 관련 의제를 제정하도록 하였다. 태상박사 왕비王조 등이 후한 환제桓帝가 제위를 계승하면서 조부 하간효왕河間孝王[28]을 효목황제孝穆皇帝라 하고 부친인 여오후蠡吾侯[29]【살펴보건대, 원본에는 '여우蠡愚'라고 잘못되어 있는데,『후한서後漢書』에 의해 수정하였다.(『구오대사고이舊五代史考異』)[30]】를 효숭황

---

27) 양한대 皇이라고 칭하는 경우 : 후한 광무제는 즉위 후 4대 선조를 節皇高祖(유매) - 皇曾祖鬱林府君(유외) - 皇祖鉅鹿都尉(유회) - 皇考南頓君(유흠)으로 추존하였다. 효덕황은 안제가 즉위 후 부친인 청하효왕을 효덕황으로 추존하였고(『後漢書』 권5「孝安帝紀」 "戊申, 追尊皇考淸河孝王曰孝德皇, 皇妣左氏曰孝德皇后") 영제는 즉위 후 황조를 효원황에, 부친을 효인황에 추존하였다. (『후한서』 권8「孝靈帝紀」 "閏月甲午, 追尊皇祖爲孝元皇, 夫人夏氏爲孝元皇后, 考爲孝仁皇, 夫人董氏爲慎園貴人.")

28) 하간효왕 : 후한 장제의 여섯째 서자이며, 貴人申氏 소생인 劉開이다. 河間國의 왕에 봉해졌으며, 사후 시호가 河間孝王이다. 손자 桓帝가 황제 위에 오르면서 孝穆皇帝로 추존되었다.

29) 여호후 : 하간효왕의 차남 劉益이다. 환제의 아버지이다.

30) 『구오대사고이舊五代史考異』: 淸 邵晉涵이 편찬한 책으로 2권으로 되어 있다. 소진함의 자는 與桐 혹은 二雲이라 하며 浙江 餘姚 사람이다. 乾隆 연간 進士에 합격하고 翰林院庶吉士, 侍講學士를 역임하였다.『四庫全書』 편찬 때 소진함은『永樂大典』중에 실려 있는 薛居正의『舊五代

제孝崇皇帝라고 한 예[31]를 들어 태상경에게 보내 시호를 제정할 것을 청하였다.

형부시랑刑部侍郎·권판태상경權判太常卿[32]인 마호馬縞가 다시 의론하여 다음과 같이 말하였다.

생각건대 양한 때 고사에 의하면, 제후왕으로서 종실인 자가 제통을 계승할 경우 반드시 부친과 조부를 추존하고 원릉園陵을 보수하였는데, 전한 선제宣帝[33]와 후한 광무제가 제사를 지

史』를 추려서 『新五代史』 등의 책을 참고하여 교정하여 乾隆 40년(1775)에 완성하였다. 『구오대사고이』는 『구오대사』 편찬 시 누락된 자료들도 포함하고 있어 『구오대사』를 읽을 때 함께 살펴봐야 하는 참고서이다.

31) 후한 환제桓帝가 ··· 효숭황제라고 한 예 : 후한 환제는 質帝가 후사 없이 사망한 뒤 제위를 계승하였다. 당시 梁太后와 그 외척인 梁冀가 득세하던 때 환관 曹騰의 권유로 황제 위에 올랐다. 이때부터 후한시대는 외척과 환관이 서로 번갈아 권력을 농단하여 시작하여 멸망의 길을 걷게 되었다.

32) 권판태상경權判太常卿 : 형부시랑이면서 아직 정식으로 임용되지 않은 임시태상경이란 의미이다. 宋人 李昉은 唐代에 "丞郞 중에 다른 부서의 직임을 겸하는 자"가 관직이 높으면 判某官事라고 하고 관직이 낮으면 知某官事라고 하거나 아직 정식으로 임용되지 않으면 權知某官事 혹은 檢校某官事라고 한다고 하였다. 그런데 관직이 낮아도 판모관사라고 한 경우가 적지 않아 이방의 지적이 딱 맞아떨어지는 것은 아니라고 지적한다. (馮盛, 「五代太常卿太常博士考論」, 『河北北方學院學報』 제36권 제2기, 2020년 4월 참조).

33) 『漢書』 권8 「宣帝本紀」에 "(元康 元年) 여름 5월 황고묘를 세웠다. 봉명원을 지키는 호를 늘려 봉명현으로 하였다.夏五月, 立皇考廟. 益奉明園戶爲奉明縣."라고 하였으며, 안사고주에 "봉명원은 황고 사황손이 안장

내도록 조치한 일에 대해서는 고사에 모두 완비되어 있습니다.34) 안제安帝35)가 황위를 계승하면서 황태후의 영으로 별도로 시호를 추숭하는 법을 두어 '모황某皇'이라 추숭하였는데, 이른바 효덕孝德·효목孝穆과 같은 유類입니다. 이전 왕조에서 다만 손호孫皓가 오정후烏程侯로서 황위를 계승하면서 부친 손화孫和를 문황제文皇帝로 추존하였는데,36) 사안이 일반적이지 않으니 교훈으로 삼기에는 적당하지 않습니다. 지금 (태상)예

된 곳이며, 원래 광명인데 뒤에 봉명으로 고친 것이다.奉明園即皇考史皇孫之所葬也, 本名廣明, 後追改也."라고 하였다. 또한 『漢書』권25하 「郊祀志」下에는 "선제는 즉위한 뒤 무제의 정통을 계승하였기 때문에 즉위 후 3년에 효무묘를 세종으로 추존하고 순행하는 군국에 모두 세종묘를 세우도록 하였다.宣帝卽位, 由武帝正統興, 故立三年, 尊孝武廟爲世宗, 行所巡狩郡國皆立廟."라고 하여 조부에 해당되는 무제의 묘를 세종으로 추존하고 군국에 묘를 세우도록 하였다.

34) 광무제는 建武 2년 낙양에 高廟와 社稷을 세우고 도성 남쪽에 郊兆를 만들어 중흥을 표방하였고 서경의 11개의 황제의 신주를 고묘에 들였다. 5년에는 불탄 西京의 園陵을 보수하라 명하였던(『後漢書』권1상 「光武本紀」 건무 2년, 5년조 참조) 일련의 조치를 말한다.

35) 안제安帝 : 후한 恭宗 孝安皇帝 劉祜(94~125, 재위 106~125)로, 章帝의 손자이다. 13세의 어린 나이에 즉위하자 등태후가 수렴청정하고 태후의 오빠 鄧騭은 대장군에 올라 병권을 장악하였다. 이후 등태후가 죽자 안제는 환관과 연합하여 등씨 일가를 축출, 살해하였다. 이때 시중 周廣, 대장군 耿寶, 중상시 樊豊, 황제의 유모 王聖 등이 결탁하여 위세를 누렸다.

36) 『三國志』권48 「吳書」3에 "(원흥 원년) 九月, 貶太后爲景皇后, 追諡父和曰文皇帝, 尊母何爲太后"라고 하여 문황제로 시호를 추증한 기사가 보인다.

원의 상주문에 따르면 후한 안제 이하의 경우 본기에 의하면 '제帝'자가 보이지 않습니다. 살펴보건대 「시법諡法」에 "그 덕이 천지와 같음을 본 따 제帝라고 한다"[37]라고 하였습니다. 생각건대 예원이 일찍이 상주하여 아뢴 바에 따라 양한 고사를 가지고 명호를 추존하는 것은 어려우니, 청컨대 백관들에게 집의토록 하소서.

당시 우복야右僕射 이기李琪[38] 등이 의론하여 말하였다.

생각건대 역대 이래 종묘에는 정해진 제도가 있어 그것을 대대로 계승한 데에는 차이가 없으나 연혁은 혹 다를 수 있습니다. 마호가 상주한 것은 예에 근거할 만하니, 바라건대 명을 내려 마호에게 예전에 따라 명호의 추존에 관한 글을 짓도록 하십시오.

時明宗意欲兼加「帝」字, 乃下詔曰 :「朕聞開國承家〔二〕,[39] 得

---

37) 『白虎通』 권1 「號」에서 인용한 『禮記諡法』의 말이다. "德象天地稱帝, 仁義所在稱王." 여기에서 인용한 『禮記』의 '諡法'편은 현행본 『예기』에는 실려 있지 않다.

38) 이기李琪 : 五代 河西 敦煌 사람이다. 字는 台秀이다. 어린 나이에 진사가 되었으며 박학하여 여러 차례 殿中侍御史를 역임하였으며, 형 李珽과 함께 문장으로 이름을 날렸다. 후당 멸망 후 후량 태조를 섬겨 한림학사가 되었고 후량이 사방을 정벌할 때 내린 조서는 모두 그의 손에서 나왔다. 말제 때 어사중승, 상서좌승이 되었고 동중서문하평장사에 제수되어 소경과 함께 재상이 되었다. 『구오대사』 권58 「당서」 열전에 입전되어 있다.

以制禮作樂, 故三皇不相襲, 五帝不相沿, 隨代創規, 於禮無爽. 矧或情關祖禰, 事繫烝嘗. 且追諡追尊, 稱皇與帝, 既有減增之字, 合陳褒貶之辭. 大約二名俱爲尊稱, 若三皇之代故不可加帝, 五帝之代不可言皇. 爰自秦朝, 便兼二號. 至若玄元皇帝, 事隔千祀, 宗追一源, 猶顯冊於鴻名, 豈須遵於漢典. 況朕居九五之位, 爲億兆之尊, 不可總二名於眇躬, 惜一字於先代, 苟隨執議, 何表孝誠. 可委宰臣與百官詳定, 集兩班於中書, 逐班各陳所見.」唯李琪等請於祖禰二室先加「帝」字. 宰臣合衆議奏曰:「恭以朝廷之重, 宗廟爲先, 事繫承祧, 義符致美. 且聖朝追尊之日, 即引漢氏舊儀, 在漢氏封崇之時, 復依何代故事? 理關凝滯, 未叶聖謨; 道合變通, 方爲民則. 且王者功成治定, 制禮作樂, 正朔服色, 尚有改更, 尊祖奉先, 何妨沿革. 若應州,【應州原本作「慮州」, 今從五代會要改正. (影庫本粘籤)】必立別廟, 即地遠上都. 今據開元中追尊臯陶爲德明皇帝, 涼武昭王爲興聖皇帝, 皆立廟於京都. 臣等商量所議追尊四廟, 望依御札並加皇帝之號, 兼請於洛京立廟.」勅:「宜於應州舊宅立廟, 餘依所奏.」【案文獻通考: 後唐之所謂七廟者, 以沙陀之獻祖國昌・太祖克用・莊宗存勗而上繼唐之高祖・太宗・懿宗・昭宗. 此所謂四廟者, 又明宗代北之高・曾・祖・父也.】

당시 명종明宗40)은 '제帝'자를 추가하고 싶어 조를 내려 말하였다.

39) [교감기 2] "朕聞開國承家"의 '聞'자는 원래 없는데, 『五代會要』 권2와 『冊府元龜』 권593에 의거하여 보충하였다.

40) 명종明宗: 後唐의 제2대 황제(재위 926~933)로 본명은 邈佶烈, 이극용의 양자로 입적된 뒤 李嗣源(867~933)으로, 황제로 즉위한 뒤에는 李亶으로 개명하였다. 본래 代北 應州(현재 산서성 북부)의 胡人으로 이극용의 양자로서 장종의 뒤를 이어 황제가 되었는데, 환관을 줄이고 내장고를 없애

짐이 듣기로 개국하면 예악(제도)을 제정할 수 있다 하였다. 그러므로 삼황은 서로 (제도를) 답습하지 않았고 오제는 서로 이어받지 않았으며 시대에 맞춰 예규를 새로 만들었으니 예에 어긋남이 없다. 하물며 의도가 선조를 추숭하는 것과 관계있고 사안이 종묘 제사에 관계된 데 이르러서야! 또한 시호와 존호를 추존하여 황과 제를 칭하는 데 있어서 이미 글자의 증감이 있으니 (여기에) 포폄의 말이 펼쳐져 있다. 대략 두 가지 명호 (황, 제)가 모두 존칭이었던 까닭에 삼황의 시대에는 제를 더할 수 없었고 오제의 시대에는 황이라 말할 수 없었다. 진대부터 황과 제의 호칭을 겸하게 되었다. 현원황제玄元皇帝(노자)41)의 경우 천년이나 멀리 떨어져 있음에도 혈통의 원류를 거슬러올라가(노자를 시조로 추앙하고) 대명을 책봉하기까지 했는데, 어찌 한나라 예전禮典만을 따라야 한단 말인가! 하물며 짐은 천자의 지위[九五之位]에 거하여 만백성의 지존으로서 나 자신은 두 명호를 다 아우르면서 선대에는 글자 하나 아끼는 (그런 짓을) 할 수 없으니, 만약 집의를 따른다면 어찌 효성을 표할 수 있겠는가? 재신宰臣과 백관들이 이 안건을 상정詳定해서

백성의 고충을 살피고 세금을 경감하는 등 오대 황제 중 능력이 출중하고 비범한 인물로 평가된다. 글자를 잘 몰랐기 때문에 모든 상주문을 安重晦에게 읽어달라고 했고 고문 겸 재상으로 馮道를 기용하였다. 수도를 開封에 두었다.

41) 현원황제玄元皇帝 : 당이 老子를 시조로 추봉하면서 (고종) 乾封 원년 2월에 '太上玄元皇帝'란 시호를 추증하였다. 현종 天寶 2년 정월에는 여기에 '大聖祖' 3글자를 더했으며 천보 8년 6월에 다시 '聖祖大道玄元皇帝'란 존호를 추증하였다.

(상정한 결과를) 중서성에 보내 (문무) 양반兩班의 대신들을 모두 소집하여 각각의 의견을 제시해보도록 하라.

오직 이기李琪 등이 조祖와 예禰의 두 묘에 먼저 '제'자를 추존할 것을 청하였다.

재신이 여러 논의를 모아 다음과 같이 상주하였다.

삼가 조정에서 중시하는 바 종묘가 첫 번째이며, 사안이 선조의 사당과 관계있고 그 취지는 선조를 추존하는 것과 부합합니다. 그런데 성조聖朝에서 선조를 추존할 때 한대漢代의 옛 의식을 인용하였는데, 한대에 책봉 추존할 때에는 또 어느 대의 고사를 따랐겠습니까? 사리가 불통하여 성상의 뜻에 미흡합니다. 도리에 맞고 변통해야 바야흐로 백성의 모범이 되는 것입니다. 또한 왕자는 공업을 이루고 정치가 안정되면 예악을 제정하고 정삭과 복색도 또한 개정하는데 선조를 받들어 추존하는 일에 있어서 어찌 이전 제도를 답습하겠으며, 혹은 변혁하지 못하겠습니까? 만약 응주應州[42]【응주應州는 원본에는 '여주慮州'로 되어 있는데, 지금 『오대회요五代會要』에 따라 수정하였다.(영고본影庫本 주석)】에 별묘를 세우고자 한다면 상도上都(개봉)에

---

42) 응주應州 : 산서 북부에 위치하며 역사상 병변이 많았던 곳으로 군사전략상 요충지이기도 하다. 당 말에 설치하였는데, 龍首山과 雁門山이 남북으로 서로 대응하고 있기에 '應州'란 명칭을 얻었다. 후당 명종이 이곳 응주 대북 출신이기에 황제 즉위 후 여기에 자기 선조의 친묘를 세우고자 한 것이다.

서 거리가 멉니다. 이제 개원 연간에 고요皐陶를 덕명황제德明
皇帝로, 양무소왕涼武昭王을 흥성황제興聖皇帝로 추존하고 그
묘를 모두 수도에 세운 선례에 근거하여 신 등은 의견을 교환
하여 논의할 결과, 4묘를 추존하고, 황제의 어찰로 모두 '황제'
의 호를 더하기를 바라며, 겸하여 낙양에 묘를 세울 것을 청합
니다.

칙을 내려 다음과 같이 말하였다.

응주 옛 저택에 묘를 세우는 것이 마땅하다. 나머지는 상주
한 대로 하라.【살펴보건대, 『문헌통고文獻通考』에 후당後唐의 이른바
7묘는 사타沙陀의 헌조獻祖인 이국창國昌[43]·태조太祖 이극용克用[44]·
장종莊宗 이존욱存勗[45]에 당의 고조高祖·태종太宗·의종懿宗[46]·소종

---

43) 헌조獻祖 국창國昌 : 李國昌(9세기~887)을 말한다. 돌궐 沙陀족으로 본
    명은 朱邪赤心이다. 唐 懿宗 咸通 10년(869) 龐勛의 난을 진압하는 데
    공을 세워 李國昌이라는 이름을 하사받았다. 훗날 그의 아들 李克用이
    黃巢의 난을 진압하는 데 공을 세워 이국창은 代北節度使에 봉해졌으나
    얼마 후 병으로 사망하였고, 손자인 李存勗이 後唐을 세운 뒤에 獻祖
    文景皇帝에 봉해졌다.
44) 태조太祖 극용克用 : 이극용李克用(856~908)을 말한다. 李國昌의 아들
    로서 당 말기 돌궐계 沙陀族 출신으로 정예병인 갈가마귀군[鴉軍]을 이
    끌고 황소의 난을 진압하는 데 공을 세워 晉王에 책봉되었다. 오대 후량
    을 건국한 주전충과 패권을 다투었다. 그의 아들 이존욱이 후당을 세운
    뒤 태조로 봉해졌다.
45) 장종莊宗 존욱存勗 : 후당 초대 황제 이존욱(885~926)을 말한다. 朱全忠
    과 대립하였던 李克用이 908년에 사망하자 그 뒤를 이은 이존욱은 後梁

昭宗47)을 더하였다고 하였다. 여기에서 말하는 4묘는 대북代北에 있는
명종의 고조·증조·조·부를 말한다.】

其年八月, 太常禮院奏: 「莊宗神主以此月十日祔廟, 七室之內,
合有祧遷.」 中書門下奏議, 請祧懿祖一室. 後下百僚集議, 禮部尚
書蕭頃等奏, 請從中書所奏, 從之.

그해(천성 2년) 8월, 태상예원에서 상주하여 말하였다. "장종의
신주를 이달 10일에 종묘에 부묘祔廟하기 때문에 7개의 묘실 중에
하나를 조천祧遷해야 마땅합니다." 중서문하에서 의론을 상주하였
는데, 의조懿祖48) 1실을 조천할 것을 청하였다. 뒤에 이 사안을 백료
들에게 집의하도록 하니, 예부상서 소경蕭頃 등이 중서문하에서 상
주한 대로 처리할 것을 청하자, 그대로 따랐다.49)

을 공략하고 후량의 내분을 틈타 燕王을 칭하던 劉仁恭을 공격하여 그
나라를 병합하였다. 923년에 황제를 칭하고 국호를 대당이라 하여 개국하
였고 그해 11월에 후량의 수도인 汴州(개봉)를 함락하여 後梁을 멸망시
켰다. 개국 후에 낙양으로 천도하고 주전충이 폐지했던 환관을 감찰로
파견하는 제도를 부활시켜 무장들의 불만을 사게 되었다. 무장들은 이극
용의 양자인 이사원을 옹립하고 장종을 살해하였다.

46) 의종懿宗(833~873) : 당나라 제17대 황제(재위 859~873) 李漼로, 연호는
   咸通이다.

47) 소종昭宗(867~904) : 당나라 제19대 황제(재위 888~900, 복위 901~904)
   李曄으로, 통치기간 동안 밖으로 황소의 난과 환관의 전횡으로 나라 안팎
   이 혼란했다. 904년 朱全忠에 의해 살해당하였다.

48) 의조懿祖 : 장종이 즉위 후 소열황제로 추존하였던 曾祖 蔚州太保 朱邪
   集誼이다.

應順元年正月, 中書門下奏:「太常以大行山陵畢祔廟. 今太廟見饗七室, 高祖·太宗·懿宗·昭宗·獻祖·太祖·莊宗, 大行升祔, 禮合祧遷獻祖, 請下尚書省集議.」 太子少傅盧質等議曰:「臣等以親盡從祧, 垂於舊典, 疑事無質, 素有明文. 頃莊宗皇帝再造寰區, 復隆宗廟, 追三祖於先遠, 復四室於本朝, 式遇祧遷, 旋成沿革. 及莊宗升祔, 以懿祖從祧, 蓋非嗣立之君, 所以先遷其室. 光武滅新之後, 始有追尊之儀, 此祇在於南陽, 元不歸於太廟, 引事且疏於故實, 此時須稟於新規[三].50) 將來升祔先廟, 次合祧遷獻祖, 既協隨時之義, 又符變禮之文.」 從之. 時議以懿祖賜姓於懿宗, 以支庶繫大宗例, 宜以懿祖爲始祖[四],51) 次昭宗可也, 不必祖神堯而宗太宗. 若依漢光武, 則宜於代州立獻祖而下親廟, 其唐廟依舊禮行之可也, 而議諡者忘咸通[咸通, 原本作「感通」, 今據新唐書改正.(影庫本粘籤)]之懿宗, 又稱懿祖, 父子俱「懿」, 於理可乎!將朱耶三世與唐室四廟連敍昭穆, 非禮之甚也. 議祧者不知受氏於唐懿

---

49) 『舊五代史』 권29 「唐書·莊宗」5에는 천성 원년 가을 8월에 장종의 묘에 무성악을 연주할 것과 의조의 묘실을 조천할 것을 담당관이 건의하고 제안대로 따랐음을 적고 있다. "天成元年秋八月乙酉朔, 日有食之. 有司上言:莊宗廟室酌獻, 請奏武成之舞. 從之. 鄆州節度使霍彥威移鎭靑州. 丁亥, 莊宗神主祔廟, 有司請祧懿祖室, 從之." 그러므로 당서 본기에는 천성 2년이 아닌 천성 원년으로 되어 있다.

50) [교감기 3] "須稟於新規"의 '新'자는 원래 '所'로 되어 있는데, 『五代會要』 권2와 『冊府元龜』 권594에 의거하여 수정하였다.

51) [교감기 4] "以支庶繫大宗例宜以懿祖爲始祖"의 '大宗'은 원래 '太宗'으로 되어 있는데, 劉本과 『五代會要』 권2에 따라 수정하였다. '懿祖'는 원래 '祖'자가 없는데, 『五代會要』 권2와 『冊府元龜』 권594에 따라 보충하였다.

宗而祧之, 今又及獻祖. 以禮論之, 始祧昭宗, 次祧獻祖可也, 而
懿祖如唐景皇帝, 豈可祧乎?

(후당 민제) 응순應順[52] 원년(934) 정월, 중서문하에서 상주하여
말하였다.

> 태상시는 붕어한 황제[大行]를 산릉에 안치한 뒤에 종묘에
> 부묘한다고 보았습니다. 지금 태묘에는 7실이 제사를 받고 있
> 는데, 고조高祖·태종太宗·의종懿宗·소종昭宗·헌조獻祖·태조
> 太祖·장종莊宗입니다. 붕어한 황제를 종묘에 부묘하려면 예법
> 에는 헌조를 조천해야 맞으니, 청컨대 상서성에 집의集議를 명
> 하십시오.

태자소부太子少傅 노질盧質[53] 등이 논의하여 다음과 같이 말하였다.

> 신 등이 보기에 친진親盡하여 조천하는 일은 옛날 예전禮典
> 에 있기는 하나, (또한) 의심스러운 점이 있으면 함부로 예단하

---

52) 응순應順 : 오대 後唐 閔帝 李從厚의 연호로, 934년 1월부터 934년 4월까
   지 사용하였다.
53) 노질盧質(867~942) : 오대 하남 사람. 자는 子徵이다. 후당 때 芮城令을
   지냈고 天祐 3년에 李克用이 檢校兵部郎中에 제수하였다. 莊宗이 즉위
   하는 데 공을 세워 여러 차례 戶部尙書知制誥에 발탁되었고 韓林學士
   承旨를 받았다. 同光 元年에 兵部尙書로, 天成 元年에는 特進檢校司空
   同州節度使에 제수되기도 하였다. 『구오대사』 본전에는 응순 초에 검교
   태부로 옮겼다가 하남윤에 임명되었고 다시 '태자소사'에 임명되었다고
   하였다. "應順初, 遷檢校太傅, 正拜河南尹, 後改太子少師." 『舊五代史』
   권 93 「晉書·盧質列傳」과 『新五代史』 「雜傳」18에 입전되어 있다.

지 말라(疑事無質)54)고 한 것도 명문明文에 있습니다. 장종 황제가 천하를 중건하여 종묘를 다시 융성케 하였으며, 선대의 원조 3조를 추존하고 다시 본조의 4실을 세웠는데, 조천의 때를 맞이하여 변혁하기에 이르렀습니다. 장종을 종묘에 부묘하기에 이르러 의조懿祖를 조천하였는데, 이는 (의조가) 제위를 계승한 군주가 아니어서 먼저 의조의 묘실을 조천한 것입니다. (후한) 광무제가 신新을 멸망한 뒤 비로소 추존 의식을 시작하였는데, 이는 단지 남양南陽에서만 그랬지 원래 태묘로 귀속하지 않았습니다. 유사한 사례를 인용해도 고실故實(법령과 같은 수준의 관례, 선례)에 맞지 않으면 이때에는 반드시 새로운 규정을 받들어야 합니다. 앞으로 선묘先廟에 부묘하려고 할 때에는 그 다음으로 헌조를 조천해야 맞습니다. 이는 시의를 따르는 취지에 적합하고 또 변례變禮의 조문에도 부합합니다.

그대로 따랐다. (그런데) 당시 의론 중에는 다음과 같이 생각하는 쪽이 있었다. 즉 "의조가 의종懿宗(당나라 대종)에게 성을 하사받아 지서支庶가 되어 대종大宗을 계승한 예에 해당하므로 의조를 시조로 삼는 게 마땅하다.55) 그 다음으로 소종昭宗이 가능하며56) 당고조 신

---

54) 의심스러운 점이 있으면 함부로 예단하지 않는다.(疑事無質): 『禮記』「曲禮」上에 "疑事毋質, 直而勿有"에 나온다. 정현은 "質, 成也. 彼己俱疑而己成言之, 終不然則傷. 直, 正也. 己若不疑則當稱師友而正之謙"라고 하였다.

55) 의조 … 시조로 삼는 게 마땅: 여기에서 懿祖는 당말 沙陁族 朱耶執宜를 말한다. 朱耶赤心, 즉 이국창의 아버지이다. 朱邪盡忠과 함께 唐에 귀부하던 중에 盡忠은 吐蕃의 추격을 받아 죽어 주야집의가 무리를 통령하였

요神堯황제를 태조로 하고 태조를 종으로 삼을 필요는 없다. 만약 후한 광무제의 사례에 의거한다면 대주代州에 헌조 이하의 친묘를 세워야 마땅하고 당나라 묘는 구례舊禮대로 행해도 된다." 그런데 시호를 논의하는 자들이 함통咸通57)【'함통咸通'은 원본에는 '감통感通'으로 되어 있다. 지금 『신당서新唐書』에 의거하여 수정하였다.(영고본影庫本 주석)】 연간의 의종懿宗을 망각하고 또 의조라고 칭하여 아버지와 아들이 나란히 '의'로 칭하게 되니, 어찌 이치에 가당키나 하겠는가! 주야朱耶의 3대58)와 당의 4묘를 함께 소목으로 차례를 매겼으니, 예

다. 唐에서는 鹽州에 부락의 거처를 마련해주고 陰山府를 설치하였으며 그를 府兵馬使에 임명하였다. 이후 여러 차례 조명을 받아 종군하여 공을 세웠다. 『구오대사』「예지」1 본문에서는 주야집의가 당의 의종으로부터 성을 하사받았다고 하였는데, 실제로는 주야집의의 아들 赤心이 咸通 연간에 龐勛을 토벌한 공으로 李氏 성과 이름 國昌(헌조로 추승)을 하사받았다. 이후 國昌의 아들 李克用이 黃巢의 난을 진압하는 데 큰 공을 세워 晉王에 책봉되었다. 또한 그 아들 李存勖이 後梁을 멸망시키고 後唐을 건국하게 되었던 것이다. 여기에서 "지서가 되어 대종을 계승한 예"라고 한 것은 종법제에서 적장자가 아닌 서자[別子]는, 자신이 시조가 되고, 그를 이은 적장자가 宗이 되며, 백세토록 옮기지 않는 자를 대종이라 한 것을 두고 한 말이다.

56) 그 다음으로 소종昭宗이 가능하며 … : 여기에서 소종은 당나라 제19대 황제 李曄(867~904)이다. 당 懿宗의 일곱째 아들이자 恭憲皇后 소생이며 제18대 황제인 僖宗의 이복동생이다. 의종 다음에 희종이 그 뒤를 이었는데, 희종을 건너뛰고 소종을 그 다음 계승자로 인정한다는 의미이다. 소종은 892년 봉상절도사 이무정이 경사로 쳐들어오자 재상 두양능을 처형하고 위국부인 진씨를 하동절도사 이극용에게 시집보냈기 때문에 희종보다 소종을 직계로 인정한 것은 아닌가 생각된다.

57) 힘통咸通 : 당 懿宗 때 860~973년 동안 사용하던 연호이다.

에 맞지 않는 정도가 심하다. 조천을 논의하는 자가 당 의종에게 성씨를 하사받은 줄 모르고 (의조를) 조천하였는데, 지금 또 다시 헌조를 조천하기에 이르렀다. 예법으로 말하자면 소종昭宗을 먼저 조천하고 그 다음 헌조를 조천하는 것은 가능하지만, 의조는 당나라의 경황제와 같은 격이니 어찌 조천이 가능하겠는가?

晉天福二年正月, 中書門下奏:「皇帝到京, 未立宗廟, 望令所司速具制度典禮以聞.」從之. 二月, 太常博士段顯議曰:

후진後晉[59] 천복天福[60] 2년(944) 정월, 중서문하에서 상주하여 말하였다. "황제께서 수도에 이르렀으나 아직 종묘를 세우지 못했으니, 바라건대 담당 부서로 하여금 속히 관련 제도와 전례를 갖춰 알리도록 명하십시오." 그대로 따랐다. (천복 2년) 2월,[61] 태상박사 단옹段顯이 의론하여 다음과 같이 말하였다.

---

58) 주야朱耶의 3대 : 獻祖·太祖·莊宗을 말한다.

59) 후진後晉(936~946) : 五代十國 중 오대의 3번째 왕조로, 후당의 개국공신이었던 석경당이 세웠으며 국호는 晉이지만 춘추시대와 위진남북조 시대의 晉과 구별하기 위해 後晉 또는 石晉이라고 불렸다. 수도는 開封이고 후당과 마찬가지로 돌궐 사타족 계열이었다.

60) 천복天福 : 오대 後晉 高祖인 石敬瑭의 연호로, 936년 11월에서 944년 6월까지 사용하였다.

61) 수정점교본『구오대사』에 의하면(2221쪽, 주 10), 『五代會要』권2, 『冊府元龜』권594, 『구오대사』권76 「晉高祖紀」2에는 모두 '三月'로 되어 있다.

夫宗廟之制, 歷代爲難. 須考禮經, 以求故事. 謹按尚書
舜典曰:「正月上日, 受終於文祖.」此是堯之廟也, 猶未載
其數. 又按郊祀錄曰: 夏立五廟, 商立六廟, 周立七廟. 漢初
立祖宗廟於郡國, 共計一百六十七所. 後漢光武中興後, 別
立六廟. 魏明帝初立親廟四, 後重議依周法立七廟. 晉武帝
受禪, 初立六廟, 後復立七廟. 宋武帝初立六廟, 齊朝亦立
六廟. 隋文帝受命, 初立親廟四, 至大業元年, 煬帝欲遵周
法, 議立七廟. 次屬傳禪於唐, 武德元年六月四日, 始立四
廟於長安, 至貞觀九年[五],(62) 命有司詳議廟制, 遂立七廟,
至開元十一年後, 創立九廟. 又按禮記喪服小記曰:「王者禘
其祖之所自出, 以其祖配之, 而立四廟.」鄭玄注云: 高祖以
下至禰四世, 卽親盡也, 更立始祖爲不遷之廟, 共五廟也.
又按禮記祭法及王制·孔子家語·春秋穀梁傳並云: 天子七
廟, 諸侯五廟, 大夫三廟, 士一廟. 此是降殺以兩之義. 又按
尚書咸有一德曰:「七世之廟, 可以觀德.」又按疑義云: 天
子立七廟, 或四廟, 蓋有其義也. 如四廟者, 從禰至高祖已
上親盡[六],(63) 故有四廟之理. 又立七廟者, 緣自古聖王,
祖有功, 宗有德, 更封立始祖, 卽於四親廟之外, 或祖功宗
德, 不拘定數, 所以有五廟[七](64)·六廟, 或七廟·九廟, 欲

---

62) [교감기 5] "貞觀九年"의 '九'는 원래 '元'으로 되어 있는데, 殿本과 『五
代會要』 권2와 『冊府元龜』 권594에 의거하여 고쳤다.

63) [교감기 6] "已上親盡"의 '上'은 원래 '下'로 되어 있는데, 『五代會要』
권2와 『冊府元龜』 권594에 따라 고쳤다.

64) [교감기 7] "五廟"의 '廟'자는 원래 없는데, 『五代會要』 권2와 『冊府元
龜』 권594에 따라 보충하였다.

後代子孫觀其功德, 故尙書云「七世之廟, 可以觀德」矣. 又
按周捨【案原本訛「周捨」, 今據新唐書禮志改正.(舊五代史考異)】論云：
「自江左已來, 晉·宋·齊·梁相承, 多立七廟.」今臣等參詳,
唯立七廟, 即並通其理. 伏緣宗廟事大, 不敢執以一理定之,
故檢七廟·四廟二件之文, 俱得其宜, 他所論者, 並皆勿取.
伏請下三省集百官詳議.

종묘 제도는 역대 난제로 여겼으며 반드시 예경을 상고하고
이전 사례[故事]를 찾아봐야 합니다. 삼가 살펴보건대,『상서尙
書』「순전舜典」에 "정월 상일上日에 문조文祖에서 수종受終하
였다"[65]고 하였는데, (문조) 이는 요 임금의 묘로, 여기엔 묘의
수가 실려 있지 않았습니다.

또『(대당)교사록郊祀錄』을 살펴보니 다음과 같았습니다.[66]
"하나라는 5묘를, 상나라는 6묘를, 주나라는 7묘를 세웠다. 한
초 군국郡國에 조종의 묘를 세웠는데, 모두 167개 소[67]였다. 후
한 광무제의 중흥 이후 별도로 6묘를 세웠다. 위魏나라 명제는
처음엔 친묘 4묘를 세웠다가 뒤에 여러 번 논의 끝에 주나라
예법에 따라 7묘를 세웠다. 진晉나라 무제武帝는 수선受禪한
뒤 처음에 6묘를 세웠다가 뒤에 다시 7묘를 세웠다. 송나라 무

---

65)『상서尙書』「순전舜典」… : "정월 上日에 文祖에서 受終하였다"는 것은
   정월 원일에 요 임금의 사당인 문조에서 마지막 유언[終]을 받았다, 즉
   요의 뒤를 이어 즉위하였다는 말이다.
66) 아래 구절은『대당교사록』권제6의 내용을 정리, 요약해서 인용한 것이다.
67)『大唐郊祀錄』에는 187개로 되어 있다. 이른바 군국에 세워진 郡國廟를
   말한다.

제武帝는 처음에 6묘를 세웠고 제나라 역시 6묘를 세웠다. 수隋나라 문제文帝가 수명한 뒤 처음에는 친묘 4묘를 세웠다가 대업大業 원년(605)에 이르러 양제煬帝가 주나라 예법을 따르고자 하여 7묘를 세울 것을 논의하였다. 그 다음 당으로 제위가 이양되면서 (고조) 무덕武德 원년(618) 6월 4일 처음으로 장안에 4묘를 세웠고 (태종) 정관貞觀 9년(635)에 이르러 유사에게 묘제를 논의토록 하여 마침내 7묘를 세웠으며, (현종) 개원開元 11년(723) 이후에는 9묘를 창립하였다."

또 살펴보건대, 『예기禮記』 「상복소기喪服小記」에 "왕자는 그 선조가 유래된 바에 체禘 제사를 지내면서 선조를 배사配祀하고, (선조의 사당은) 4묘를 세운다"라고 하였습니다. 정현의 주는 고조 이하 아버지까지 4대가 되면 곧 친진親盡이며, 여기에 시조를 체천하지 않는 묘로 세우면 모두 오묘가 된다고 하였습니다.[68] 또 살펴보건대, 『예기』 「제법祭法」과 「왕제王制」, 『공자가어孔子家語』, 『춘추곡량전春秋穀梁傳』에서 모두 천자는 7묘, 제후는 5묘, 대부는 3묘, 사는 1묘라고 하였습니다. 이것은 2묘씩 감한다는 의미입니다.

또 살펴보건대 『상서』 「함유일덕咸有一德」에 "7대의 묘로 그 덕을 볼 수 있다"라고 하였습니다. 또 살펴보건대 『의의疑義』[69]에 "천자는 7묘 혹은 4묘를 세운다"고 하였는데, 대개 그

---

68) 鄭玄의 원주는 "고조 이하 시조와 함께 다섯高祖以下與始祖而五"이라고만 되어 있다.

69) 『의의疑義』: 남조 梁代 周捨가 편찬한 『禮 疑義』 52권이다. 『隋書』 「經籍志」에 실려 있다.

러한 의미입니다. 예를 들어 4묘인 경우 아버지에서부터 고조 이상은 친진이므로 4묘를 세우는 도리가 있습니다. 또한 7묘를 세우는 것은 예부터 성왕이 유공자有功者를 조祖로 삼고 유덕자有德者를 종宗으로 삼으며 거기에 또다시 책봉을 받아 세워진 시조까지 더한 것으로, 즉 사친묘四親廟 외에 유공자를 조로 삼고 유덕자를 종으로 삼아 규정된 숫자에 구속되지 않았기 때문에 5묘, 6묘 혹은 7묘, 9묘를 두어 후대 자손이 선조의 공덕을 볼 수 있도록 했습니다. 그러므로 『상서』에 "7대의 묘로 그 덕을 볼 수 있다"라고 했던 것입니다.

또한 살펴보건대 주사周捨[70]【살펴보건대, 원본에는 '주습周拾'으로 되어 있지만 『신당서新唐書』 「예(악)지禮志」에 의거하여 수정하였다.(『구오대사고이舊五代史考異』】는 다음과 같이 의론하여 말하였습니다. "강좌 이래 진·송·제·양까지 대대로 7묘를 세우는 경우가 많았다." 이제 신 등은 자세히 논의한 결과 7묘만 세우는 것이 이치에 합당하다고 봅니다. 생각건대 종묘의 사안이 중대하므로 하나의 이론만을 고집하여 결정할 수 없습니다. 그러므로 7묘와 4묘에 관한 문건을 검토해보니 둘 다 모두 타당한 면이 있으며, 그 밖의 다른 논의는 모두 취하지 마십시오. 청컨대 삼성에 이 안건을 내려 백관들로 하여금 집의하기를 바랍니다.

---

70) 주사周捨(469~524) : 남조 梁 汝南郡 安城(현재 河南省 汝南縣) 사람. 자는 升逸이며, 南朝 梁대 대신으로 박학다식하며 특히 예에 뛰어났다. 『隋書』 「經籍志」에는 그의 저작으로 『禮 疑義』가 있다.

勅旨宜依. 左僕射劉昫等議曰:

칙勅을 내려 건의한 대로 따르도록 했다. 좌복야 유후劉昫[71] 등이
의론하여 말하였다.[72]

臣等今月八日, 伏奉勅命於尚書省集議太常博士段顒所議
宗廟事. 伏以將敷至化, 以達萬方, 克致平和, 必先宗廟. 故
禮記王制云:「天子七廟, 諸侯五廟, 大夫三廟.」 疏云:「周
制之七者, 太祖廟及文王·武王之祧, 與親廟四. 太祖, 后稷
也. 商六廟, 契及湯與二昭·二穆. 夏則五廟, 無太祖[八],[73]
禹與二昭·二穆而已. 自夏及周, 少不減五, 多不過七.」 又
云:「天子七廟, 皆據周也. 有其人則七, 無其人則五. 若諸
侯廟制, 雖有其人, 則不過五. 此則天子·諸侯七·五之異明
矣.」 至於三代已後, 魏·晉·宋·齊·隋及唐初, 多立六廟或

---

71) 유후劉昫(887~947) : 오대 後唐, 後晉 때의 大臣. 冀州 歸義縣(현재 河
北省 容城縣) 사람. 자는 耀遠이다. 後唐 莊宗 때 太常博士·翰林學士
를 거쳐 明宗 때에는 宰相의 자리를 역임하였으며, 後晉 건립 후에도
재상이 되어 開運 2년 『구당서』가 완성되었을 때 당시 관행대로 편찬의
총책임자로 후세에 이름을 남기게 되었다.

72) 유후 등이 종묘제에 관련해서 논의한 시점은 天福 2년(937)으로 이때 유
후의 관직이 좌복야였다. 『舊五代史』 권76 「晉書 2·高祖 石敬瑭」 "(天
福 2년) 左僕射劉昫等議立宗廟, 以立高祖已下四親廟, 其始祖一廟, 伏
候聖裁. 御史中丞張昭遠議, 請依隋·唐之制, 立四廟, 推四世之中名位
高者爲太祖. 詔下百官定議, 百官請依唐制, 追尊四廟爲定, 從之."

73) [교감기 8] "無太祖"의 '無'자는 원래 없는데, 『冊府元龜』 권594와 『禮
記』 권12 「王制」 鄭玄注에 의거하여 보충하였다.

四廟, 蓋於建國之始, 不盈七廟之數也. 今欲請立自高祖已
下四親廟, 其始祖一廟, 未敢輕議, 伏俟聖裁.

신 등은 이번 달 8일에 칙명을 받들어 상서성에서 태상박사
단옹段顒이 의론한 종묘 안건에 대해 집의하였습니다. 생각건
대 지극한 교화를 펼쳐 만천하에 이르고 평화로운 세상을 이루
게 하기 위해서는 무엇보다 종묘(제도)가 제일 먼저 결정되어
야 합니다. 그러므로『예기』「왕제」에 "천자는 7묘이고 제후는
5묘이며 대부는 3묘이다"라고 하였고, 그 소疏에 "주나라 제도
의 7묘는 태조묘, 문왕文王과 무왕武王의 사당, 친묘親廟 넷을
말한다. 태조는 후직이다. 상商나라는 6묘이며, 설契과 탕湯 그
리고 이소二昭와 이목二穆이다. 하夏나라는 5묘이며, 태조太祖
가 없고 우禹와 이소와 이목뿐이다. 하나라에서 주나라에 이르
기까지 적어도 5묘 이하가 되지 않고 많아도 7묘를 넘지 않는
다"라고 하였습니다.

또 다음과 같이 말하였습니다. "천자 7묘는 모두 주나라에
근거한 것이다. (묘에 들어갈) 사람이 있으면 7묘이고 사람이
없으면 5묘이다. 제후의 묘제일 경우 비록 사람이 있어도 5묘
를 넘지 않는다. 이와 같이 천자와 제후의 7묘와 5묘의 차이는
분명하다." 삼대 이후 위·진·송·제·수 그리고 당 초기에 6묘
혹은 4묘를 많이 세웠는데, 이는 건국 초기라 7묘의 숫자를 채
우지 못했기 때문입니다. 이제 고조 이하 사친묘와 시조 1묘를
세우도록 청하고자 하나 경솔히 논의할 수 없으니, 바라건대
성상의 재량에 맡기겠습니다.

御史中丞張昭遠奏議曰：

어사중승 장소원張昭遠74)이 의론하여 상주하였다.

臣前月中預都省集議宗廟事, 伏見議狀於親廟之外, 請別
立始祖一廟, 近奉中書門下牒, 再令百官於都省議定聞奏者.

신은 전 달에 도성都省(상서성)의 종묘에 관한 집의에 참가
하였습니다. 삼가 친묘 외에 별도로 시조 1묘를 세우기를 청하
고 근래 중서문하의 공문을 받들어 다시 백관에게 도성에서 의
론하여 결정하여 상주한 것을 보게 되었습니다.

臣讀十四代史書, 見二千年故事, 觀諸家宗廟, 都無始祖
之稱, 唯商 · 周二代, 以稷 · 契爲太祖. 禮記曰：「天子七廟,
三昭 · 三穆, 與太祖之廟而七.」鄭玄注：「此周制也. 七者,

---

74) 장소원張昭遠 : 後漢 高祖 劉知遠을 諱하여 줄여 張昭라고도 한다. 오대
에서 북송에 걸쳐 살았으며, 濮州 範縣(현재 河南省 濮陽 東北) 사람이
다. 字는 潛夫이며, 신 · 구 『오대사』에는 열전이 없고 『宋史』 권263에 열
전이 입전되어 있다. 구경에 능통하고 특히 史學에 뛰어나 『구당서』를
편찬하는 데 결정적인 역할을 하였다. 저서로 『十代興亡論』을 비롯하여
『同光實錄』 12권과 後唐 天成 연간에 何讚의 천거로 左補闕에 제수되
어 『莊宗實錄』을 편찬하였고, 後晉 天福 초에 『舊唐書』를 편찬하는 데
참여하였다. 後周 廣順 초년에는 戶部尙書로 『五朝實錄』을 편찬하였다.
北宋 初에 吏部尙書에 오르고 鄭國公에 봉해졌다. 벼슬을 그만둔 뒤에
도 예법과 관련된 사안이 있으면 황제가 사람을 보내 자문을 구할 정도로
예제에 정통하였다.

太祖后稷及文王·武王與四親廟.」又曰:「商人六廟, 契及
成湯與二昭·二穆也. 夏后氏立五廟, 不立太祖, 唯禹與二
昭·二穆而已.」據王制鄭玄所釋, 即商·周以稷·契爲太祖,
夏后無太祖, 亦無追諡之廟. 自商·周以來, 時更十代, 皆於
親廟之中, 以有功者爲太祖, 無追崇始祖之例. 具引今古,
即恐詞繁, 事要證明, 須陳梗概. 漢以高祖父太上皇執嘉無
社稷功, 不立廟號, 高帝自爲高祖. 魏以曹公相漢, 垂三十
年, 始封於魏, 故爲太祖. 晋以宣王輔魏有功, 立爲高祖, 以
景帝始封晋,【始封, 原本作「始討」, 今據文改正.(影庫本粘籤)】 故爲
太祖. 宋氏先世, 官閥卑微, 雖追崇帝號, 劉裕自爲高祖. 南
齊高帝之父, 位至右將軍, 生無封爵, 不得爲太祖, 高帝自
爲太祖. 梁武帝父順之, 佐佑齊室, 封侯, 位至領軍·丹陽
尹, 雖不受封於梁, 亦爲太祖. 陳武帝父文讚, 生無名位, 以
武帝功, 梁室贈侍中, 封義興公,【義興原本作「漾興」, 今從陳書改
正.(影庫本粘籤)】 及武帝即位, 亦追爲太祖. 周閔帝以父泰相
西魏, 經營王業, 始封於周, 故爲太祖. 隋文帝父忠〔九〕,[75]
輔周室有大功, 始封於隋, 故爲太祖. 唐高祖神堯祖父虎爲
周八柱國, 隋代追封唐公, 故爲太祖. 唐末梁室朱氏有帝位,
亦立四廟, 朱公先世無名位, 雖追册四廟, 不立太祖, 朱公
自爲太祖. 此則前代追册太祖, 不出親廟之成例也.

신은 14대 사서史書를 읽고 2천 년의 고사를 보고서 여러
학자들의 종묘론을 보아도 모두 시조란 칭호는 없었습니다. 다

---

75) [교감기 9] "隋文帝父忠"의 '父忠' 두 자는 원래 없는데, 『册府元龜』 권
594에 의거하여 보충하였다.

만 상·주 2대만이 후직과 설을 태조라고 하였습니다. 『예기』(「왕제」)에 "천자는 7묘이다. 삼소三昭와 삼목三穆 그리고 태조太祖의 묘를 합쳐 7묘가 된다"라고 하였습니다. 그 정현의 주에 "이것은 주나라 제도이다. 7묘란 태조太祖인 후직과 문왕과 무왕 그리고 사친묘四親廟를 말한다"라고 하였습니다. 또한 "상나라 사람은 6묘이다. 설과 성탕 그리고 이소와 이목이다. 하후씨夏后氏는 5묘를 세웠는데, 태조를 세우지 않아 우禹와 이소와 이목뿐이다"라고 하였습니다.

「왕제」에 대해 정현이 해석한 바에 의하면 상나라와 주나라는 후직과 설을 태조로 삼았고 하후씨는 태조가 없을 뿐만 아니라 시호를 추중한 묘도 없습니다. 상·주 이래 10개의 왕조가 바뀌었으나 모두 친묘 중에 유공자를 태조로 삼는 경우는 있지만 시조를 추숭한 사례는 없습니다. 고금의 사례를 모두 인용하면 번잡할까 두려우나, 종묘 문제를 명백하게 밝히기 위해서는 그 대략의 개요를 진술해야겠습니다.

한나라의 경우 고조의 아버지 태상황太上皇 집가執嘉[76]는 사직에 공이 없어 묘호를 세우지 않고 고제 스스로 고조라 하였습니다.

위나라는 조공曹公(조조)이 한나라의 상相이 된 후부터 어언 30년이 되면서[77] 처음으로 위魏에 봉건되었기 때문에 태조가

---

76) 태상황太上皇 집가執嘉 : 한 고조 유방의 아버지 劉太公(기원전 282~기원전 197)을 말한다. 『史記』에는 단지 '유태공'이라고만 되어 있으나 『史記索隱』에 인용된 皇甫謐은 "이름이 집가名執嘉"라고 하였고 王符는 "태상황의 이름은 단太上皇名煓"이라 하였다.

되었습니다.

진나라는 선왕宣王[78)]이 위나라를 보필한 공이 있어 고조로 세워졌으며, 경제景帝[79)]가 처음으로 진晉에 봉건되었기 때문에【'시봉始封'은 원본에는 '시토始討'로 되어 있는데, 지금 문맥에 근거하여 수정하였다.(영고본影庫本 주석)】태조가 되었습니다.

송씨宋氏의 선대는 관직과 문벌이 낮고 한미했기 때문에 비록 제호帝號를 추숭했으나[80)] 유유劉裕[81)] 자신이 고조가 되었

---

77) 한나라의 상相이 된 후부터 어언 30년 : 184년 조조 나이 30살 때 황건적의 난이 일어나 騎都尉에 임명되어 潁川에서 황건적을 토벌하였다. 이 공적을 인정받아 이때 濟南相으로 승진하였다. 208년 승상이 되고 213년 위공에 봉건되었으며 216년 위왕이 되었으니 근 30년간 한나라를 위해 복무했다고 할 수 있다.

78) (진) 선왕宣王 : 西晉 高祖 宣皇帝로 추증된 司馬懿(179~251)를 말한다. 曹魏의 관료로 자는 仲達이며 河內郡 溫縣 사람이다. 曹眞 사후, 위나라의 군대를 이끌어 최대의 라이벌인 제갈량과 치열한 지략싸움 끝에 제갈량의 북벌을 막아냈다. 明帝 사후 실권을 장악하여 西晉 건국의 토대를 마련하였다. 손자인 사마염에 의해 선제로 추존되었다.

79) (진) 경제景帝 : 西晉 世宗 景皇帝로 추증된 司馬師(208~255)를 말한다. 조위의 관료로 자는 子元이며 河內郡 溫縣 사람이다. 曹魏의 相國이었던 사마의의 장남이자 文帝로 추존되었던 司馬昭의 형이다. 아버지 사마의로부터 무양후를 습봉했고, 동생 司馬昭가 晉王에 봉해지자 景王으로 추존되었으며, 조카 사마염 즉위 후 황제로 추존되었다.

80) 여기에서 선대의 이름조차 밝히지 않고 있는데, 유유의 아버지 劉翹를 말한다. 유유에 의해 추존되어 시호는 孝皇帝이고 자는 顯宗이다. 東安 太守 劉靖의 아들이며, 東安郡의 功曹를 지냈다.

81) 유유劉裕(363~422) : 남조 劉宋의 초대 황제이며, 자는 德輿이다. 다른 송 왕조와 구별하기 위해서, 유유가 건국한 송은 劉宋이라고 한다. 동진 말

습니다.

　남제南齊 고제高帝의 아버지[82])는 관위가 우장군右將軍에 이르렀으나 살아서 봉작을 받지 않았기 때문에 태조가 될 수 없어 고제高帝[83]) 자신이 태조가 되었습니다.

　양梁 무제武帝의 아버지 (소)순지順之[84])는 제齊 황실을 도와

　형주의 최고 권력자인 환연의 반란을 진압하고 안제를 옹립하였다가 선양에 의해 정권을 교체하였다. 유유는 동진의 북부군의 병권을 장악한 군벌 출신으로 당시 문벌귀족과는 비교가 안 될 정도로 한미한 가문이었음을 말한 것이다.

82) 남제南齊 고제高帝의 아버지 : 소도성이 황제에 즉위한 뒤 宣帝로 추숭된 蕭承之(384~447)이다. 자는 嗣伯이고 南蘭陵 사람이다. 소승지의 가문은 원래 山東이었으나 동진 말 전란을 피해 강남 淮陰으로 이주했다고 한다. 동진 왕조에서 군태수를 역임했고 유송 건국 후에는 威烈將軍 濟南太守로 임명되기도 하였다. 본문에서 말하는 우장군은 434년 揚州를 공격해온 仇池의 군대를 격파하는 데 큰 공을 세워 龍驤將軍에 임명되었으나 당시 조정의 실권을 장악한 팽성왕 유의강과 불화하여 남태산태수로 좌천되면서 晉興縣五等男으로 책봉되고 340호의 식읍을 하사받고 우장군에 임명된 것을 말한다.

83) (제) 고제高帝 : 남조 齊 太祖 高皇帝 蕭道成(427~482)을 말한다. 자는 紹伯이다. 劉宋 말 南蘭陵 출신의 하급병사 신분으로 군공을 세워 차츰차츰 출세하였다. 劉宋 황실의 유휴범의 반란을 진압한 뒤 실질적인 권력자가 된 뒤 廢帝 劉昱를 살해하고 順帝를 옹립하였다가 얼마 후 순제로부터 선양을 받아 제나라를 건국하였다. 482년 고제 소도성은 즉위 3년 만에 죽고 그 아들 소색 武帝가 그 뒤를 이었다.

84) 소순지蕭順之(384~437) : 남조 劉宋과 南齊 때 사람으로, 蘭陵 출신이다. 族弟인 蕭道成을 도와 劉宋을 멸하고 南齊를 세우는 데 공을 세워 臨湘縣侯에 봉해졌다. 이후 侍中, 衛尉, 太子詹事, 領軍將軍과 丹陽尹 등 비교적 고위 관직을 겸임히였다. 그의 셋째 아들 양 무제기 양나라를 세운

후侯에 봉해졌고 관위는 영군領軍·단양윤丹陽尹에 이르렀으며, 비록 양梁에 봉건되지 않았지만 역시 태조가 되었습니다.

진陳 무제武帝[85]의 아버지 (진)문찬文讚[86]은 살아서 이렇다 할 지위가 없었으나 무제의 공으로 양 황실로부터 시중侍中에 추증되고 의흥공義興公【'의흥義興'은 원본에는 '양흥漢興'으로 되어 있는데, 이제 『진서陳書』에 의거하여 수정하였다.(영고본影庫本 주석)】에 봉해졌다가 무제가 즉위하자 역시 태조로 추증되었습니다.

(북)주周 (효)민제閔帝[87]는 아버지 우문태宇文泰[88]가 서위西

뒤에 태조 문황제로 추존되었다.

85) 진陳 무제武帝 : 남조 陳의 초대 황제인 高祖 武皇帝 陳霸先(503~559)을 말한다. 군인 출신으로 侯景의 난을 진압하여 공을 세워 양 말기 조정에서 실권을 장악하였다. 西魏가 江陵을 함락하고 元帝가 피살당한 뒤 왕승변과 함께 蕭方智를 梁王에 추대하였는데, 나중에 北齊가 蕭淵明을 황제로 추대하자 소방지를 황제(景帝)로 추대하고 북제와 왕승변 잔당을 공격해 제거한 다음 陳王에 봉해져 실질적인 일인자가 되었다. 얼마 뒤 양 경제로부터 선양을 받아 칭제하고 陳나라를 건국하였다.

86) (진)문찬文贊 : 남북조 시대 吳興郡 長城縣(현재 浙江省 長興縣) 사람이다. 일설에 後漢 太丘 진식陳寔의 제15대손이라고 하며 陳武帝 陳霸先의 아버지이다. 진패선의 아버지라는 것 외에는 별다른 기록이 없고 본문에서 말한 대로 무제로 인해 梁에 의해 侍中 光祿大夫에 추증되고 義興郡公에 봉해졌으며, 진패선이 건국 후에 景帝로 추존하였다.

87) (효)민제閔帝 : 북주 초대 황제 宇文覺(542~557)을 말한다. 西魏 宇文泰의 셋째 아들이지만 556년에 우문태의 세자가 되어 적자로서 인정받았다. 우문태가 사망한 뒤 우문태의 조카인 宇文護가 권력을 장악하여 서위 공제로부터 선양을 받아 우문각을 내세워 북주를 건국하였다. 우문호의 꼭두각시 노릇을 하던 우문각은 즉위 후 우문호를 제거할 계획을 세웠으나 사전에 발각되어 우문호에게 살해당하고 그의 동생인 宇文毓이 그의

魏의 재상을 지내면서 왕업을 경영하여 처음 주周에 봉건되었
기 때문에 태조라고 하였습니다.

수隋 문제文帝[89]의 아버지 양충楊忠[90]은 북주의 왕실을 보

뒤를 이어 무제로 즉위 한 뒤 우문호를 제거하고 우문각을 민제로 추존하
였다.

88) 우문태宇文泰(507~556) : 北魏의 武川鎭(현재 내몽고 자치구) 출신이다.
북위 왕조와 마찬가지로 선비족으로 북위 말 6진의 난에 참가하였다가
하발악 밑에서 두각을 나타내면서 함께 입관하여 하발악 사후 관중지방
에서 세력을 과시하였다. 534년 북위 효무제는 승상 高歡을 제거하려다
가 실패하여 관중의 장안으로 도망쳐 우문태의 비호를 받았다. 이로 인해
북위는 동서로 분열하여, 고환이 鄴에서 孝靜帝를 옹립하여 東魏가 서고,
우문태가 효문제를 옹립하여 西魏가 섰다. 이때 우문태는 西魏의 승상으
로 서위의 실질적인 1인자가 되었다. 우문태 사후 宇文恪이 북주를 개국
함으로써 태조로 추존되었다. 우문태가 서위의 승상으로 여러 가지 제도
를 개편하였는데, 본문에서 "經營王業"이라 함은 새롭게 24군제를 창시
하여 군의 조직을 柱國 → 大將軍 → 開府儀同三司로 재편하여 후위
부병제의 근간이 되는 제도를 개설하였으며, 그밖에 행정, 조세 제도를
개편하여 북주 창건의 기틀을 마련했기 때문이다.

89) 수隋 문제文帝 : 수나라의 제1대 황제 楊堅(541~604)을 말한다. 북주에서
아버지 양충의 뒤를 이어 대장군 수국공의 작위를 이었다. 장녀를 북주
宣帝에게 시집보내 황제의 장인으로 실권을 장악하였으며 외손자인 靜
帝가 즉위하자 승상이 되어 섭정하였다. 이후 隋王에 책봉되어 이전 시대
의 禪讓의 절차에 따라 북주를 멸망시키고 수나라를 건국하면서 200여
년간 지속되었던 남북조 분열의 시대를 종식시키고 중원 대륙을 통일하
였다.

90) 양충楊忠(507~568) : 西魏와 北周의 대신으로 수 문제 楊堅의 아버지이
다. 우문태를 따라 서위를 건국하는 데 공을 세워 거기대장군이 되었고
북주에서는 진양에 쳐들어온 돌궐 10만 대군을 격파한 공으로 12대장군

좌하여 큰 공을 세워 처음으로 수에 봉건되었기 때문에 태조가
되었습니다.

당 고조 신요神堯황제(이연)의 조부祖父인 이호李虎[91]는 북
주의 팔주국八柱國으로 수대 당공唐公에 추봉되었기 때문에 태
조가 되었습니다.

당 말기 (후)량의 주씨朱氏(주전충)가 제위에 오르자 역시 4
묘를 세웠는데, 주공朱公의 선대에 이렇다 할 지위를 가진 사
람이 없었기에 비록 4묘를 추숭하였지만 태조를 세우지 않고
주공 자신이 태조가 되었습니다. 이와 같이 전대 태조를 추숭
한 경우 친묘의 범위를 벗어나지 않았습니다.

王者祖有功而宗有德, 漢·魏之制, 非有功德不得立爲祖
宗. 商·周受命, 以稷·契有大功於唐·虞之際, 故追尊爲太
祖. 自秦·漢之後, 其禮不然, 雖祖有功, 仍須親廟. 今亦粗
言往例, 以取證明. 秦稱造父之後, 不以造父爲始祖；漢稱
唐堯·劉累【案：原本作「劉里」, 今據漢書改正.(舊五代史考異)】之後,
不以堯·累爲始祖；魏稱曹參之後, 不以參爲始祖；晉稱趙

과 隨國公의 작위를 받았다. 양견이 수나라를 건국한 뒤 太祖 武元皇帝
로 추존되었다.

91) 이호李虎(?~551) : 西魏의 개국공신으로 西魏八大柱國의 한 명이었다.
隴西郡公의 작위를 받았으며, 나중에 唐國公에 추봉되었다. 아들 李昞이
농서군공에서 당국공으로 진봉되면서 농서양공에서 당국공으로 추봉되
어 唐國襄公이 되었다. 뒤에 손자인 李淵이 당나라를 세운 뒤에는 최초
의 당국공이었기 때문에 太祖 景皇帝로 추존되었다.

將司馬卬之後, 不以卬爲始祖; 宋稱漢楚元王之後, 不以元
王爲始祖; 齊·梁皆稱蕭何之後, 不以蕭何爲始祖; 陳稱太丘
長陳寔之後, 不以寔爲始祖; 元魏稱李陵之後, 不以陵爲始
祖; 後周稱神農之後, 不以神農爲始祖; 隋稱楊震之後, 不以
楊震爲始祖; 唐稱皐陶·老子之後, 不以皐陶·老子爲始祖.
唯唐高宗則天武后臨朝, 革唐稱周, 又立七廟, 仍追冊周文
王姬昌爲始祖, 此蓋當時附麗之徒, 不諳故實, 武立姬廟, 乖
越已甚, 曲臺之人, 到今嗤誚. 臣遠觀秦·漢, 下至周·隋, 禮
樂衣冠, 聲明文物, 未有如唐室之盛. 武德議廟之初, 英才
間出, 如溫·魏·顔·虞通今古, 封·蕭·薛·杜達禮儀, 制度
憲章, 必有師法.

왕이 된 자는 유공자를 조로 삼고 유덕자를 종으로 삼는다
고 하였습니다. 한나라와 위나라의 제도는 유공자가 아니면 조
종으로 세우지 않았습니다. 상나라와 주나라는 천명을 받고 후
직과 설이 당唐(요)과 우虞(순) 때 큰 공을 세웠으므로[92] 태조
로 추존하였습니다. 진秦나라와 한나라 이후 그러한 예법은 행
해지지 않았으며 비록 유공자를 조로 삼아도 반드시 친묘親廟
범위 내에 있어야 했습니다.

이제 거칠게나마 기왕의 사례를 들어 증명하고자 합니다. 진
나라는 조보造父[93]의 후예라 칭하면서도 조보를 시조로 삼지

---

92) 주나라의 시조인 棄는 陶唐氏인 堯 임금 때 백성에게 농사를 주관하여
后稷이란 직책을 맡게 되었으며, 상나라의 시조인 契은 有虞氏인 舜 임
금 때 禹의 황하 치수를 도운 공으로 司徒에 임명되고 商에 봉건된 것을
말한다.

않았고, 한나라는 당요唐堯와 유루劉累[94]【살펴보건대, 원본에는 '유리劉里'로 되어 있지만 이제 『한서漢書』에 의거하여 수정하였다. (『구오대사고이舊五代史考異』)】의 후손이라 칭하면서도 당요와 유루를 시조로 삼지 않았습니다. 위나라는 조참曹參[95]의 후예라 칭하면서도 조참을 시조로 삼지 않았고, 진晉나라는 조나라 장수 사마앙司馬卬[96]의 후예라 칭하면서도 사마앙을 시조로 삼

---

93) 조보造父 : 전설 속에서 말을 잘 몰던 사람이다. 주 목왕에게 赤驥, 도려盜驪, 화류驊騮, 騄耳, 白犧, 渠黃, 踰輪, 山子 八駿馬를 바쳐 총애를 받았다. 목왕이 그에게 말을 몰게 하여 서쪽으로 순수하여 西王母를 만나 향락에 빠졌다고 한다. 이때 徐偃王이 반란을 일으켰는데, 조보가 말을 몰아 하루에 천리를 달려 대파하였다. 이로 인해 목왕이 그에게 趙城이란 이름을 주었고, 그리하여 조씨의 시조가 되었다고 전한다. 『史記』 권5 「秦本紀」에는 전욱顓頊을 시작으로 이 조보가 진나라의 선조 중 하나로 기록되어 있다.

94) 유루劉累 : 하나라 때 사람으로 陶唐氏의 후예라고 한다. 豢龍氏에게 용을 훈련시키는 법을 배워 夏侯 孔甲을 섬길 때 御龍이란 성을 하사받았다. 祝融의 후예 豕韋의 일을 대신했다. 수컷 용이 죽자 몰래 용의 고기로 하후의 식사를 만들어 주었는데, 맛있다며 다시 달라고 했다. 다시 용 고기를 구할 길이 없어지자 두려워 魯縣으로 옮겨갔다 전한다.

95) 조참曹參(?~기원전 189) : 한 고조 유방의 개국 공신으로 蕭何와 더불어 고조를 보좌하여 천하를 평정하였다. 平陽侯에 봉해졌으며, 소하가 죽은 뒤 재상이 되어 무위이치의 황로정치를 펼쳐 개국 초 혼란을 안정시키고 제국의 기반을 튼튼히 하였다.

96) 사마앙司馬卬(?~기원전 205) : 秦나라 말기의 인물로, 항우가 세운 18제후국 중 殷王이 되어 하내 땅을 봉지로 하여 朝歌에 도읍을 두었다. 한왕 2년(기원전 205년) 3월, 유방이 하남왕 신양, 상산왕 장이, 한왕 정창을 굴복시키고 하내를 공격하자 사로잡혀 항복했다. 이후 한은 殷을 폐하고

지 않았습니다. (유)송宋나라는 한나라 초원왕楚元王97)의 후예
라 칭하면서도 초원왕을 시조로 삼지 않았고, 제齊나라와 梁나
라 모두 소하蕭何98)의 후손이라 칭하면서도 소하를 시조로 삼
지 않았습니다. 진陳나라는 태구장太丘長 진식陳寔99)의 후손이
라 칭하면서도 진식을 시조로 삼지 않았습니다.

　원위元魏100)는 이릉李陵101)의 후예라 칭하면서도 이릉을 시

여기에 河內郡을 설치하였다. 이후 彭城 대전에서 목숨을 잃었다. 본문에
서처럼 『晉書』「宣帝紀」에 사마씨는 하내에 거주한 사마앙의 후손이라
고 하였다.

97) 초원왕楚元王 : 한 고조 유방의 이복동생인 劉交를 말한다. 자는 游고,
시호는 元이다. 유방과는 달리 책 읽기를 좋아하여, 荀況의 제자 浮丘伯
에게 申培公, 穆生, 白生과 함께 『詩經』를 배웠다. 유방을 따라 입관한
뒤 文信君에 봉해졌으며, 고조가 즉위한 뒤에 楚王에 봉해졌다. 신배공을
中大夫로 삼아 예우했고, 자식을 부구백에게 보내 배우게 했다. 저서에
『詩經』를 해설한 『元王詩』가 있었지만 지금은 전하지 않는다.

98) 소하蕭何(?~기원전 193) : 한 고조 유방의 개국 공신 중 제1위로 평가받은
인물로, 진나라 말기 刀筆之吏, 즉 형리 출신으로 유방이 천하를 차지하
고 제국의 기초를 마련하는 데 결정적인 역할을 담당하였다.

99) 진식陳寔(104~187) : 후한 潁川 許(현재 河南省 許昌市) 사람이다. 자는
仲弓이며, 젊어서 縣吏가 되었지만 배움에 뜻을 두어 현령 鄧邵가 태학
에 보내 수업하도록 했다. 본문에서 말한 '太丘長'은 환제 때 임명되었는
데, 송사를 공정히 판정한 것으로 이름이 났다. 당고의 화가 일어나자 다
들 재난을 피하기에 바빴지만 홀로 투옥을 자청하여 감옥에 갇힌 것으로
도 유명하다. 후에 집에서 죽었을 때 조문객이 3만여 명에 이르렀고 상복
을 입은 사람이 수백을 헤아릴 정도였다고 한다. 시호는 文範先生이다.

100) 원위元魏 : 북위를 말한다. 탁발씨가 세운 北魏는 효문제 때 한화정책으
로 성씨를 元으로 바꾸었기 때문에 삼국시대 조조가 세운 曹魏와 구분

조로 삼지 않았습니다. 북주[後周]는 신농神農의 후예라 칭하
면서도 신농을 시조로 삼지 않았고, 수隋나라는 양진楊震[102]의
후예라 칭하면서도 양진을 시조로 삼지 않았습니다. 당唐나라
는 고요皐陶와 노자老子의 후손이라 칭하면서도 고요와 노자
를 시조로 삼지 않았습니다. 다만 당 고종 때 측천무후가 임조
臨朝하고 혁명하여 주를 칭하고 또 7묘를 세우면서 주 문왕 희
창姬昌을 시조로 하였습니다. 이는 당시 측천무후의 뜻에 부회
하는 자들이 옛 사실을 제대로 알지 못하였기 때문으로, 측천
무후가 희씨姬氏의 종묘宗廟를 세운 것은 예법에 어긋남이 매
우 심하여 예의를 관장하는 곡대曲臺[103]의 사람은 지금까지 비

하여 元魏라고 한다.

101) 이릉李陵(?~기원전 74) : 전한 隴西 成紀(현재 甘肅省 泰安) 사람. 자는
少卿이고, 한나라 명장 李廣의 손자다. 말 타기와 활쏘기에 능했다. 武帝
天漢 2년(기원전 99) 이사장군 李廣利가 3만 기병을 이끌고 주천을 나와
흉노를 공격할 때 보병 5천으로 여러 차례 적을 무찌르는 공을 세웠다.
그러나 흉노에게 포위되어 8일 동안 싸우다가 무기와 화살도 떨어지고
구원병도 오지 않자 남은 병사들의 목숨을 살리기 위해 항복을 했다. 선
우가 右校王으로 삼고, 딸을 시집보냈다. 흉노에게 용병술을 가르친다는
말을 전해들은 무제가 가족들을 모두 죽였다. 昭帝 때 霍光이 사신을
보내 불렀지만 귀환하지 않고 20여 년을 흉노 땅에서 살다가 죽었다.

102) 양진楊震(?~124) : 후한 弘農 華陰(현재 陝西省 華陰) 사람. 자는 伯起
다. 桓榮에게 尚書歐陽氏學을 익혔고, 경전에 밝고 박학하여 관서 지방
에 이름을 날렸다. 茂才로 천거되어 荊州刺史와 東萊太守를 지냈다.
安帝 때 太僕이 된 뒤 태상을 거쳐 太尉에까지 올랐다. 당시 황제의
유모 王聖이 환관 樊豊 등과 권력을 농단하자 글을 올려 강력하게 간언
했는데, 번풍의 모함을 받아 면직되어 자살했다.

웃고 있습니다.

신은 멀리 진한부터 아래로 북주와 수나라에 이르기까지 관찰한 결과, (예악과 복식 등) 전장제도를 널리 알리고 밝게 드러낸 것[聲明文物][104]이 당나라보다 융성한 나라를 보지 못했습니다. (고조) 무덕武德 연간 종묘에 관해 의론할 때 뛰어난 영재들이 사이사이 나왔으며, 온(대아)溫(大雅)[105]·위(징)魏(徵)·안(사고)顔(師古)·우(세남)虞(世南)[106]과 같은 이는 고금

---

103) 곡대曲臺 : 太常寺의 별칭이다. 당나라 때 王彦威가 태상으로 있으면서 『曲臺新禮』30편을 편찬하였으므로 한 말이다.

104) 출처는 『左傳』「桓公 2年」의 "文物以紀之, 聲明以發之"이며, 뒤에 문명과 전장제도를 밝히는 것을 의미하게 되었다.

105) 온대아溫大雅(574?~629) : 당 초기 幷州 祁현(현재 山西省 祁縣) 사람. 字는 彦弘이다. 환관 출신 집안이며 그 아버지 溫君悠는 수대 泗州司馬를 지냈다. 당 고조 이연이 太原留守 시절 온대아가 유수의 기실참군이 되어 문서의 초안을 작성하는 일을 담당하였고 『大唐創業起居注』를 작성하였다. 이연이 즉위한 뒤에는 각종 의례는 온대아를 중심으로 제정되었다. 이후 秦王 이세민에게도 중용되어 현무문의 변 이후에 禮部尙書에 발탁되어 여국공黎國公에 봉해졌다. 貞觀 3년(629)에 노환으로 장안에서 사망하였다.

106) 우세남虞世南(558~638) : 당 越州 餘姚(현재 浙江省 餘姚) 사람. 자는 伯施이다. 문장에 능하였으며 서예가로도 유명하다. 王羲之의 7대손인 승려 智永에게서 왕희지의 서체를 배워 명성이 자자했다. 歐陽詢, 褚遂良, 薛稷 등과 함께 '당초사대서예가'로 꼽힌다. 당 태종에게 신임을 받아 弘文館學士를 거쳐 秘書監 등을 역임하였다. 태종이 일찍이 그에게는 德行, 忠直, 博學, 文辭, 書翰 五絶이 있다고 칭찬하였다. 시호는 文懿다. 저서로 시문집 『虞秘監集』과 편저 『北堂書鈔』가 있다. 특히 『北堂書鈔』는 당대 4대 類書의 하나이자 현존하는 가장 오래된 類書의

에 능통하였고, 봉(덕이)封(德彝)[107]·소(덕언)蕭(德言)[108]·설
(원경)薛(元敬)[109]·두(정윤)杜(正倫)[110]은 의례에 통달하여 (예

하나로 평가된다.

107) 봉덕이封德彝(568~627) : 수말 당초 觀州 수현觀縣(현재 河北省 景縣)
사람. 이름이 원래 倫이고, 字가 德彝인데, 자로 더 유명하다. 당초 재상
을 지냈으며 무덕 8년에 密國公에 봉해져 중서령의 임무를 맡았다. 태종
이 즉위한 뒤 상서우복야에 임명되었다. 위징과는 정책상 의견대립이 많
았는데, 그때마다 태종은 위징의 손을 들어주었다.

108) 소덕언蕭德言(558~654) : 당 南蘭陵 蘭陵縣(현재 江蘇省 常州 西北)
사람이다. 자는 文行이다. 唐太宗 貞觀 연간에 校書郎·著作郎·弘文
館學士 등을 역임하였다. 경사에 밝았는데, 그 중『春秋左氏傳』에 정통
하였고 일찍이『括地志』편찬에 참여하기도 하였다. 蕭德言은 魏徵·
虞世南·褚亮 등과 함께 경사 중 역대제왕의 흥폐 원인을 분석하여 정
리하여『羣書治要』라는 서명을 붙여 태종에게 바쳤다. 이것을 계기로
'關西孔子'라는 칭찬을 듣기도 하였다. 고종이 晉王이던 시절 경전을
강학하였고 태자가 이후에 태자시독에 임명하였다. 고종 즉위 후에 銀靑
光祿大夫를 더하고 秘書監으로 승진하였다. 고종 永徽 5년에 사망하자
태상경 직함을 추증하였다.『全唐詩』에 시 한 수가 실려 있고『舊唐書』
「經籍志」에 저록으로『蕭德言集』30권이 있으며『新唐書』「藝文志」에
는 저록으로『蕭德言』20권으로 기록되어 있으나 현존하지 않는다.

109) 설원경薛元敬(미상) : 당 蒲州 汾陰(현재 山西省 萬榮 서쪽) 사람이다.
자는 子誠이다. 진왕부십팔학사의 하나인 薛收의 조카이다. 薛收, 薛德
音과 더불어 글로 이름을 날려 '河東三鳳'이라 불렸는데, 薛收는 장추
長雛, 薛德音은 목작鷟鷟, 설원경은 원추鵷雛로 일컬어진다. 고조 무덕
초(618년)에 秘書郎을 지냈고, 秦王 李世民의 부름을 받아 天策府參軍
겸 値記室을 지냈으며, 이세민이 황태자가 되자 太子舍人이 되었다. 군
부의 격문이나 조정의 조령을 담당하여 당태종의 신임을 받았다.

110) 두정윤杜正倫(?~659) : 당 相州 洹水(현재 河北省 魏縣) 사람. 隋文帝
仁壽 연간에 秀才로 발탁되어 羽騎尉에 제수되었고 당에 들어온 뒤에

의) 제도와 헌장에 있어서 본받을 만한 점이 있습니다.111)

夫追崇先王·先母之儀, 起於周代, 據史記及禮經云:「武
王纘太王·王季·文王之緒, 一戎衣而有天下, 尊爲天子, 宗

는 고조 무덕 연간에 齊州總管府 錄事參軍을 지냈으며, 이세민에게 글
을 올려 秦府文學館으로 들어갔다. 정관 연간에 兵部員外郎, 給事中,
中書侍郎, 太子左庶子 등의 관직을 역임했으며, 南陽縣侯에 봉해졌다.
뒤에 이승건의 모반죄에 연루되어 巂州로 좌천되었다. 高宗 顯慶 연간
에 재상에 제수되기도 하였으나 顯慶 3년(658) 李義府와의 불화로 무고
되어 橫州刺史로 보내졌다가 얼마 안 있어 병으로 사망하였다. 저서에
『春坊要錄』 4권과 『百行章』 1권이 있다.

111) 본문에서 언급한 "溫·魏·顏·虞通今古, 封·蕭·薛·杜達禮儀"는 고
조 무덕 연간부터 태종 정관 연간까지 활동했던 인물들로 당태종 '秦王
府18학사'에 속한 인물들과 중첩된다. 이중 "封·蕭·薛·杜"은 성만 있
고 이름이 없어 구체적으로 누구를 가리키는지 애매하다. 『通典』「禮
·序」에는 당대 예학을 이름을 날린 자들의 이름을 열거하고 있는데, 장
소원이 언급한 인물 중 "封·蕭·薛·杜"에 해당되는 인물은 없다. 그리
하여 무덕 연간에서 태종 정관 연간, 고종 초까지 활동했던 인물 중에서
'봉'씨는 '봉덕이', '蕭'씨는 '소덕언', '薛'씨는 (설수, 설덕음, 설원경 중)
설원경, '두'는 (두여회와 두정윤 중) 두정윤으로 해석하였다. "皇唐有孔
穎達·褚亮·(虞世南)·陸德明·令狐德棻·朱子奢·(顏師古)·房玄齡·
(魏徵)·許敬宗·楊師道·賈公彥·(杜正倫)·李義府·李友益·劉祥道·
郝處俊·許圉師·韋琨·範履冰·裴守眞·陸遵楷·史玄道·孔志約·蕭
楚材·孫自覺·王方慶·賀紀·賈大隱·韋萬石·賀敳·韋叔夏·祝欽明
·許子儒·沈伯儀·元萬頃·劉承慶·郭山惲·辟閭仁諝·唐紹·張星·
王喦·張說·徐堅·李銳·施敬本·王仲丘·張統師·權無二·孔玄義·
賈曾·李行偉·韓抱素·盧履冰·田再思·馮宗·陳貞節·賀知章·元行
沖·韋縚等. 或歷代傳習, 或因時制作, 粗舉其名氏, 列於此注焉."

廟饗之. 周公成文・武之德, 追王太王・王季, 祀先公以天子
之禮.」又曰:「郊祀后稷以配天.」據此言之, 周武雖祀七世,
追爲王號者, 但四世而已. 故自東漢以來, 有國之初, 多崇
四廟, 從周制也. 況商因夏禮, 漢習秦儀, 無勞博訪之文, 宜
約已成之制. 請依隋・唐有國之初, 創立四廟, 推四世之中
名位高者爲太祖. 謹議以聞.

　　선왕先王과 선모先母를 추숭하는 예의는 주대부터 시작하였
는데, 『사기史記』와 예경禮經에 "무왕武王은 태왕太王・왕계王
季・문왕文王의 계보를 이어 한번 융의戎衣를 입고[一戎衣][112]
천하를 얻어 존귀하게도 천자가 되었으니, 종묘에서 제사를 지
냈다. 주공은 문왕과 무왕의 덕을 완성하여 태왕과 왕계를 왕
으로 추존하고 선공에게 천자의 예로써 제사를 지냈다"라고
하였습니다.

　　또한 "천에 교사를 지낼 때 후직을 배사하였다[郊祀后稷以配
天]."라고 하였습니다. 이에 의거하여 말한다면, 주나라 무왕은
비록 7대에 제사를 지냈으나 왕으로 추증된 자는 단지 4대뿐
입니다. 그러므로 후한 이래 건국 초에 4묘를 추숭한 사례가
낳은 것은 주나라 제도를 따랐기 때문입니다. 더군다나 상商나
라는 하나라의 예를 인습하였고 한나라는 진나라의 의례를 익
혔으니, 수고로이 백방으로 찾을 필요도 없이 기존의 제도를
따라야 합니다. 청컨대 수당대 건국 초 4묘를 창립한 일에 의

---

112) 한번 융의戎衣를 입고[一戎衣] … : 『尙書』「武成」편에 나온다. '戎衣'는
　　　군복을 말한다.

거하여 4대 중 성명이 높은 분을 추대하여 태조로 삼으십시오. 삼가 이와 같이 논의하여 알려드립니다.

勅: 宜令尚書省集百官, 將前議狀與張昭遠所陳, 速定奪聞奏〔一〇〕.[113) 左僕射劉昫等再奏議曰:

칙勅을 내려 말하였다. "상서성에 명하여 백관을 소집하여 이전 논의한 장계와 장소원이 말한 것을 속히 정탈定奪[114)하여 보고하도록 하라." 좌복야 유후劉昫 등이 다시 의론하여 상주하여 말하였다.

臣等今月十三日, 再於尚書省集百官詳議. 夫王者祖武宗文, 郊天祀地, 故有追崇之典, 以申配饗之儀. 切詳太常禮院議狀, 唯立七廟四廟, 即並通其理, 其他所論, 並皆勿取. 七廟者, 按禮記王制曰:「天子七廟, 三昭·三穆與太祖之廟而七.」鄭玄注云:「此周制也.」詳其禮經, 即是周家七廟之定數. 四廟者, 謂高·曾·祖·禰四世也. 按周本紀及禮記大傳皆曰:「武王即位, 追王太王·王季·文王. 以后稷爲堯稷官, 故追尊爲太祖.」此即周武王初有天下追尊四廟之明文也. 故自漢·魏已降, 迄於周·隋, 創業之君, 追諡不過四世, 約周制也. 此禮行之已久, 事在不疑. 今參詳都省前議狀,

---

113) [교감기 10] "速定奪聞奏"의 '速'은 원래 '連'으로 되어 있는데, 彭校와 『冊府元龜』 권594에 따라 고쳤다.

114) 정탈定奪 :신하들이 올린 몇 가지의 議論이나 計策 중에서 可否를 논하여 취사선택하는 것을 말한다.

請立四廟外, 別引始祖, 取裁未爲定議. 續准勅據御史中丞 張昭遠奏, 請創立四廟之外, 無別封始祖之文. 況國家禮樂 刑名, 皆依唐典, 宗廟之制, 須約舊章, 請依唐朝追尊獻祖 宣皇帝·懿祖光皇帝·【案: 原本作「義祖」, 今從新唐書改正.(舊五代 史考異)】太祖景皇帝·代祖元皇帝故事, 追尊四廟爲定.

신 등은 이번 달 13일에 상서성에서 다시 백관을 소집하여 상의하였습니다. 무릇 왕자는 용맹한 자를 조로 삼고 문치를 빛낸 자를 종으로 삼아 천지에 교사를 지낼 때 선조를 추숭하는 예전禮典으로 배향의 예의를 펼칩니다. 태상예원에서 의론한 장계를 자세히 살펴보니, 다만 7묘를 세울 것인가 4묘를 세울 것인가의 문제이며, 이 둘 모두 각각 도리에 맞고 기타 논의는 모두 취하지 말라고 하였습니다.[115]

7묘란 『예기』「왕제王制」에 "천자는 7묘인데, 삼소와 삼목 그리고 태조의 묘로 7묘이다"라고 하였습니다. 정현의 주는 "이것은 주나라 제도이다"라고 하였습니다. 예경을 상세히 살펴보면 이것은 바로 주나라 7묘의 고정된 숫자입니다.

4묘란 고조·증조·조祖(할아버지)·녜禰(아버지) 4대입니다. 「주본기周本紀」와 『예기』「대전大傳」에는 모두 "무왕이 즉위하여 태왕太王·왕계王季·문왕文王을 왕으로 추존하였다. 후직后稷은 요堯임금의 직관이었기 때문에 태조로 추존하였다"라고 하였습니다. 이것은 주 무왕이 건국 초에 사묘를 추존했다는 명백한 증거입니다. 그러므로 한·위 이래 북주·수나라에 이르

---

115) 앞에서 태상예원에서 상주한 의론 내용을 요약한 것으로 해석하였다.

기까지 창업의 군주가 시호를 추증할 때 4대를 넘지 않는 것은 대략 주나라 제도입니다. 이러한 예는 행해진 지 오래되었으니 의심의 여지 없는 사실입니다.

이제 도성都省에서 일전에 올린 의론 장계를 자세히 살펴보니, 4묘 외에 별도로 시조를 세울 것을 청하였는데, 결론을 내리지 못하였습니다. 이어 칙령을 받들어 어사중승 장소원이 상주한 것에 의하면, 4묘를 창립할 것을 요청하는 것 말고는 별도로 시조를 추봉하자는 내용은 없었습니다. 게다가 국가의 예악과 형명은 모두 당나라 전장제도를 따르고 있으니 (그중의 하나인) 종묘제도를 기존 전장대로 해야 하는 것은 말할 필요도 없습니다. 청컨대 당나라에서 헌조獻祖 선황제宣皇帝(당 고조 이연의 고조부 이희)와 의조懿祖 광황제光皇帝(당 고조 이연의 증조부 이천석)【살펴보건대, 원본에는 '의조義祖'로 되어 있는데, 『신당서』에 의거하여 수정하였다.(『구오대사고이舊五代史考異』)】와 태조 경황제 그리고 대조代祖 원황제元皇帝[116]를 추존한 고사를 따라 4묘를 추존하는 것으로 결정하십시오.

從之.

이에 따랐다.

---

116) 대조代祖 원황제元皇帝 : 唐 世祖 李昞(?~573)을 말한다. 世祖를 대조라고 한 것은 당태종 이세민의 기휘하여 고친 것이다. 이병은 북주의 대신으로 당 고조 이연의 부친이다. 일찍이 수나라에서 唐國公의 작위를 받았고 장남 이연이 당을 건국하고 황제가 되자 '세조 원황제'로 추존하였다.

七年七月, 太常禮院奏 : 「國朝見饗四廟 : 靖祖 · 肅祖 · 睿祖 · 憲
祖. 今大行皇帝將行升祔, 按會要 : 唐武德元年, 立四廟於長安 ;
貞觀九年, 高祖神堯皇帝崩, 命有司詳議廟制, 議以高祖神主幷舊
四室祔廟. 今先帝神主, 請同唐高祖升祔.」 從之.

(후진 천복) 7년(942) 7월,[117] 태상예원에서 다음과 같이 상주하였다.

국조國朝는 현재 4묘, 즉 정조靖祖(석경) · 숙조肅祖(석빈) ·
예조睿祖(석욱) · 헌조憲祖(석소옹)를 모시고 있습니다. 지금 돌
아가신 황제를 종묘에 부묘해야 합니다. 살펴보건대,『회요會
要』[118]에 의하면, 당 무덕 원년에 4묘를 장안에 세웠고, 정관貞
觀 9년에 고조 신요황제가 붕어하자 유사에게 명하여 묘제를
상세히 논의토록 하였는데, 고조의 신주를 옛 4묘와 함께 부묘
하도록 하였습니다. 지금 선제先帝의 신주는 청컨대 당 고조와
마찬가지로 4묘와 함께 부묘하도록 하십시오.

그대로 따랐다.

---

117) (후진 천복) 7년(942) 7월 : 천복 7년 6월에 후진의 고조인 석경당이 사망
하였고 조카인 석중귀가 뒤를 이어 황제가 된 뒤에도 2년 동안(942~944)
연호를 그대로 사용하였다.

118) 『회요會要』 : 『唐會要』를 말한다. 蘇冕이 高祖부터 德宗까지 9조대의
역사를 정리하여 『唐會要』 40권을 편성하였다. 楊紹가 다시 이어 武宗
대까지 서술하여 『續唐會要』 40권을 편성하였다. 뒤에 또 다시 五代 王
溥이 宣宗 이후 당말까지 사실을 두루 찾아 建隆 2년(961)에 『新編唐會
要』 100권을 편성하였다. 현재 『唐會要』라고 칭하는 것은 이것을 말한
다. 본문에서 인용한 『회요』는 시기적으로 五代 王溥의 『會要』가 아닌
소면 또는 양소의 『회요』일 가능성이 크다.

漢天福十二年閏七月, 時漢高祖已即位, 尚仍天福之號, 太常博士段顒奏議曰：「伏以宗廟之制, 歷代爲難, 須按禮經, 旁求故實, 又緣禮貴隨時, 損益不定. 今參詳歷代故事, 立高·曾·祖·禰四廟, 更上追遠祖光武皇帝爲始祖百代不遷之廟, 居東向之位, 共爲五廟, 庶符往例, 又合禮經.」詔尚書省集百官議. 吏部尚書竇貞固等議云：「按禮記王制云：『天子七廟, 諸侯五廟, 大夫三廟.』疏云：『周制之七廟者, 太祖及文王·武王之祧, 與親廟四. 太祖, 后稷也.』又云：『天子七廟, 皆據周也. 有其人則七, 無其人則五.』至於光武中興及歷代多立六廟或四廟, 蓋建國之始, 未盈七廟之數. 又按郊祀錄王肅云：『德厚者流澤廣, 天子可以事六代之義也.』今欲請立高祖已下四親廟. 又自古聖王, 祖有功, 宗有德, 即於四親廟之外, 祖功宗德, 不拘定數. 今除四親廟外, 更請上追高皇帝·光武皇帝, 共立六廟.」從之.【案文獻通考：莊宗·明宗既捨其祖而祖唐之祖矣, 及敬瑭·知遠崛起而登帝位, 俱欲以華冑自詭, 故於四親之外, 必求所謂始祖而祖之. 張昭之言, 議正而詞偉矣. 至漢初, 則段顒·竇貞固之徒, 曲爲諂附, 乃至上祖高·光, 以爲六廟云.】

후한 천복天福 12년(947)[119] 윤 7월, 당시 후한 고조[120]가 이미 즉

---

119) 後晉 멸망 뒤에 後漢이 건국되었으나 후진 때 사용하던 天福 연호는 그대로 사용하였다. 이 뒤 乾祐로 개원하였다.

120) 후한 고조：劉知遠(895~948)을 말한다. 突厥 사타족 출신이다. 太原 일대에서 대대로 살아왔으며, 처음에 後唐 明宗을 섬겼다가 나중에 後晉 石敬瑭의 부하가 되어 건국에 공을 세우고, 禁軍의 실권을 장악하였다. 河東節度使와 北京留守를 거쳐 中書令에 올라 太原王까지 봉해졌다. 거란이 후진을 침공하자 출병을 거부하였고 少帝가 거란에 잡혀가자 晉陽에서 스스로 제위에 올랐다. 이름을 호暠로 고치고, 나라 이름을 漢이

위하였으나 천복의 연호를 그대로 사용하자, 태상박사 단옹段顯 등
이 다음과 같이 의론하여 상주하였다.

바라건대 종묘 제도는 대대로 어려운 문제이니, 예경을 참조
하고 역대 사례를 탐구해야 합니다. 또한 예는 시의적절함을
귀중히 여기므로 (제도의) 덜고 보탬이 고정되어 있지 않습니
다. 이제 역대 고사를 자세히 살펴보니, 고조·증조·조·녜 4묘
를 세운데다가 위로 원조遠祖인 광무황제를 시조로 하여 백대
불천의 묘로 세워 동향의 자리에 거하게 하여 모두 5묘가 되는
것이 기왕의 사례에도 부합하고 또 예경에도 적합합니다.

상서성에 조를 내려 백관에게 집의하도록 하였다. 이부상서 두정
고竇貞固[121] 등이 논의하여 말하였다.

『예기』「왕제」에 "천자는 7묘, 제후는 5묘, 대부는 3묘다"라
고 하였고, 그 소疏에 "주나라 7묘 제도는 태조와 문왕·무왕의
사당 그리고 친묘親廟 넷을 말한다. 태조는 후직이다"라고 하
였습니다. 또 "천자 7묘는 모두 주나라 제도에 근거한 것이다.

라 했으며, 汴京으로 도읍을 옮겼다. 1년 만에 병사했다.
121) 두정고竇貞固(892~969) : 오대에서 북송 초 白水(현재 陝西省 白水縣)
사람. 자는 體仁이며 後唐 諫議大夫 竇傳의 아들이다. 문장에 능했고
後唐·後晉·後漢·後周 四朝에 걸쳐 벼슬살이를 했으며, 관직은 守司
徒에까지 이르렀고 沂國公에 봉해졌다. 후주 世宗 때 몰락하여 평민으
로 강등되었다. 北宋 開寶 2년(969)에 향년 78세로 사망하였다. 『宋史』
列傳에 입전되어 있다.

(묘에 들어갈) 사람이 있으면 7묘요, 사람이 없으면 5묘다"라고 하였습니다. 후한 광무제 중흥 연간과 역대 왕조에서 6묘 혹은 4묘를 많이 세웠는데, 이는 건국 초라 7묘의 숫자를 채우지 못했기 때문입니다. 또한 살펴보건대 『(대당)교사록郊祀錄』에서 왕숙은 "덕이 두터운 자는 그 은택이 널리 퍼지니, 천자는 6대를 섬길 수 있다"라고 하였습니다. 이제 고조 이하 4친묘를 세울 것을 청하고자 합니다. 또한 고대 성왕 때부터 공이 있는 자를 조로 삼고 덕이 있는 자를 종으로 삼았으니, 즉 4친묘 외에 유공자와 유덕자를 조와 종으로 삼을 때에는 정해진 숫자에 얽매이지 않습니다. 그러니 사친묘 외에 다시 고황제와 광무황제를 추존하여 합하여 모두 6묘를 세울 것을 청하옵니다.

논의한 대로 따랐다.【살펴보건대, 『문헌통고』에서 다음과 같이 말하였다. (후당) 장종과 명종은 자신의 조상을 내버려 두고 당의 (태)조를 조로 삼았다. 그리고 석경당과 유지원이 일어나 황제의 자리에 올라서 존귀한 태생인 양 자신을 속이고자 하였으니, 그러므로 사친묘 이외에 이른바 시조라고 할 만한 이를 찾아 조로 삼아야 했다. 장소(원)張昭(遠)의 말은 그 주장이 올바르고 언사가 훌륭하다. 후한 초에 단옹段顒, 두정고竇貞固와 같은 무리가 곡학아세하여 위로 고조와 광무제를 선조로 삼아 6묘라고 말한 것이다.】

周廣順元年正月, 中書門下奏:「太常禮院議, 合立太廟室數. 若守文繼體, 則魏·晉有七廟之文; 若創業開基, 則隋·唐有四廟之議. 聖朝請依近禮, 追諡四廟. 伏恐所議未同, 請下百官集議.」太子太傅和凝等議:「請據禮官議, 立四親廟.」從之.【案五代會要: 和凝議曰：「恭以肇啟洪圖, 惟新黃屋. 左宗廟而右社稷, 率由舊章；崇祖禰而辨尊卑, 載於前史. 雖質文互變, 義趣各殊, 或觀損益之規, 或[122]繫興隆之始. 陛下體元立極, 本義祖仁, 開變家成國之基, 遵奉先思孝之道, 合據禮官議, 立四親廟, 以[123]叶前文.」從之.】

후주 광순廣順 원년(951)[124] 정월 중서문하가 상주하여 말하였다. "태상예원에서 논의하기를, 태묘의 묘실 수를 확립해야 합니다. 만약 경문의 규정을 지키고 입묘의 방식을 계승한다면 위진시대 7묘를 둔 사례가 있고 수당의 경우 건국 초기에 4묘를 두자는 논의가 있었습니다. 우리 성조는 가까운 시대의 예법에 따라 4묘에 시호를 추증하기를 청하옵니다. 엎드려 생각건대 의논한 바가 같지 않으니, 백관에게 집의하도록 명하시기를 청하옵니다."

(황제가) 그대로 따랐다.【살펴보건대, 『오대회요五代會要』는 다음과 같이 말하였다. "화응和凝[125]이 논의하여 말하였다. '삼가 원대한 기획[洪圖]으

---

122) (宋) 王薄 撰, 『五代會要』(上海: 上海古籍出版社, 1978)에는 '或'이 '咸'으로 되어 있다.

123) 『五代會要』에는 '以'가 '允'으로 되어 있다.

124) 후주 광순廣順 원년 : 廣順은 後周를 세운 郭威가 황제로 즉위한 뒤 사용한 연호로, 951~953년 동안 사용하였다.

125) 화응和凝(898~955) : 五代 鄆州 須昌(현재 山東省 東平縣) 사람이며, 자는 成績이다. 17살 때 明經으로 천거될 정도로 영민하였다. 역대로 후량, 후당, 후진, 후한, 후주 5대 왕조에서 두루 관직을 역임하였다. 後漢 때 太子太傅 등의 벼슬을 지냈고 魯國公에 봉해졌다. (후주 세종) 顯德 2년(955)에 사망하였다. 修身에 힘썼고 성품이 선행을 즐겨 항상 後進들을 칭찬했다. 문장에 능하였으며, 시문에도 소질이 있었는데, 특히 短歌와 艶詞에 뛰어났다. 저서로는 원래 문집이 1백여 권 있었지만

로 천하[黃屋]를 새롭게 하셨습니다.[126] 왼쪽에 종묘를 오른쪽에 사직을 두는 것은 옛 제도에 따른 것입니다. 조상을 받들어 존비를 구분함은 이전 사서에 실려 있습니다. 비록 질박함과 문식함이 시대마다 변하고 의의와 취지가 각각 달라 혹은 제도를 덜고 보태는 법규를 볼 수 있고 혹은 흥륭의 실마리가 연계되어 있습니다. 폐하께서 황제의 위에 등극하시어 인의를 근본으로 하시고 일가를 바꾸어 한 나라를 이루는 기틀을 여시고 조상을 받들고 효를 다하려는 도리를 받드시니, 예관의 의론에 따라 사친묘를 세워 앞의 글대로 하심이 마땅하옵니다.' 이에 그대로 따랐다."】

其年四月, 中書門下奏:「太常禮院申, 七月一日, 皇帝御崇元殿, 命使奉冊四廟. 准舊儀, 服袞冕即座[一一][127], 太尉引冊案入, 皇帝降座, 引立於御座前南向, 中書令奉冊案進, 皇帝搢珪捧授, 冊使跪受, 轉授舁冊官, 其進寶授寶儀如冊案. 臣等參詳, 至時請皇帝降階授冊.」從之.

그해(광순 원년) 4월[128] 중서문하가 상주하여 말하였다.

이미 망실되었고, 『全唐詩』에 시 1권이 실려 있다.

126) 원대한 기획[洪圖]으로 천하[黃屋]를 새롭게 … : 위대한 계책으로 나라를 새롭게 열었다는 의미이다. 黃屋은 천자의 수레로, 수레의 지붕을 겉은 파랗게 안은 누렇게 비단으로 장식하여 황옥이라 하였다. 여기에 쇠꼬리로 장식한 큰 깃발[左纛]을 수레 왼쪽에 꽂아 '황옥좌독'은 곧 천자의 수레로 천자를 상징하는 말이 되었다.

127) [교감기 11] "服袞冕即座"의 '袞'은 원래 '衰'으로 되어 있었는데, 殿本, 劉本 및 『五代會要』 권3에 의거하여 고쳤다.

128) 『五代會要』 권3에는 '廣順 원년 4월'로 되어 있다. 그러므로 중서문하가 상주한 내용은 같은 해 7월에 사묘를 책봉하는 의례에 관한 질차로 보아

태상예원에서 아룁니다. 7월 1일에 황제께서 숭원전崇元殿에 임하시어 4묘에 책봉하라 명하십시오.129) 옛 의식에 따라 곤면복衮冕服130)을 입고 자리에 임하십니다. 태위가 책안冊案을 가지고 인도하여 안으로 들어가면 황제께서 자리에서 내려와 어좌 앞쪽에 남쪽을 향해 섭니다. 중서령이 책안을 받들고 앞으로 나아갑니다. 황제께서 규珪를 (허리에) 꽂고 책을 받들어 주면, 책사는 무릎을 꿇고 받고 다시 몸을 돌려 책관에게 책을 줍니다. 보寶를 진상하고 보를 내리는 의식은 책안과 같이 합니다. 신 등이 상세히 검토한 결과 때에 이르면 황제께서 계단에서 내려와 책을 내리시기를 청하옵니다.

야 한다. 때문에 태상예원에서 상주한 내용을 앞으로 행해야 할 미래형으로 번역하였다.

129) 『舊五代史』 권111 「周書·太祖本紀」2에 "(광순 원년) 가을 7월 신유 초하루에 황제가 곤면복을 입고 숭원전에 임하여 태묘 사실에 보책을 중서령 풍도 등에게 주어 서경에 가서 예를 행하도록 하였다.秋七月辛酉朔, 帝被衮冕, 御崇元殿, 授太廟四室寶冊于中書令馮道等, 赴西京行禮." 라고 하여 숭원전에 나아가 사묘를 책봉하는 책서를 중서령에게 내린 일을 기록하고 있다. 그해 4월에 미리 태상예원에서 사묘를 책봉하는 의례 절차를 상주했음을 알 수 있다.

130) 곤면복衮冕服 : 곤면복 일습을 말한다. '衮冕'을 쓰고 곤면에 해당되는 상의[玄衣], 하상[纁裳], 중단, 바지, 버선, 신, 大帶, 혁대, 폐슬, 綬, 패옥, 劍, 圭를 갖추는 것을 말한다. 곤면은 12旒에 日·月·星辰을 제외한 나머지 9종류의 무늬를 쓰는데 龍[衮龍=卷龍]이 首章이 되므로 '衮冕'이라 한다. 곤면복은 先王에게 제사할 때와 왕이 종묘에서 제후의 朝覲을 받을 때 입는다.

그대로 따랐다.

三年九月, 將有事於南郊, 議於東京別建太廟. 時太常禮院言：
「准洛京廟室一十五間, 分爲四室, 東西有夾室, 四神門, 每方屋
一間, 各三門, 戟二十四[一二],131) 別有齋宮神廚屋宇. 准禮, 左
宗廟, 右社稷, 在國城內, 請下所司修奉.」從之.

(후주 광순) 3년(953) 9월 장차 남교에서 제사를 지낼 것을 대비
하여 동경에 별도로 태묘를 세우는 문제를 의론하였다. 당시 태상예
원에서 말하였다. "낙경洛京(낙양)의 묘실이 15칸인 것에 준하여 4
개의 실로 나누고 동서에 협실夾室을 두며, 4개의 신문神門을 두고
방옥 1칸마다 각각 3개의 문을 두며, 24개의 극戟132)을 설치하고 별

---

131) [교감기 12] "每方屋一間各三門戟二十四"은 殿本, 劉本은 같다. 『五
代會要』 권3에는 "每門屋三間, 每門戟二十四"로 되어 있다. 『冊府元
龜』 권594에는 "每門屋三間, 每間一門, 戟二十四"으로 되어 있다.

132) 극戟 : 戈와 矛를 합한 형태의 갈래진 창이다. 矛와 유사한 창 끝부분의
날을 '刺'이라고 하고, 戈와 유사한 형태로 손잡이 방향과 수직으로 돌출
한 날 부분을 '援'이라 한다. 창이 발달하면서 극의 실제 용도는 점차
잃어갔지만 문 앞에 설치하여 벽사와 의장용으로 사용되면서 의례 용도
가 더 짙어져갔다. 실제로 후대에는 태묘 앞에서 극을 세워 이것을 '戟
門'이라 하였다. 황제가 외출하여 야외에서 머문 임시 거처에 극을 세워
놓고 문을 대신하였다. 『周禮』 「天官·掌舍」에 "爲壇壝宮棘門"이라 하
였고 이에 대해 鄭司農은 "극문은 극을 세워 만든 문이다.棘門, 以戟爲
門"라고 하였다. 『資治通鑑』 「唐僖宗光啟三年」조에 "行密帥諸軍合萬
五千人入城, 以梁纘不盡節於高氏, 爲秦畢用, 斬於戟門之外"라고 하
였는데, 이에 대해 胡三省注는 "당대 극을 설치하는 제도는 태묘와 사직
궁진의 문에 24개를 설치하였고 동궁의 문에 18개, 1품의 문에 16개, 2품

도로 재궁齋宮,133) 신주神廚 옥우屋宇를 둡니다. 예에 따라 왼쪽에 종묘를, 오른쪽에 사직을 도성 안에 둡니다. 담당 부서에 조를 내려 처리하도록 하시옵소서." 그대로 따랐다.

其月, 太常禮院奏:「迎太廟社稷神主到京, 其日未審皇帝親出郊外迎奉否. 檢討故事, 元無禮例, 伏請召三省官集議.」勅:「宜令尙書省四品已上·中書門下五品已上同參議.」司徒寶貞固·司

및 경조·하남·태원윤·대도독·대도호의 문에는 14개, 3품 및 상도독·중도독·상도호·상주의 문에는 12개, 하도독·하도호·중주·하주의 문에는 각각 10개를 설치하였다. 극을 문에 설치하였기 때문에 그러므로 극문이라 하였다.唐設戟之制, 廟社宮殿之門二十有四, 東宮之門一十有八, 一品之門十六, 二品及京兆·河南·太原尹·大都督·大都護之門十四, 三品及上都督·中都督·上都護·上州之門十二, 下都督·下都護·中州·下州之門各十. 設戟於門, 故謂之戟門.」라고 하여, 신분과 관서의 등급에 따라 극의 개수를 달리하여 구분하였음을 설명하고 있다.

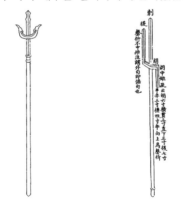

戟(『삼례도』)　　　　戟(청, 『欽定周官義疏』)

133) 재궁齋宮 : 황제가 제사를 거행하기 전에 별도로 재계하는 장소이다.

空蘇禹珪等議：「按吳主孫休即位，迎祖父神主於吳郡，入祔太廟，前一日出城野次，明日常服奉迎，此其例也。」遂署狀言車駕出城奉迎爲是，請下禮儀使革定儀注．至十月，禮儀使【禮儀使，原本作「禮俊使」，今從五代會要改正．(影庫本粘籤)】奏：「太祖神主將至，前一日儀仗出城掌次[一三]，[134] 於西御莊東北設神主行廟幄幕，面南．其日放朝，羣臣早出西門，皇帝常服出城詣行宮，羣臣起居畢，就次．神主將至，羣臣班定，皇帝立於班前．神主至，太常卿請皇帝再拜，羣臣俱拜．神主就行廟幄幕座，設常饌，羣臣班於神幄前．侍中就次，請皇帝謁神主．既至，羣臣再拜，皇帝進酒畢再拜，羣臣俱拜．皇帝還幄，羣臣先赴太廟門外立班，俟皇帝至起居．俟神主至，羣臣班於廟門外，皇帝立於班前，太常卿請皇帝再拜，羣臣俱拜．皇帝還幄，羣臣就次，宮闈令安神主於本室訖，羣臣班於廟庭．太常卿請皇帝於四室奠饗，逐室皇帝再拜，羣臣俱拜．四室祔饗畢，皇帝還宮．前件儀注，望付中書門下宣下。」從之．

(광순 3년) 그 달(9월)에 태상예원이 상주하여 말하였다. "종묘 사직의 신주가 경사에 도착하는 것을 맞이하는데, 그날 황제께서 친히 교외에 나가 맞이해야 하는지 여부를 알지 못하겠습니다. 고사를 검토해보니 원래 예법에 사례가 없는지라 청컨대 삼성의 장관을 소집하여 집의하도록 하십시오."

칙을 내려 말하였다. "상서성 4품 이상 관과 중서문하 5품 이상 관은 다 함께 참석해서 논의해보라."

사도 두정고竇貞固와 사공 소우규蘇禹珪[135] 등이 논의하여 말하였

---

134) [교감기 13] "儀仗"은 殿本과 劉本 모두 같다.『五代會要』권3에는 '禮儀使'로 되어 있다.

다. "오주吳主 손휴孫休[136]가 즉위할 때를 살펴보니, 조부의 신주를 오군에서 맞아들여 태묘에 부묘하였고, 하루 전날 성을 나가 야외에서 머물면서 다음날 평상복으로 신주를 받들어 맞이하였습니다. 이러한 사례가 있습니다." 마침내 서장署狀을 제출하여 황제가 성을 나가 신주를 맞이하는 것이 옳다고 하고 예의사에게 명하여 의주를 제정하도록 청하였다.

10월에 이르러 예의사禮儀使【원본에 '예준사禮俊使'로 되어 있는데, 『오대회요五代會要』에 의거하여 개정하였다.(영고본影庫本 주석)】가 상주하여 말하였다.

태조의 신주가 당도하기 하루 전날 의장대가 성을 나가 임시 장막을 담당하고 서쪽 장원 동북쪽에 신주와 임시 태묘 장

---

135) 소우규蘇禹珪(895~956) : 五代 京兆郡 武功縣(현재 陝西省 武功縣) 사람이다. 後漢과 後周의 大臣으로, 字는 玄錫이다. 진사 출신으로 後晉 때 戶部郞中을 지냈으며, 後漢 高祖 때 中書侍郞 同中書門下平章事에 尙書右僕射를 더했으며, 集賢殿大學士를 지냈다. 後漢 高祖가 임종 시 그를 고명대신에 임명하여 隱帝 劉承祐를 보좌하도록 하였다. 後周가 세워진 후에는 그대로 同平章事를 역임하였으며 뒤에 사공의 벼슬을 더하였다.

136) 손휴孫休(235~264) : 삼국시대 오나라 景帝이다. 오나라의 3대 황제이며, 1대 창업주인 孫權의 여섯째 아들이다. 자는 子烈이다. 처음에 琅邪王에 봉해졌고, 孫亮이 吳主가 되자 丹楊으로 옮겼다가 다시 會稽로 옮겼다. 太平 3년(259) 孫綝이 손량을 폐하고 손휴를 맞이하여 황제로 옹립하였다. 얼마 뒤 손침을 살해하고 좌장군 張布와 승상 濮陽興을 총애했다. 책 읽기를 좋아했고, 꿩 사냥을 즐겼다. 재위하는 동안 조정이 문란해지고, 부역이 과중되는 등 폐해가 발생했다. 7년 동안 재위했고, 재위기간에 '永安'(258~264)이라는 연호를 사용했다.

막을 설치하고 남쪽을 향하게 합니다. 그날 조회를 쉬고[放朝]137) 군신들은 일찍 서문을 나서며, 황제는 평상복으로 성을 나가 행궁으로 갑니다. 군신들은 (황제를 맞아) 인사를 하기를 마치면 장막으로 나아갑니다. 신주가 도착하기 전 군신들은 반열을 정하고 황제는 (군신들의) 반열 앞에 섭니다. 신주가 당도하면 태상경이 황제에게 재배하기를 청하고 군신들도 다 함께 절을 합니다. 신주가 임시 태묘 장막의 신좌에 자리를 잡으면 상찬을 진설하고 군신들은 장막 앞에 반열에 따라 서 있습니다. 시중이 장막에 나아가 황제께 신주를 알현하기를 청합니다. 잠시 후 황제께서 당도하면 군신들이 재배하고, 황제께서 술을 진상한 뒤 재배하면 군신들이 다 함께 절합니다. 황제께서 장막으로 돌아가는데, 군신들이 먼저 태묘 문밖에 달려가 반열에 따라 서서 황제를 기다려 인사를 합니다. 신주가 당도할 때까지 기다려 군신들은 묘문 밖에서 반열에 따라 대기하고 있고, 황제는 (군신들의) 반열 앞에 서 있습니다. 태상경이 황제께 재배하기를 청하고 군신들은 다 함께 절을 합니다. 황제께서 장막으로 돌아가면 군신들은 임시장막으로 가고 궁위령 宮闈令138)이 신주를 본실에 안치하기를 마칠 때까지 군신들은 태묘의 뜰에서 반열에 따라 대기하고 있습니다. 태상경이 황제께 네 군데 신실에 제사를 올릴 것을 청하면 실마다 황제께서 재배하고 군신들도 다 함께 절을 합니다. 네 군데 신실에 부묘하는 제향이 끝나면 황제께서는 궁으로 돌아갑니다. 이상의 의주를 중서문하에 보내 시행토록 하시기 바랍니다.

그대로 따랐다.139)

顯德六年七月, 詔以大行皇帝山陵有期, 神主將祔太廟, 其廟殿室宇合添修否? 國子司業兼太常博士聶崇義奏議曰 : 「奉勅, 爲大行皇帝山陵有期, 神主祔廟, 恐殿室間數少, 合重添修. 今詣廟中相度, 若是添修廟殿一間至兩間,140) 並須移動諸神門及角樓宮牆仗舍, 及堂殿正面檐桷階道, 亦須東省牲立班位[一四],141) 直至

으로 관품이 없는 자는 내급사라 칭한다.”(『역주당육전』 권제12 「內官宮官內侍省·宮闈令」)

139) 『舊五代史』 권113 「周書·太祖紀」4에 “12월 무신일에 비가 내려 나무에 얼음이 맺혔다. 이날 사묘의 신주가 서교에 당도하여 황제가 친히 교에 나아 맞이하며 제사를 지냈고 신주를 받들어 태묘에 들이고 제사를 지내고 신주를 안치한 뒤 돌아갔다.十二月戊申, 雨木冰. 是日, 四廟神主至西郊, 帝郊迎奠饗, 奉神主入于太廟, 設奠安神而退.”라고 하여 태상예원에서 상주한 의주대로 친히 교외에 나아가 사묘의 신주를 맞이하였음을 알 수 있다.

140) “兩間”은 『五代會要』 권3에는 ‘五間’으로 되어 있다.

141) [교감기 14] “亦須東省牲立班位” 이 구절은 殿本과 劉本 모두 같다. 『五代會要』 권3에는 ‘須’ 아래에 ‘近’자가 더 있다.

齋宮, 漸近迫窄. 今重柝廟殿, 續更添修, 不唯重勞, 兼恐未便. 竊
見廟殿見虛東西二夾室, 況未有祧遷之主, 欲請不柝廟殿, 更添間
數, 即便將夾室重安排六室位次. 所有動移神主, 若准舊禮, 於殿
庭權設行廟幕殿, 即恐雨水猶多, 難於陳設. 伏請權於太廟齋宮內
奉安神主, 至修奉畢日, 庶爲宜稱. 又, 按禮記云 : 廟成則於中屋
刲羊【刲羊, 原本作「刈羊」, 今據經文改正.(影庫本粘籤)】以釁之, 夾室則用
雞. 又, 大戴禮及通典亦有夾室, 察文觀義, 乃是備廟之制. 況新主
祔廟, 諸經有遷易之文, 考古沿今, 庶合通禮. 伏請遞遷諸室奉安
大行皇帝神主, 以符禮意.」勅依典禮.【永樂大典卷一萬七千五十二.】

(후주 세종) 현덕顯德 6년(959) 7월, 조를 내려 대행황제大行皇
帝[142]의 장례를 치르고 신주를 태묘에 부묘해야 하는데, 묘의 정전
과 묘실을 수리해야 하는가 여부를 물었다. 국자사업 겸 태상박사인
섭숭의聶崇義[143]가 다음과 같이 논의하여 상주하였다.

---

142) 대행황제大行皇帝 : 돌아가신 황제에게 시호나 묘호를 추증하기 전의
    황제를 가리키는 용어이다. 후주 세종이 현덕 6년 6월에 사망하여 장례
    를 치르기 전이었기 때문에 대행황제라고 한 것이다.

143) 섭숭의聶崇義 : 오대 말 북송 초기 洛陽 사람이다. 『宋史』 권431 「儒林
    列傳」에 의하면, 어렸을때부터 『주례』 『의례』 『예기』 삼례를 연구하여
    예학에 정통했다. 後漢 고조 劉知遠(재위 947~948) 때 국자박사가 되었
    고, 隱帝 乾祐 연간(948~950)에 국자예기박사가 되었으며, 『춘추공양
    전』을 교정하였다. 후주 태조 顯德 연간(954)에 국자사업 겸 태상박사로
    당시 교묘에 사용하는 祭器는 법식이 없어서 삼례의 옛 도상을 두루
    수집하여 북송 이전의 鄭玄, 阮諶, 夏侯伏朗, 張鎰, 梁正, 개황 연간의
    舊圖를 바탕으로 『삼례도집주』 총20권을 편찬하였다. 또한 본문의 상주
    문은 후주 세종 현덕 연간에 올린 것으로 『全唐文』에도 실려 있다. 竇儼
    (918~?)이 쓴 『삼례도집주』의 '서문'에 의하면, 섭숭의의 예에 대한 태도

칙을 받들어 대행황제의 국장을 위해 신주를 태묘에 부묘하는 데 있어서 태묘의 정전과 묘실의 칸수가 적어 다시 보수함이 마땅하다 생각하옵니다. 지금 태묘에 가서 거리를 헤아려보니 만약 묘의 궁전을 1칸 내지 2칸 더 늘린다면 여러 신문神門들과 각루, 궁담, 위사의 숙소[仗舍]도 함께 이동해야 하고 묘당 정전 정면의 처마, 들보, 계단, 도로[檐栿階道] 역시 성생省牲 입반위立班位 동쪽으로 옮겨야 하는데, (이렇게 하면) 곧바로 재궁에 이르게 되고 가까이가면 갈수록 점점 좁아지게 될 것입니다. 지금 태묘의 정전을 나눠서 거기에 이어 중수를 한다면 중노동일 뿐만 아니라 불편할까 두렵습니다.

생각컨대 태묘의 정전을 보니 동서 두 협실이 비어 있습니다. 더군다나 아직 조묘의 훼천한 신주도 없어서 태묘의 정전을 나눠서 칸수를 늘리지 마시고 협실을 이용하여 여섯 묘실의 위차를 다시 안배하시길 청하고자 합니다. 이동하는 모든 신주들을 기존의 예전에 따라 궁전 뜰에 임시로 설치한 행묘行廟 막전幕殿에 둘 경우 비가 많이 올 때 진설에 어려움이 있을까 우려되어, 삼가 태묘 재궁 내에 임시로 신주를 봉안하여 보수를 마칠 때까지 두기를 청하오니, 윤허해주시길 바랍니다.

또 『예기』를 살펴보니, 태묘가 완성되면 (태묘의) 가운데 지붕[中屋]에서 양을 베어[刲羊]【'규양刲羊'은 원본에 '예양刈羊'으로

는 '變古'였다. 즉 경문에서 확인되거나 전대의 고사에서 실증할 수 있는 것은 그대로 따랐지만, 그렇지 않을 경우 당시 현실에 맞게 실증적으로 대처하였다고 한다. 고례를 존숭하면서도 현실의 반영을 주저하지 않았다.

되어 있는데, 경문에 의거하여 수정하였다.(영고본影庫本 주석)】 그 피를 바르고 협실은 닭을 사용한다고 하였습니다.[144] 또 『대대례大戴禮』와 『통전通典』에도 협실이 있는데, 문장의 의미를 살펴본 결과 이는 바로 묘실을 대비하는 제도입니다. 하물며 새로운 신주를 태묘에 합사하는 부묘에 있어서는 여러 경전에 (제도의) 변천이 있으니, 옛것을 상고하여 현재(의 제도)를 연혁하여 통례에 부합하도록 하길 바랍니다. 바라건대 태묘의 여러 실들을 옮겨 대행황제의 신주를 봉안하여 예의 취지에 부합하도록 하시길 청하옵니다.

칙을 내려 전례典禮에 따라 행하도록 하였다.【『영락대전永樂大典』 권17052】

---

144) 『禮記』「雜記」下에 나오는 문장이다. "종묘가 완성되면 피를 바르는 의식을 행한다. … (옹인이) 지붕의 정중앙에서 남쪽을 향해 양을 베어 피가 앞으로 흐르게 하고 내려온다. 門과 夾室에서는 모두 닭을 사용하되, 문을 먼저 협실을 나중에 한다.成廟則釁之. … 中屋南面, 刲羊, 血流于前, 乃降. 門·夾室皆用雞, 先門而後夾室."

舊五代史卷一百四十三
『구오대사』 권143

禮下
예 하

문정희 역주

後唐長興元年九月, 太常禮院奏:「來年四月孟夏, 禘饗于太廟.
謹按禮經, 三年一禘以孟冬, 五年一祫以孟夏.[1] 已毀未毀之主,
並合食于太祖之廟, 逐廟功臣, 配饗于太廟之庭[一].[2] 本朝寶應
【案:原本訛「寶寧」. 考新唐書, 寶應係代宗年號, 無所謂「寶寧」者, 今改正.(舊五代
史考異)】元年定禮, 奉景皇帝爲始封之祖[二].[3] 既廟號太祖, 百代
不遷, 每遇禘祫, 位居東向之尊, 自代祖元皇帝·高祖·太宗已下,
列聖子孫, 各序昭穆, 南北相向, 合食于前. 聖朝中興, 重修宗廟,
今太廟見饗高祖·太宗·懿宗·昭宗·獻祖·太祖·莊宗七廟, 太祖
景皇帝在祧廟之數, 不列廟饗. 將來禘禮, 若奉高祖居東向之尊,
則禘饗不及于太祖·代祖;若以祧廟太祖居東向之位, 則又違于
禮意. 今所司修奉祧廟神主, 及諸色法物已備, 合預請參詳, 事須
具狀申奏.」勅下尚書省集百官詳議. 戶部尚書韓彥惲等奏議曰:
「伏以本朝尊受命之祖景皇帝爲始封之君, 百代不遷, 長居廟食, 自
貞觀至于天祐, 無所改更, 聖祖神孫, 左昭右穆. 自中興國祚, 再
議宗祊, 以太祖景皇帝在祧廟之數, 不列祖宗, 欲尊太祖之位, 將
行東向之儀, 爰命羣臣, 同議可否. 伏詳本朝列聖之舊典, 明皇定
禮之新規, 開元十年, 特立九廟, 子孫遵守, 歷代無虧. 今既行定

---

1) 원문의 "三年一禘以孟冬, 五年一祫以孟夏"에서 '체'와 '협'의 제사 시기
   가 바뀌어 있다. 수정본『구오대사』는 殿本과『冊府元龜』(明本) 권593에
   의거하여 수정하였다.
2) [교감기 1] "太廟"는 원래 '本朝'로 되어 있는데, 彭校와『冊府元龜』권
   593에 의거하여 고쳤다. 殿本, 劉本 그리고『五代會要』권3에는 '本廟'로
   되어 있다.
3) [교감기 2] "奉景皇帝爲始封之祖"의 '景皇帝' 아래에는 원래 '高祖太
   宗' 4자가 있는데, 彭校와『五代會要』권3,『冊府元龜』권593에 의거하
   여 삭제하였다.

禮之規[三],4) 又以祧太祖之室. 昔德宗朝, 將行禘祫之禮, 顏眞
卿議請奉獻祖居東向之位, 景皇帝暫居昭穆之列, 考之於貞元, 則
以爲誤, 行之於今日, 正得其禮. 今欲請每遇禘祫之歲, 暫奉景皇
帝居東向之尊,【東向, 原本作「東白」, 今從五代會要改正.(影庫本粘籤)】自元
皇帝以下, 敍列昭穆.」從之.【一萬五.(孔本)】

후당後唐 (명종) 장흥長興5) 원년(930) 9월, 태상예원에서 상주하
여 말하였다.

> 내년 4월 맹하에 태묘에서 체 제사를 지내게 됩니다. 삼가
> 예경을 살펴보건대 3년에 1번 맹동에 협 제사를 지내고 5년에
> 1번 맹하에 체 제사를 지냅니다.6) 체천한 신주나 아직 체천하
> 지 않은 신주 모두 태조의 사당에서 합사하고 묘에 따른 공신
> 들을 태묘의 뜰에서 배향합니다. 본조(당) (숙종) 보응寶應【살
> 펴보건대, 원본에는 '보녕寶寧'으로 잘못 되어 있다. 『신당서』를 살펴보
> 니 보응은 대종과 관계있으며,7) 이른바 '보녕'은 없으므로 바로잡아 고

---

4) [교감기 3] "今既行定禮之規"는 殿本과 劉本은 같은데, 『五代會要』 권
   3, 『冊府元龜』 권593에는 '定禮'가 '七廟'로 되어 있다.

5) 장흥長興 연간(930~933) : 後唐 明宗 李嗣源의 치세에 쓰였던 五代의 年
   號이다. 930년 5월에서 933년까지 쓰였다.

6) 원문에는 "三年一禘以孟冬, 五年一祫以孟夏"에서 '禘'와 '祫'의 제사
   시기가 뒤바뀌어 있는데, 3년에 1번 협제사를 지내고 5년에 1번 체 제사
   를 지내며 협제사는 맹동에, 체 제사는 맹하에 지낸다.

7) 보응寶應은 대종과 관계있으며 … : 연호 寶應은 당 숙종이 762년부터
   763년까지 사용하였다. 762년 환관 이보국이 황후 장씨를 시해하고 얼마
   인 있어 숙종 이형이 사망하자 장남인 이예기 즉위하여 보응 2년인 763년

쳤다.(『구오대사고이舊五代史考異』)】 원년(762)에 예를 제정하여
경황제를 시봉의 조로 받들게 되었습니다. 묘호를 태조로 하고
백대라도 체천하지 않으며 체협 제사 때마다 동향하는 지존의
위치에 거하였고, 대조代祖 원황제,[8] 고조, 태종 이하 역대 성
왕의 자손은 각각 소목의 서열에 따라 남북으로 서로 마주보고
(태조의) 앞에서 합사하였습니다.

　　성조聖朝(후당)가 중흥하여 종묘를 중수하여 이제 태묘에서
고조, 태종, 의종, 소종, (후당) 헌조(문경황제 이국창), 태조(무
황제 이극용), 장종 7묘를 모시니, 태조 경황제[9]는 조묘祧廟의
반열에 들어 종묘 제사에 들지 않게 됩니다. 앞으로 지낼 체
제사에 만약 고조를 동향의 지존으로 받든다면 태조와 대조에
게는 체 제사가 미치지 못하고, 그렇다고 조묘의 태조를 동향
의 지위에 놓는다면 이 역시 예의 취지에 어긋납니다. 지금 담
당관이 조묘의 신주를 관리하고 있고 각종 제사 관련 물품들이
준비를 마쳤으니 미리 요청하여 참상해야 하며 관련 사항은 자
세히 장계를 갖춰 아뢰도록 해야 합니다.

7월 11일까지 사용하였기 때문에 "대종과 관계있다"고 한 것이다.
8) 대조代祖 원황제 : 당 世祖 李昞(?~573)을 말한다. 世祖를 대조라고 한
　것은 당태종 이세민의 기휘하여 고친 것이다. 이병은 북주의 대신으로
　당 고조 이연의 부친이다. 일찍이 수나라에서 唐國公의 작위를 받았고
　장남 이연이 당을 건국하고 황제가 되자 '세조 원황제'로 추존하였다.
9) 경황제景皇帝 : 당 고조 이연의 할아버지인 李虎(?~551)이다. 당나라를 세
　운 최초의 당국공이기에 고조 이연이 당을 건국한 뒤 태조 경황제로 추증
　되었다.

칙을 내려 상서성에 백관을 소집하여 의론토록 하였다.

호부상서 한언운韓彦惲 등이 의론하여 상주하였다.

　　삼가 본조는 수명지조受命之祖(천명을 받은 조상)로 경황제를 시봉의 군주로 추존하여 백대라도 체천하지 않고 오랜 동안 종묘에서 제사를 받들었고 (태종) 정관 연간부터 (애제) 천우天祐 연간(904~907)까지 변경된 바 없이 성조聖祖와 그 후손들을 소목에 따라 좌우로 나누어 병렬하였습니다. (후당이) 중흥한 뒤 다시 종묘 제사[宗祀]를 논의하면서 태조 경황제를 조묘祧廟의 반열에 두고 (체천하지 않는) 조종에는 두지 않았기 때문에 태조의 위상을 높여 동향의 의를 행하고자 여러 신하들에게 명하여 가부를 논의하라 하셨습니다.

　　삼가 본조의 역대 성왕의 기존 전례를 살펴보니, 현종[明皇]은 예의 규정을 새로 정하여 개원 10년(722) 특별히 9묘를 세웠고 자손 대대로 이를 준수하여 어김이 없었습니다. 지금 기존의 예의 규정을 행하고 있으면서 또한 태조의 묘실을 조천하였습니다. (현종 이후) 과거 덕종 때 체협의 의례를 행하려할 때 안진경顔眞卿[10]이 헌조獻祖(당나라 경황제 태조의 할아버

---

10) 안진경顔眞卿(709~784) : 당 京兆 萬年(현재 陝西省 西安市) 사람. 자는 淸臣이다. 당대 명신이자 서법가이며 안사고의 5대 종손으로 알려져 있다. 開元 22년(734) 進士로 급제하여 監察御史·殿中侍御史 등을 역임하였고, 安史의 난 때에는 의군을 이끌고 반군에 항거하기도 하였다. 대종 때에는 吏部尙書·太子太師까지 승진하였으며 魯郡公에 봉해져 사람들이 '顔魯公'이라고 부르기도 하였다. 興元 원년(784) 반란군 李希烈을 초무하러 갔다가 교살당하였다. 뒤에 사도로 추증되었고 '文忠'이라는

지 이희李熙)를 동향의 위치에 거하게 하고 경황제는 잠시 소
목의 반열에 둘 것을 청한 적이 있는데,[11] (덕종) 정원貞元 연
간(785~805)에 이를 검토하여 잘못이라 판단하였으나, 현재 그
렇게 행한다면 예의에 합당합니다. 이제 체협 제사가 되는 해
마다 잠시 경황제를 동향{'동향東向'은 원본에는 '동백東白'으로 되
어 있으나 『오대회요五代會要』에 따라 개정하였다.(영고본影庫本 주
석)}의 자리에 추존하고 원황제 이하는 소목의 순서대로 정하
도록 하십시오.

그대로 따랐다.{『영락대전』 권10005(공본孔本)}[12]

周廣順三年冬十月, 禮儀使奏 :「郊廟祝文, 禮例云 : 古者文字
皆書于冊, 而有長短之差. 魏·晉郊廟祝文書于冊. 唐初悉用祝版,
惟陵廟用玉冊, 玄宗親祭郊廟, 用玉爲冊. 德宗朝, 博士陸淳議,

시호를 받았다. 안진경은 행서와 해서 등 서체에 뛰어나 당시 유공권과
　함께 해서의 대가로 이름을 날렸다.
11) 『舊唐書』 권26 「禮儀志」6에 상주문이 실려 있고 『新唐書』 권13 「禮樂
　志」3에 貞元 17년 裵郁이 이 조치에 대해 잘못되었다고 문제를 제기하자
　백관들이 회의를 거쳐 원래대로 태조를 동향의 위치에 돌려놓았다.
12) 『영락대전』 권10005(공본孔本) : 點校本二十四史修訂本 『舊五代史』
　「校勘記」에 의하면 『永樂大典目錄』 권10005에는 "占法五十四 觀梅數"
　로 되어 있어 본문의 내용과 부합하지 않아 오기로 보고 있다. (수정본
　『舊五代史』 권6 「禮儀志」下, 2015년 초판, 中華書局) '孔本'은 현재 臺
　灣 國家圖書館 공홍곡孔紅谷 소장 舊鈔本을 약칭하여 말한 것이다.

准禮用祝版, 祭已燔之, 可其議. 貞元六年親祭, 又用竹冊, 當司
准開元禮, 並用祝版. 梁朝依禮行之, 至明宗郊天, 又用竹冊. 今詳
酌禮例, 祝版爲宜.」從之.

후주 광순廣順 3년(953) 동십월(9월),13) 예의사禮儀使14)가 상주하
여 말하였다.

교묘郊廟의 축문은 '예례禮例'15)에 "옛날에 문자는 모두 책

---

13) 동십월(9월) … : 바로 이 단락 다음에는 '廣順 3년 9월'이어서 맥락상 순
조롭지 않다. 그리하여 수정본『구오대사』「교감기」는『五代會要』등에
는 이 단락이 다음 단락인 광순 3년 9월조에 기술되어 있음을 밝히고
있다.

14) 예의사禮儀使 : 당대 使職 중 하나이다. 사직이 그렇듯이 예의 관련 업무
를 황제의 명으로 임시로 맡게 되면서 시작되었다. 현종 開元 10년(722)
에 처음 보이고, 天寶 9載(750)에 정식으로 설치하였는데, '禮儀祠祭使'
라고도 하였다. 대부분 太常卿, 六部尙書 혹은 侍郞이 담당하였다. 建中
원년(780) 이후에는 두지 않았고 대례가 있는 경우에만 임시로 설치하였
다가 대례를 마친 후 정지하였다. 宋代에는 大禮五使 중 하나로 태상경
이 담당하였고 결원일 경우 學士, 尙書丞, 郞이 담당하였다. 元豐 연간의
예제 개편 후에는 예부상서와 시랑이 담당하였다.

15) 예례禮例 : 일반적으로 '예례'는 예경에서 비교되는 예의 종류 혹은 예의
사례로 해석되겠지만(능정감凌廷堪(1757~1809)의『禮經釋例』) 여기에
서는 위진시대 이후 한나라 때 행해지던 예의를 '故事'라고 지칭한 것과
같은 용법으로 보인다. 예를 들면 전한 平帝 元始 연간에 왕망이 남북교
를 실시하면서 이후 교사 제도에 방향성을 제시하였는데, 위진시대 사람
들은 이를 '元始故事'라고 하였다. 고사의 경우는 명문화된 규정이라기보
다는 법률의 판례와 같은 성격으로 각 왕조에서 예의제도를 개편할 때
참고로 제시되어있다. 한편 본문에서 밀한 '禮例'는 넓게는 禮經의 조목을

冊에 썼고 다만 장단의 차이가 있다"고 하였습니다. 위진 시대 교사와 종묘 제사의의 축문은 책冊에 썼습니다. 당唐 초기에는 모두 축판을 사용하고 오로지 능묘에만 옥책玉冊[16]을 사용했는데, 현종이 교사와 종묘 제사에 친제할 때에는 옥으로 책을 만들어 사용하였습니다. 덕종 때 박사 육순陸淳은 예법에 따라 축판을 사용하고 제사한 뒤에는 태워버려야 한다고 했는데, 이

둘러싼 해석의 사례, 즉 예경의 석례를 줄여 예례라고 한 것일 수도 있고 좁게는 율령과 함께 편찬된 '예' 즉 당대의 경우 「무덕례」, 「정관례」, 「개원례」와 같이 禮典의 한 조목 혹은 특정 조항을 일컫는 것으로 보인다. 참고로 『宋會要輯稿』에는 이러한 용법으로 '예례'를 사용한 사례가 다수 발견된다. 누경樓勁(吳麗娛 主編, 『禮與中國社會 ― 隋唐五代宋元卷』, 中國社會科學出版社, 2016, 제2장 제3절 "宋初三朝的禮例與禮制的變遷")에 의하면, '예례'는 禮典과 법률의 「令」과 「式」이 중심이었던 한당 이후에 새롭게 등장한 일종의 예의 조례, 혹은 세부 규정으로 송대 빈출하는 예제 형식이다. 법률문서의 판례집과 같이 例冊, 例簿가 새로운 형태의 禮書로 빈출하는 데 주목하고 있다.

16) 옥책玉冊 : 玉策이라고도 한다. 『구당서』에는 '玉策'으로 되어 있다. 책서의 일종으로 고대 황제가 천에 제사하거나 告天할 때 사용한다. 옥으로 된 簡을 사용한다. 1931년 호리산蒿里山(山東 泰安市)에서 唐玄宗과 宋眞宗의 禪제사의 玉冊이 출토되었다. 현재 台灣故宮博物院에 소장되어 있다. 아래 사진의 당현종의 玉冊은 15매이며 玉簡의 길이는 29.2~29.8cm, 너비는 3㎝, 두께는 1㎜이며, 金으로 글자가 행서체로 쓰여 있으며 옥간의 재질은 흰색 대리석이다. 이 옥책은 唐宋시대의 1尺簡에 해당되는데, 高宗 乾封 元年의 봉선 옥책이 1척 2촌인 것과는 다르다. 1척 2촌 규격의 옥책은 『道藏』에 소장된 投龍簡의 형태와 좀더 유사한데, 예를 들어 劉宋 陸修靜의 『太上洞玄靈寶授度儀』에 실려 있는 投龍 의례에, "간은 길이 1척 2촌, 너비는 2촌 4푼, 두께는 3푼凡簡長一尺二寸·闊二寸四分·厚三分"으로 되어 있다.

제안은 가납되었습니다. (덕종) 정원貞元 6년(790)에 친제를 지낼 때 또다시 죽책竹冊을 사용하였고 담당관이 「개원례」에 준하여 축판도 함께 사용하였습니다. 후량後梁 대에는 예법에 따라 행하였으며 (후당의) 명종이 천에 교사할 때 다시 죽책을 사용했습니다. 이제 '예례'를 꼼꼼히 살펴보니 축판이 마땅하다고 봅니다.

그대로 따랐다.

周廣順三年九月, 南郊, 禮儀使奏[四][17]:「郊祀所用珪璧制度, 准禮, 祀上帝以蒼璧, 祀地祇以黃琮, 祀五帝以珪璋琥璜琮, 其玉各依本方正色, 祀日月以珪璋, 祀神州以兩珪有邸.【有邸, 原本作「有郜」, 今從經文改正.(影庫本粘籤)】其用幣, 天以蒼色, 地以黃色, 配帝以白色, 日月五帝各從本方之色, 皆長一丈八尺. 其珪璧之狀, 璧圓

당현종 皇地祇 옥책

17) [교감기 4] "禮儀使奏"의 '奏'는 원래 '奉'으로 되어 있는데, 殿本과 劉本 그리고 『五代會要』 권3, 『冊府元龜』 권594에 의거하여 고쳤다.

而琮八方, 珪上銳而下方, 半珪曰璋, 琥爲虎形, 半璧曰璜, 其珪璧琮璜皆長一尺二寸四. 珪有邸, 邸, 本也, 珪著于璧而整肅也[五].[18] 日月星辰以珪璧五寸, 前件珪璧雖有圖樣, 而長短之說或殊. 按唐開元中, 玄宗詔曰:『祀神以玉, 取其精潔, 比來用珉, 不可行也. 如或以玉難辨, 寧小其制度, 以取其眞.』今郊廟所修珪璧, 量玉大小, 不必皆從古制, 伏請下所司修制.」從之.

후주 광순 3년(953) 9월, 남교 제사(에 관해) 예의사가 상주하여 말하였다.

> 교사에 사용되는 규벽珪璧 제도는 예법에 따르면, 상제 제사에는 창벽蒼璧[19]을, 지기 제사에는 황종黃琮[20]을, 오제 제사에

---

18) [교감기 5] "珪著于璧而整肅也"는 殿本과 劉本은 같은데, 彭校와 『五代會要』 권3, 『冊府元龜』 권594에는 '整肅'이 '四出'로 되어 있다.

19) 창벽蒼璧 : 푸른색의 옥벽을 말한다. 동지에 천황대제天皇大帝를 제사지낼 때 창벽을 사용한다. 『주례』 「춘관·대종백」 정현의 주에 "이곳에서 '동지에 하늘을 제사지낸다.'고 한 것은 북극에 있는 천황대제를 제사지낸다는 뜻이다. … 신에게 제사를 지낼 경우에는 반드시 그 부류를 본뜨니, 창벽의 형태가 둥근 것은 하늘을 본뜬 것이다.此'禮天以冬至', 謂天皇大帝在北極者也. … 禮神者, 必象其類, 璧圜象天."라고 하였다. 『爾雅』 「釋宮」에 "肉(바깥쪽 변)이 好(가운데의 구멍)보다 2배가 되는 것을 '벽璧'이라 하고, 호가 육보다 2배가 되는 것을 '瑗'이라 하고, 육과 호가 동등한 것을 '環'이라 한다.肉倍好謂之'璧', 好倍肉謂之'瑗', 肉好若一謂之'環'."고 하였다. 『주례』 「고공기·玉人」 가공언의 소에는 "璧은 호의 길이가 3촌이니, 호는 곧 구멍이다. 양쪽 육의 길이는 각각 3촌이니, 양쪽을 합하면 총 6촌이 된다. 이는 육이 호의 2배가 되는 것이다.璧, 好三寸, 好卽孔也. 兩畔肉各三寸, 兩畔共六寸, 是肉倍好也."라고 하였다. 섭숭

는 규珪·장璋·호琥·황璜·종琮을 사용하는데, 각각 해당 방위
의 색깔에 맞는 옥을 사용하며, 일월 제사에는 규와 장을, 신주
제사에는 양규유저兩珪有邸를 사용합니다.【'유저有邸'는 원본에

의는 완심과 정현의 두 도상을 인용하면서 모두 '창벽은 길이가 9촌, 두께
가 1촌'이라고 하였는데, 이는 가공언의 소에 의거하여 말한 것이다. 崔靈
恩은 하늘을 제사할 때 사용하는 창벽은 길이가 1척 2촌이라고 하였으나,
섭숭의는 근거가 없다고 비판했다.『삼례도』권11「祭玉圖·蒼璧」및 黃
以周,『禮書通故』권49, 2372쪽 참조.

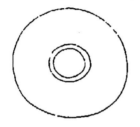 

蒼璧(송, 섭숭의,『삼례도』)　　璧(청, 황이주,『예서통고』)

20) 황종黃琮 : 황색의 옥으로, 안쪽은 둥글고 바깥쪽은 8방으로 네모지다. 하
지에 地祇에 제사지낼 때 황종을 사용한다.『周禮』「春官·大宗伯」의
"以黃琮禮地"에 대한 정현의 주에 "'하지에 땅에 제사 지낸다'고 한 것은
곤륜에 있는 신에 제사지낸다는 뜻이다. … 신에 제사지낼 때에는 반드시
그 부류를 본뜨니, 璧이 둥근 것은 하늘을 본뜬 것이고, 琮이 팔방으로
네모진 것은 땅을 본뜬 것이다.'禮地以夏至', 謂神在崑崙者也. … 禮神
者, 必象其類, 璧圜象天, 琮八方象地."라고 하였다.

黃琮(『삼례도』)　　黃琮(청,『欽定周官義疏』)

는 '유치有郗'로 되어 있는데, 경문經文에 의거하여 바로잡았다.(영고본
影庫本 주석)[21]】 사용되는 폐백은 천天에는 창색, 지地에는 황색,
배사제는 백색, 일월과 오제는 각각 해당 방위의 색으로 하며
길이는 모두 1장 8척입니다. 규벽의 모양은 이렇습니다. 벽은
둥글고 종은 팔각형입니다. 규는 위는 뾰족하고 아래는 네모납
니다. 규를 반으로 나눈 것을 장璋이라 합니다. 호琥는 호랑이
형상입니다. 벽을 반으로 한 것을 황이라 합니다.[22] 규·벽·종
·황 모두 길이는 1척 2촌 4푼입니다.[23] (양)규유저의 '저邸'는
뿌리[本]이며, 벽에 규가 부착되어 가지런하게 뻗어 있습니다
[整肅].[24] 일월성신 제사에는 5촌 크기의 규벽을 사용합니다.

---

21) 영고본影庫本:『舊五代史』의 流傳은 망실되고 淸代『四庫全書』 편찬
때에는 이미 원본을 입수할 수 없었기 때문에『永樂大典』및 宋代 諸書
의 佚文을 모아 원본의 編制를 추정하여 복원을 꾀하였다. 淸 乾隆 40년
(1775) 輯本을 완성하여 황제에게 진상하였는데, 현행본의 조본이라 할
수 있는 庫本이다. 이것을 1921년 南昌熊羅宿에서 影印하여 광범위하게
유포되었고, 이것을 이른바 '영고본影庫本'이라고 칭하였다.『구오대사』
小注에 관한 상세한 설명은『구오대사』「예지」상 주 2)를 참조.

22) 규벽의 모양은 ~ 황이라 합니다:청규靑圭·적장赤璋·백호白琥·현황玄
璜을 말한다. 오제의 방위에 따라 옥의 색깔과 모양을 구분하였다. 예를
들면 '玄璜'의 경우, 검은색의 옥으로, 입동에 북방 흑정제黑精帝를 제사
지낼 때 사용한다.『주례』「대종백」정현의 주에 "입동에 북방에 예를 갖
춘다는 것은 黑精의 帝를 제사지내는데 전욱과 현명이 배사되는 것을
말한다. … 璧을 반으로 나눈 것을 '璜'이라 하니, 겨울에 닫히고 감추어져
서 땅위에는 만물이 없고 오직 하늘에만 반쯤 보이는 것을 본뜬 것이다.
禮北方以立冬, 謂黑精之帝而顓頊玄冥食焉. … 半璧曰'璜', 象冬閉藏,
地上無物, 唯天半見"라고 하였다.

앞에서 언급한 규벽에는 도안이 있으나 크기에 관한 설명은 간

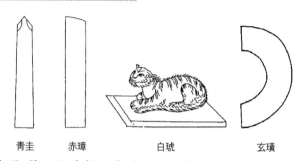

靑圭　　赤璋　　　　白琥　　　　　　玄璜

23) 규·벽·종·황 모두 길이는 1척 2촌 4푼 … : 섭숭의의 『삼례도집주』는 阮諶
    과 鄭玄의 두 도상을 인용하면서 모두 '창벽은 길이가 9촌, 두께가 1촌'이
    라고 하였는데, 모두 賈公彦의 疏에 의거하여 말한 것이다. 한편 崔靈恩은
    창벽은 길이가 1척 2촌이라고 하였으나 섭숭의는 근거가 없다고 비판하여
    9촌설을 주장하였다. 여기에서는 섭숭의의 해석이 아닌 최영은의 해석에
    따라 1척 2촌 4푼으로 해석하고 있는 점이 주목된다. 청규는 입춘에 동방
    창제에 제사지낼 때 사용하는 옥이다. 적장은 입하에 남방 적제, 백호는
    입추에 서방 백제, 현황은 입동에 북방 흑제에 해당한다. 섭숭의의 『삼례도
    집주』 권12 「祭玉圖」에 靑圭·赤璋·白琥·玄璜의 도상이 들어 있다.

24) 양규유저와 사규유저 : 사규유저가 상하좌우에 각각 규 하나씩을 연결하
    였다고 한다면, 양규유저는 상하에 각가 규 하나씩을 연결한 것이다. 양규
    유저는 북교에서 신주와 지기에 제사할 때 사용하므로 봉선 제사에서 선
    제사에 원용하여 황종과 함께 사용한 것이다. 『주례』 「春官·典瑞」에 "사
    규유저로 천에 제사하고 상제에 여 제사한다.四圭有邸以祀天·旅上帝."
    라고 하였다. 鄭玄注에서 인용된 鄭司農의 말에 (사규유저는) "한 가운
    데가 벽이고 그 사면에 규를 부착하였으며 하나의 옥에 일체로 구성되어
    있다.於中央爲璧, 圭著其四面, 一玉俱成."라고 하였다. '邸'는 '柢'와 통
    하는 글자로, 사물의 뿌리 혹은 근본바탕을 의미한다. '圭'는 위로 깎아낸
    부분이 末(윗부분)이 되고, 아래로 벽에 연결된 부분이 '本'(뿌리)이 된다.
    4개의 규가 함께 하나의 벽에 붙어 있어 뿌리로 삼고, 4개 규의 윗부분이
    종횡으로 갈라져 밖으로 나아가는 형태이다.

혹 다릅니다. 살펴보건대 당대 개원 연간에 현종은 조를 내려 "신에 제사지낼 때 사용하는 옥은 그 정결함 때문에 쓰는 것이다. 최근 옥돌[珉]을 사용하고 있는데, 그렇게 해서는 안 된다. 만일 옥을 구비하기 어려워서 그렇다면 차라리 옥의 크기를 작게 해서 본래의 참된 취지를 살려야 한다"라고 하였습니다. 이것을 보면 교사와 종묘 제사에서 사용하는 규벽의 경우 옥의 크기는 반드시 고제를 따를 필요는 없으니, 엎드려 청하옵건대 담당 부서에서 관련 제도를 마련하도록 하십시오.

그대로 따랐다.

　顯德四年夏四月, 禮官博士等准詔, 議祭器·祭玉制度以聞. 時國子祭酒尹拙引崔靈恩三禮義宗云:「蒼璧所以祀天, 其長十有二寸, 蓋法天之十二時.」又引江都集·白虎通等諸書所說, 云:「璧皆外圓內方.」又云:「璜琮所以祀地, 其長十寸, 以法地之數. 其琮外方內圓, 八角而有好.」國子博士聶從義25)以爲璧內外皆圓,

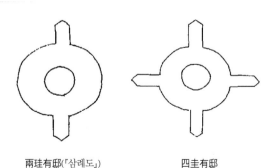

兩珪有邸(『삼례도』)　　　　　四圭有邸

25) '聶從義'는 '聶崇義'의 오자이다. 수정본 『구오대사』에는 수정되어 있다.

其徑九寸. 又按阮氏·鄭玄圖皆云九寸, 周禮玉人職又有九寸之璧. 及引爾雅云:「肉倍好[倍好, 原本作「部好」, 今從經文改正.(影庫本粘籤)] 謂之璧, 好倍肉謂之瑗, 肉好若一謂之環.」郭璞注云:「好, 孔也; 肉, 邊也.」而不載尺寸之數. 崇義又引冬官玉人云「璧好三寸」, 爾雅云「肉倍好謂之璧」, 兩邊肉各三寸, 通好共九寸, 則其璧九寸明矣. 崇義又云:「璜琮八方以象地, 每角各剋出一寸六分, 共長八寸, 厚一寸. 按周禮疏及阮氏圖並無好.」又引冬官玉人云[六]26):「琮八角而無好.」崇義又云:「琮璜珪璧, 俱是祀天地之器, 而爾雅唯言璧環瑗三者有好, 其餘璜琮諸器, 並不言之, 則璜琮八角而無好明矣.」太常卿田敏以下議, 以爲尹拙所說雖有所據, 而崇義援周禮正文, 其理稍優, 請從之. 其諸祭器制度, 亦多以崇義所議爲定.

(후주 세종) 현덕顯德 4년(957) 여름 4월, 예관박사 등이 황제가 내린 조에 따라 제기와 제옥의 제도를 논의하여 보고하였다. 당시 국자좨주 윤졸尹拙27)이 최영은崔靈恩28)의 『삼례의종三禮義宗』을 인

---

26) [교감기 6] "又引冬官玉人云"의 '又'는 원래 '人'으로 되어 있는데, 殿本과 劉本 그리고 『五代會要』 권3, 『冊府元龜』 권594에 의거하여 고쳤다.

27) 윤졸尹拙(미상) : 오대 潁州 汝陰(현재 安徽省 阜陽) 사람이다. 후량 貞明 5년에 과거를 시작으로 (후주 세종) 현덕 초에 檢校右散騎常侍·國子祭酒·通判太常禮院事을 역임하였으며 張昭와 함께 후당의 應順·淸泰 연간 그리고 후주의 『祖實錄』을 편찬하였다. 또한 張昭와 田敏과 함께 『經典釋文』을 수찬하였다. 북송 초에 檢校工部尙書·太子詹事·判太府寺를 거쳐 秘書監·判大理寺를 역임하였다. 윤졸은 경사에 두루 밝았는데, 그 중에서도 특히 예제에 능통하여 오대부터 송초까지 각 조대마다 예의를 제정하는 데 큰 역할을 하였다. 『宋史』 권431 「儒林傳」에 입전되어 있다.

28) 최영은崔靈恩(미상) : 남조 梁 淸河 武城(현재 山東省 武成) 사람. 섊어서

용하여 "창벽은 천 제사에 사용하고 크기는 12촌이며 이는 천의 12
시時29)를 본받은 것입니다"라고 하였다. 또『강도집(례)江都集』30)과
『백호통白虎通』등 여러 책에서 말한 것을 인용하여 "벽은 모두 바
깥은 둥글고 안은 네모납니다"라고 하였다. 또 "황종은 지 제사에

부터 학문에 전념해『五經』을 두루 배웠고,『三禮』와『三傳』에 정통했다.
처음에 魏나라에서 太常博士를 지냈다. 梁武帝 天監 13년(514) 양나라로
돌아와 員外散騎侍郎, 步兵校尉와 國子博士를 겸했다. 성격이 소박하여
꾸밈이 없었고 학생을 모아 가르쳤는데, 경전의 이치를 분석하여 항상 수
백 명의 사람들이 모여 강의를 들었다. 京師 儒者들의 존경을 받았다. 저
서에『毛詩集注』와『集注周禮』『周官禮集注』『三禮義宗』『左氏經傳
義』『春秋左氏傳立義』『春秋申先儒傳論』『公羊穀梁文句義』등이 있었
지만 모두 전하지 않는다. 이중『삼례의종』은 비록 목록만 전하지만 정현
의 삼례 주 이래 여러 유자들의 주를 집대성하고 역대 왕조의 사례를 수집
한 것으로 알려져 있다. 수대 국가에서 편찬한『江都集禮』와 더불어 당대
예의 제정을 둘러싼 논쟁의 근거자료로 자주 인용되는 전거이다.

29) 12시時 : 고대 하루 밤낮을 12시로 구분하여 간지로 표시하였다. 12지로
시를 표시한 것은『남제서』「천문지」에서 처음 시작되었다. 12지는 아니
지만『左傳』「昭公 5年」杜預의 注에 夜半・雞鳴・平旦・日出・食時・隅
中・日中・日映・晡時・日入・黃昏・人定 등의 명칭이 이미 보여 12시로
구분하였음을 알 수 있다. 淸 趙翼의『陔餘叢考』「一日十二時始於漢」
과 楊伯峻의『春秋左傳注』「昭公五年」"十時" 注 참조.

30)『강도집례』를 말한다.『강도집례』는 隋煬帝 楊廣이 揚州總管으로 있을
시절 반휘潘徽를 중심으로 하는 남방의 학자들을 불러 모아 편찬하였다.
수양제는 즉위 후 이『江都集禮』를 참고로 하여 예제를 정비하였다.『新
唐書』권58「藝文志」2에는 "牛弘・潘徽隋江都集禮一百二十卷"이라 하
여 120권이라 하였다. 또한『江都集禮』는 일본에 전해져 推古천황과 飛
鳥천황시대 朝廷의 의식에 영향을 준 것으로 전한다.(瀧天政次郎,「江都
集禮と日本儀式」, 307~308쪽 참조)

사용하고 크기는 10촌이며 지의 수를 본받은 것입니다. 황종은 바깥은 네모나고 안은 둥글며, 여덟 모서리가 있고 호好31)가 있습니다"라고 하였다.

국자박사國子博士 섭숭의聶崇義32)는 벽은 안과 밖이 모두 둥글고

---

31) 호好 : 구멍을 말한다. 『周禮』 「考工記·玉人」의 賈公彦의 疏에는 "璧은 好의 길이가 3촌이니, 호는 곧 구멍이다. 양쪽 肉의 길이는 각각 3촌이니, 양쪽을 합하면 총 6촌이 된다. 이는 육이 호의 2배가 되는 것이다.璧, 好三寸, 好卽孔也. 兩畔肉各三寸, 兩畔共六寸, 是肉倍好也."라고 하였다. 황이주(『예서통고』권49, 2372쪽)는 가공언의 설명을 아래 그림과 같이 예시하였다.

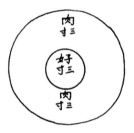

璧(청, 황이주, 『예서통고』)

32) 섭숭의聶崇義 : 오대 말 북송 초기 洛陽 사람이다. 『宋史』권431 「儒林列傳」에 의하면, 어렸을 때부터 『주례』 『의례』 『예기』 삼례를 연구하여 예학에 정통했다. 後漢 고조 劉知遠(재위 947~948) 때 국자박사가 되었고, 隱帝 乾祐 연간(948~950)에 국자예기박사가 되었으며, 『춘추공양전』을 교정하였다. 후주 태조 顯德 연간(954)에 국자사업 겸 태상박사가 되었다. 당시 교묘에 사용하는 祭器는 법식이 없어서 삼례의 옛 도상을 두루 수집하여 북송 이전의 鄭玄, 阮諶, 夏侯伏朗, 張鎰, 梁正, 개황 연간의 舊圖를 바탕으로 『三禮圖集注』총20권을 편찬하였다. 두엄竇儼(918~?)이 쓴 『삼례도집주』의 '서문'에 의하면, 섭숭의의 예에 대한 태도는 '變古'였다. 즉 경문에서 확인되거나 전대의 고사에서 실증할 수 있는 것은 그대로 따랐지만, 그렇지 않을 경우 당시 현실에 맞게 실증적으로 대처하였다고

지름이 9촌이라고 보았다. 또 완심阮諶[33])과 정현鄭玄의 『삼례도』를 살펴보니 모두 9촌이라 하였고 『주례周禮』 「동관·옥인玉人」직에도 9촌의 벽이 있다고 하였다. 또 『이아爾雅』를 인용하여 "육肉(바깥쪽 변)이 호好의 2배[倍好'는 원본에 '部好'로 되어 있는데, 경문에 따라 바로 잡았다.(영고본影庫本 주석)]인 것을 벽이라 한다.[34]) 호가 육의 2배인 것을 원瑗이라 한다. 육과 호가 같은 것을 환環이라 한다"라고 하였고, 곽박郭璞의 주에 "호好는 구멍이요, 육肉은 바깥쪽 변두리[邊]이다"라고 하였을 뿐 척촌의 수치는 기재하지 않았다고 하였다. 섭숭의는 또 『주례』 「동관冬官·옥인玉人」에 "벽의 호는 3촌"라고 한 것과 『이아』에 "육이 호의 2배인 것을 벽"이라고 한 것을 인용하여 양쪽 변두리 육이 각각 3촌이니 호와 합쳐 9촌이 되므로 벽은 9촌임이 분명하다고 보았다.[35])

섭숭의는 또 "황종璜琮(黃琮)이 팔방으로 네모진 것은 지를 상징한 것이다. 각 모서리[角]마다 1촌 6푼씩 깎아내고[36]) 총 길이는 8촌

한다. 고례를 존숭하면서도 현실의 반영을 주저하지 않았다.

33) 완심阮諶(미상) : 후한 陳留(현재 河南省 陳留鎭) 사람. 자는 士信이다. 杜篤의 『(杜氏)新書』에는 侍中이었다고는 하나 『阮氏譜』에는 "부름을 받았으나 나아간 적이 없다.征辟無所就."고 하였다. 綦母君(혹은 綦冊君)에 사사하였으며, 『三禮圖』를 지었다고 알려졌다. 후대 섭숭의가 완심을 비롯하여 그간 전해져 내려온 『삼례도』를 모아 『삼례도집주』를 집성하였다고 전한다.

34) 앞의 '창벽' 주 참조.

35) 여기까지 천 제사에 지내는 창벽에 관한 섭숭의의 주장을 요약한 것이다. 같은 내용이 『삼례도집주』 「목록 20 : 祭玉」에 보다 상세하게 기술되어 있다.

36) 섭숭의는 『주례』 「춘관·대종백」 정현주에 "황종은 팔각형으로 땅을 상징한다.琮八方以象地."라고 한 데 대해 "이는 대종에 비하면 모서리마다

이며 두께는 1촌이다. 살펴보건대 『주례』 가공언의 소와 완심阮諶의 『삼례도』에는 모두 호가 없다"라고 하였다. 또 『주례』 「동관(고공기)·옥인」을 인용하여 "종은 팔각형으로 호가 없다"고 하였다. 섭숭의는 또 "종·황·규·벽은 모두 천지 제사에 사용하는 기물이다. 『이아』에는 벽·환·원 3개에만 호가 있다고 하였고 나머지 황종(『오대회요』에는 종과 황)을 비롯한 그 밖의 기물에 대해서는 말하지 않았으니, 황종(『오대회요』에는 역시 종과 황)은 팔각형으로 호가 없음이 분명하다"라고 하였다.[37] 태상경 전민田敏[38] 이하는 논의하여 윤졸이 말한 바에 근거가 있지만 섭숭의가 『주례』 정문을 원용한 것이 이론상 조금 낫다고 생각하여 섭숭의의 주장을 따를 것을 청하였다. 그 밖의 제기 제도 또한 섭숭의가 주장한 대로 제정하였다.

각기 1촌 6푼씩 깎아내어 길이는 8촌이고 두께는 1촌此比大琮每角各剡出一寸六分, 長八寸, 厚寸"(『삼례도집주』 권11 「제옥도」)이라고 황종의 모양과 길이를 추출해내고 있다. 여기에서 말한 '角'은 『주례』 「옥인」 정현주에 "射, 剡出者也"라고 하여 '射(모서리)'를 말한다.

37) 여기까지 제옥에 관한 섭숭의 주장을 기술한 것이다. 『五代會要』에는 앞의 '璜琮'이 '黃琮'으로 되어 있고, 뒤의 구절에는 琮, 璜으로 되어 있다. 문맥상 『五代會要』와 같이 앞의 '璜琮'은 '黃琮'(누런 옥)이 되어야 하며, 뒤의 구절은 '종·황·규·벽'의 '종·황'으로 순서를 바꾸는 것이 타당해 보인다.

38) 전민田敏(880~971) : 五代 淄州 鄒平(현재 山東省) 사람. 어려서부터 춘추학에 능했고 後梁 貞明 연간에 進士를 시작으로 後梁·後唐·後晉·後漢·後周 五代에 걸쳐 관직을 역임하다가 北宋 때 太子少傅로 치사하였다. 後唐 天成 초에 황제의 명을 받들어 당대 鄭餘慶의 『書儀』를 刪定하였고 馬鎬 등과 함께 『九經』을 교감하였다. 후주의 세종으로부터 '유학의 종사'라는 찬사를 받았다. 『冊府元龜』에는 집안에 수만 권의 책을 소장하였고 육경을 직접 교감하였다고 전하고 있다.

顯德二年秋八月, 兵部尚書張昭上言:「今月十二日, 伏蒙宸慈召對, 面奉聖旨, 每年祀祭, 多用太牢, 念其耕稼之勞, 更備犧牲之用, 比諸豢養, 特可惻傷, 令臣等討故事, 可以佗牲代否. 臣仰稟綸言, 退尋禮籍, 其三牲八簋之制, 五禮六樂之文, 著在典彝, 迭相沿襲, 累經朝代, 無所改更. 臣聞古者燔黍捭豚, 尚多質略, 近則梁武麯牲竹脯, 不可宗師, 雖好生之德則然, 於奉先之儀太劣. 蓋禮主于信, 孝本因心, 黍稷非馨, 鬼神饗德, 不必牲牢之巨細, 籩豆之方圓, 苟血祀長保于宗祧, 而牲俎何須于繭栗. 但以國之大事, 儒者久行, 易以佗牢, 恐未爲便. 以臣愚見, 其南北郊・宗廟社稷・朝日夕月等大祠, 如皇帝親行事, 備三牲;如有司攝行事, 則用少牢已下. 雖非舊典, 貴減牲牛.」是時太常卿田敏又奏云:

현덕 2년(955) 가을 8월, 병부상서兵部尚書 장소張昭[39]가 상언하였다.

금월 12일에 삼가 황제의 은덕으로 불려가 직접 성지를 받

---

39) 장소張昭 : 張昭遠을 말한다. 後漢 高祖 劉知遠을 諱하여 줄여 張昭라고 하다. 오대에서 북송에 걸쳐 살았으며, 濮州 範縣(현재 河南省 濮陽 東北) 사람이다. 字는 潛夫이며, 신・구『오대사』에는 열전이 없고『宋史』권263에 열전이 입전되어 있다. 구경에 능통하고 특히 史學에 뛰어나『구당서』를 편찬하는 데 결정적인 역할을 하였다. 저서로『十代興亡論』을 비롯하여『同光實錄』12권과 後唐 天成 연간에 何讚의 천거로 左補闕에 제수되어『莊宗實錄』을 편찬하였고, 後晋 天福 초에『唐書』를 편찬하는 데 참여하였다. 後周 廣順 초년에는 戶部尚書로『五朝實錄』을 편찬하였다. 北宋 初에 吏部尚書에 오르고 鄭國公에 봉해졌다. 벼슬을 그만둔 뒤에도 예법과 관련된 사안이 있으면 황제가 사람을 보내 자문을 구할 정도로 예제에 정통하였다.

들게 되었습니다. 매년 제사지낼 때 태뢰를 쓰는 경우가 많은데, (희생을 사육하는 백성의 경우) 농사의 수고로움에 더해 희생용 가축까지 마련해야 하니 일반 가축을 기르는 것보다 불쌍히 여길 만하다고 여겨, 신 등에게 명하기를 이전 사례를 조사하여 다른 희생으로 대체 가능한지 여부를 알아보도록 하셨습니다. 신 윤언綸言(황제의 말)을 받들어 물러나 예서를 찾아보니, 삼생三牲(소·양·돼지)과 팔궤八簋40)를 쓰는 제도나 오례五禮(길·흉·빈·가·군례)와 육악六樂41)에 관한 문장이 예전禮典에 기록되어 있고, 왕조마다 번갈아 답습하며 이어져 내려왔으며 여러 조대를 거치면서도 바뀌지 않았습니다.

신이 듣기에 옛날에는 달군 돌 위에서 기장밥을 지어 바쳤고[燔黍] 달군 돌 위에서 돼지를 익혀 바쳤으니[捭豚],42) 질박하고 간소함을 더 많이 숭상했다고 합니다. 근자에 양 무제는 면으로 만든 희생[麪牲]을 쓰고 대나무로 만든 포[竹脯]를 올렸

---

40) 팔궤八簋 : 고대 제사와 연회 때 사용하던 제기를 가리킨다. 정과 함께 '구정팔궤'라고 한다. 8이라는 숫자는 『禮記』「明堂位」에 "유우씨의 2개의 대와 하후씨의 4개의 연과 은나라의 6개의 호와 주나라의 8개의 궤가 있다.有虞氏之兩敦·夏后氏之四璉·殷之六瑚·周之八簋."라고 하여 주나라 때 천자가 사용하던 제기 숫자이다.

41) 육악六樂 : 黃帝의 음악인 〈雲門〉, 堯의 음악인 〈咸池〉, 舜의 음악인 〈大韶〉, 禹의 음악인 〈大夏〉, 湯王의 음악인 〈大濩〉, 武王의 음악인 〈大武〉를 말한다.

42) '번서燔黍'는 기장과 쌀을 달군 돌 위에 놓고 불을 지펴 익히는 것을 말하고, '패돈捭豚'은 돼지고기를 자르고 뼈를 발라내어 달군 돌 위에 올려놓고 익히는 것을 말한다. 『禮記』「禮運」"夫禮之初, 始諸飮食, 其燔黍捭豚, 汙尊而抔飮, 蕢桴而土鼓, 猶若可以致其敬於鬼神."

는데,43) 본보기로 삼을 수 없습니다. 비록 생명을 존중하는 덕
성은 옳지만 선조를 받드는 예의로서는 지나치게 부족합니다.

예는 신의를 주로 하고 효는 본래 마음에서 우러나오는 것
입니다. 메기장과 찰기장이 향기로워서가 아니라 귀신은 덕을
흠향하는 것이니,44) 반드시 희생의 크기나 변두의 모양이 일정
해야 하는 것은 아닙니다. 종묘에서 혈사血祀를 장구히 이어간

---

43) 양무제의 사례는 『隋書』 권7 「예의지」2에 보이는데, 천감 16년 조에 종묘
    사시 제사를 제외한 나머지 제사에 대포로 희생을 대신했다가 다시 그것
    조차 해당 계절의 채소로 대체하도록 명하여 모든 제사에 혈식을 금하게
    되었음을 전하고 있다. "(天監)十六年四月, 詔曰 : 「夫神無常饗, 饗于克
    誠, 所以西鄰礿祭, 實受其福. 宗廟祭祀, 猶有牲牢, 無益至誠, 有累冥
    道. 自今四時蒸嘗外, 可量代.」 八座議 : 「以大脯代一元大武.」 八座又
    奏 : 「既停宰殺, 無復省牲之事, 請立省饌儀. 其衆官陪列, 並同省牲.」
    帝從之. 十月, 詔曰 : 「今雖無復牲腥, 猶有脯脩之類, 即之幽明, 義爲未
    盡. 可更詳定, 悉薦時蔬.」 左丞司馬筠等參議 : 「大餅代大脯, 餘悉用蔬
    菜.」 帝從之. 又舍人朱异議 : 「二廟祀, 相承止有餠羹, 蓋祭祀之禮, 應
    有兩羹, 相承止於一餠, 即禮爲乖. 請加熬油蓴羹一餠.」 帝從之. 覽是起
    至敬殿, 景陽臺, 立七廟座. 月中再設淨饌. 自是訖於臺城破, 諸廟遂不
    血食." 여기에서는 大脯를 大餅, 즉 떡으로 대체했다고 하였지 '竹脯'라
    는 표현은 보이지 않아, 동물성이 아닌 식물성에 모양도 대나무 같은 죽으
    로 포로 대체했다는 은유적 표현으로 보인다. 한편 '면생'이란 표현은 『隋
    書』 권22 「五行志」上에 "종묘 제사에 쓰이는 희생을 면으로 대체했다.大
    同三年, 朱雀門災. 水沴火也. 是時帝崇尙佛道, 宗廟牲牷, 皆以麪代
    之."고 전하고 있다.
44) 귀신은 덕을 흠향하는 것 : 『尙書』 「君陳」편의 "지극한 정치를 하면 향기
    로워서 신명에게도 감응이 되는 법이니, 메기장과 찰기장이 향기로운 것
    이 아니라 밝은 덕의 제물이 향기로운 것이다.至治馨香, 感于神明, 黍稷
    非馨, 明德惟馨."라고 한 것을 두고 한 말이다.

다면 제기에 담는 희생의 뿔이 꼭 누에고치나 밤톨 크기라야
할 필요가 있습니까? 다만 제사는 나라의 큰일로 유자가 오랫
동안 행해왔기 때문에 다른 희생으로 바꾼다면 아마도 불편하
다고 생각할 겁니다. 신의 어리석은 생각으로는 남북교, 종묘
사직, 조일석월 등의 대사에는 황제가 친사할 경우 삼생三牲
[태뢰]을 쓰고, 유사가 섭사할 경우에는 소뢰 이하를 쓰도록 하
는 것이 마땅하다 봅니다. 비록 옛날 제도는 아니지만 희생 소
를 절감한다는 점을 높이 살 수 있습니다.

이 당시 태상경 전민田敏이 또다시 상주하여 말하였다.

　　臣奉聖旨爲祠祭用犢事[七].45) 今太僕寺供犢, 一年四季
都用犢二十二頭. 唐會要武德九年十月詔:「祭祀之意, 本
以爲民, 窮民事神, 有乖正直, 殺牛不如礿祭, 明德卽是馨
香, 望古推今, 民神一揆. 其祭圜丘·方澤·宗廟已外, 並可
止用少牢, 用少牢者用特牲代. 時和年豐, 然後克修常禮.」
又按會要天寶六載正月十三日敕文:「祭祀之典, 犧牲所備,
將有達於虔誠, 蓋不資於廣殺. 自今後每大祭祀, 應用騂犢,
宜令所司量減其數, 仍永爲恆式. 其年起請以舊料每年用犢
二百一十二頭, 今請減一百七十三頭[八],46) 止用三十九頭,

---

45) [교감기 7] "爲祠祭用犢事"의 '祠'자는 원래 없는데, 『五代會要』 권3,
　　『冊府元龜』 권594에 의거하여 보충하였다.

46) [교감기 8] "一百七十三頭"는 원래 "一百六十三頭"으로 되어 있는데,
　　殿本과 劉本 그리고 『五代會要』 권3에 의기히여 고쳤디.

餘祠饗並停用犢.」至上元二年九月二十一日赦文：「國之大事, 郊祀爲先, 貴其至誠, 不羡多品. 黍稷雖設, 猶或非馨；牲牢空多, 未爲能饗. 圜丘 · 方澤, 任依恆式, 宗廟諸祠, 臨時獻熟, 用懷明德之馨, 庶合西鄰之祭. 其年起請昊天上帝 · 太廟各太牢一, 餘祭並隨事市供.」[47] 若據天寶六載, 自二百一十二頭減用三十九頭；據武德九年, 每年用犢十頭, 圜丘四[九],[48] 方澤一, 宗廟五；據上元二年起請祇昊天上帝 · 太廟, 又無方澤, 則九頭矣. 今國家用牛, 比開元 · 天寶則不多, 比武德 · 上元則過其大半. 案會要, 太僕寺有牧監,【牧監, 原本作「特監」, 今從五代會要改正.(影庫本粘籤)】掌孳課之事. 乞今後太僕寺養孳課牛, 其犢遇祭昊天前三月養之滌宮, 取其蕩滌清潔, 餘祭則不養滌宮. 若臨時買牛, 恐非典故.

신(전민)은 제사 때 희생 소를 사용하는 일에 관한 어명을 받들었습니다. 지금 태복시太僕寺에서 송아지를 제공하는데, 1년 4계절에 모두 송아지 22마리를 씁니다. 『당회요唐會要』(고조) 무덕武德 9년(626) 10월 조는 다음과 같이 말하고 있습니다. "제사의 취지는 본래 백성을 위하는 데 있다. 백성을 곤궁케 하면서 신을 섬기는 것은 정도에 어긋난다. 소를 죽여 제사함이 약제礿祭만 못하고[49] 덕을 밝게 드러냄이 곧 향기로워 신명이 감응하는 것이니,[50] 옛것을 돌이켜 오늘날의 일을 미루어

47) 수정본과 표점이 다르다. 수정본이 제대로 고쳤다.

48) [교감기 8] "圜丘四"의 '四'자는 원래 없는데, 『五代會要』 권3에 의거하여 보충하였다.

49) 『周易』 「旣濟」괘의 "東鄰殺牛, 不如西鄰之禴祭"라고 한 것을 말한다.

보면 백성과 신령은 같은 도리다. 원구, 방택, 종묘 제사 이외
에는 모두 소뇌만을 사용하고 소뇌를 사용할 경우에 특생特牲
(희생 한 마리)으로 대체하도록 한다. 풍년이 들어 풍족할 경우
에 비로소 평상의 법식대로 행하도록 하라."

또 『당회요』(현종) 천보天寶 6년(747) 정월 13일 사면 조문
을 살펴보면 다음과 같습니다.[51] "제사의 전례에 희생을 갖추
는 바는 장차 경건함에 이르도록 하기 위함이지 대량으로 살상
하는 데 있지 않다. 지금부터 대제사마다 송아지를 사용해야
하는데 담당관에게 희생의 수를 절감할 방법을 강구토록 하고
이를 영구히 법식으로 삼으라." 이해부터 시작하여 이전 매년
송아지 212마리 사용하던 것을 이제 173마리를 줄여서 39마리
만을 쓰도록 하고, 그 밖의 나머지 제사에도 모두 송아지를 쓰
는 것을 중지할 것을 요청하였습니다.

(고종) 상원上元 2년(675) 21일 사면의 조문에서는 다음과
같이 말하였습니다. "나라의 큰일 중 교사가 제일 첫 번째로
지극한 정성을 귀히 여기고 많은 제물을 아름답게 여기지 않는
다. 찰기장과 메기장을 진설해도 향기롭지 않을 수 있으며, 부
질없이 희생을 많이 쓴다고 (상제를) 흠향하게 할 수 없다.[52]

---

50) 『尙書』 「君陳」의 "至治馨香, 感于神明, 黍稷非馨, 明德惟馨" 구절의 취
지를 요약한 것이다.

51) 『舊唐書』 권9 「玄宗本紀」 天寶 6載 때 기사를 보면, 태묘와 원구에 친사
를 지낸 후 대사면을 내렸다. "(天寶)六載正月丁亥, 親享太廟. 戊子, 親
祀圜丘, 禮畢, 大赦天下."

52) 『禮記』 「祭義」편의 "오직 성인이어야 상제께 흠향할 수 있고 효자이어야

원구와 방택은 항구한 법식에 따르되 종묘의 여러 제사는 계절에 따라 익힌 제물을 바쳐 '덕을 밝게 드러냄이 향기롭다'는 뜻을 취하여 서쪽 마을의 소박한 제사의 취지에 부합하기를 바라노라." 이해부터 호천상제, 태묘 제사에는 각각 태뢰 하나를 쓰고 나머지 제사에는 모두 형편에 따라 사서 제공할 것을 청하였습니다.

만약 천보 6년대로 한다면 212마리에서 39마리로 줄여서 써야 하고 무덕 9년대로 한다면 매년 송아지 10마리를 쓰게 되는데, 즉 원구에 4마리, 방택에 1마리, 종묘에 5마리입니다. 상원 2년에 호천상제와 태묘 제사에만 쓰고 방택에 쓰지 않는 대로라면 9마리입니다. 현재 본조(후당)에서 사용하는 소는 개원 연간과 천보 연간보다 많지 않고 무덕 연간과 상원 연간보다는 절반이 조금 넘습니다. 『당회요』를 살펴보면, 태복시의 목감牧監53)【'목감牧監'은 원본에는 '특감特監'으로 되어 있어 『오대회요五代會要』에 따라 수정하였다.(영고본影庫本 주석)】이 희생의 번식과 징수의 업무를 담당하고 있습니다. 지금부터 태복시에서 희생 소

만 어버이에게 흠향할 수 있다.唯聖人爲能饗帝, 孝子爲能饗親."라고 한 것을 두고 한 말이다.

53) 목감牧監 : 『譯註唐六典』 권제17 「太僕寺」에 의하면, "목감은 모든 목[群牧]의 증식에 관한 일을 관장한다. 무릇 말 5천 필이면 상감으로 삼고, 3천 필 이상이면 중감을 삼으며, 그 이하는 하감으로 삼는다. 무릇 말과 소는 120마리를 1群, 낙타·노새·나귀는 70마리를 1군, 양은 620마리를 1군으로 하며, 군에는 목장과 목위가 있다.諸牧監掌羣牧孳課之事. 凡馬五千匹爲上監, 三千匹已上爲中監, 已下爲下監. 凡馬·牛之羣以百二十, 駝·騾·驢之羣以七十, 羊之羣以六百二十, 羣有牧長·牧尉."

를 기르고 징수하되, 송아지는 호천상제 제사를 지내기 3개월 전에 척궁滌宮54)에서 기르다가 그중 깨끗이 씻겨 청결한 놈을 취하고 나머지 제사에는 척궁에서 기르지 않도록 합니다. 임시로 소를 구매하는 것은 전고典故에 부합하지 않을까 두렵습니다.

奉敕:「祭祀尚誠, 祝史貴信, 非誠與信, 何以事神! 祊祭重於殺牛, 黍稷輕於明德, 犧牲之數, 具載典經. 前代以來, 或有增損, 宜採酌中之禮, 且從貴少之文. 起今後祭圜丘·方澤·社稷, 並依舊用犢; 其太廟及諸祠, 宜准上元二年九月二十一日制, 並不用犢. 如皇帝親行事, 則依常式.」

다음과 같이 칙을 받들었다.

제사는 정성을 숭상하고 축사祝史는 신뢰를 귀중히 여기니, 정성과 신뢰가 아니면 어찌 귀신을 섬길 수 있겠는가? 약祊 제사가 소를 잡는 것보다 중하고 찰기장과 메기장이 덕을 밝히는 것보다 가벼우며, (제사에 사용되는) 희생의 숫자는 모두 경전에 실려 있다. 이전 시대부터 증감이 있었으니 마땅히 적합한 예를 채용하고 또 적음을 귀히 여기는 문장을 따라야 한다. 이후 원구, 방택, 사직 제사에는 모두 옛날대로 송아지를 쓰도록 한다. 태묘와 나머지 제사에는 마땅히 상원上元 2년 9월 21일 정한 제도55)에 준하여 모두 송아지를 쓰지 않도록 하라. 황제

---

54) 척궁滌宮: 제사에 쓸 희생을 기르는 곳이다. 『禮記』「郊特牲」에 "교제에 쓸 소는 척궁에 3개월 있게 한다.帝牛必在滌三月."고 하였다.

가 친히 제사할 경우에는 정해진 법식을 따르도록 하라.

後唐同光二年三月十日, 祠部奏:「本朝舊儀, 太微宮每年五薦獻, 其南郊壇每年四祠祭. 吏部申奏, 請差中書門下攝太尉行事, 其太廟及諸郊壇, 並吏部差三品已上攝太尉行事.」從之. 至其年七月, 中書門下奏:「據尙書祠部狀, 每年太微宮【太微, 原本作「太衛」, 今從新唐書改正.(影庫本粘籤)】五薦獻, 南郊壇四祠祭, 並宰相攝太尉行事, 惟太廟時祭, 獨遣庶僚, 雖爲舊規, 慮成闕禮. 臣等商量, 今後太廟祠祭, 亦望差宰臣行事.」從之.

후당 (장종) 동광同光56) 2년(924) 3월 10일, 사부祠部57)에서 상주

---

55) 상원上元 2년 9월 21일 정한 제도 : 앞 구절에서 호천상제와 태묘 제사에만 송아지를 쓰고 방택에 쓰지 않아 총 9마리를 사용한다는 규정을 말한다.

56) 동광同光 : 후당 莊宗인 李存勗의 치세에 쓰였던 연호로, 923년 4월에서 926년 4월까지 쓰였다.

57) 사부祠部 : 魏晉南北朝 때 尙書省 여러 郎曹의 하나이다. 郎(郎中·侍郎)이 장관이며 그 관이 없으면 祠部尙書에 소속시키고 다시 또 그 관이 없으면 尙書右僕射에 예속시켰다. 업무는 교사와 종묘 길흉례 제도를 논의하고 제정하는 일이다. 다만 北齊 대에는 단지 제사의 의약과 상례 때 추증의 업무만을 담당하였고 길례와 흉례의 폐백은 儀曹로 돌렸다. 隋대 祠部司로 명칭을 고쳐 禮部에 소속시켰다. 당대도 그대로 계승하였고 역대 대부분 이를 따랐다. 당대 郎中과 員外郎을 장관과 부관으로 삼은 뒤에는 마침내 정식제도가 되었다. 祠祀·享祭·天文·漏刻·國忌·廟諱·卜祝·醫藥 및 僧尼 승적 관련 업무를 담당하였다. 龍朔 2년(662) 司禋으로 명칭을 고쳤다가, 咸亨 원년(670) 다시 복구했고, 天寶 11載(752)에 다시 司禋으로 개명했다. 至德 2載(757)에 다시 원상복구하였다. 당시 祠祭使를 두어 그 업무를 맡도록 하면서 다른 관직에서 겸직하도록 하였다.

하여 말하였다. "본조(당) 기존 예의에 따르면 태미궁太微宮에서 매년 5번 제사를 올리고[58] 남교 제단에서는 매년 4번 제사를 지냅니다. 이부에서 거듭 상주하여 중서문하를 파견하여 태위를 대신하여 제사하고[59] 태묘와 그 밖의 교단郊壇에서는 다 함께 이부가 3품 이상(관)을 파견하여 태위를 대신하여 제사할 것을 청합니다." 그대로 따랐다.

그해 7월에 중서문하가 상주하여 말하였다. "상서(성) 사부의 장계에 의하면 매년 태미궁【'태미太微'는 원본에는 '태위太衞'로 되어 있다. 이제 『신당서新唐書』에 의거하여 수정하였다.(영고본影庫本 주석)】에서 5번

五代에도 그대로 계승하였다.

58) 태미궁太微宮 천헌薦獻 : 당 玄宗 天寶 2載(743)에 현원황제의 묘인 현원묘를 장안은 태청궁, 東都(낙양)는 太微宮, 각 군에는 紫極宮으로 승격하였다. 또한 崇玄館大學士로 하여금 업무를 담당하도록 하였다가 뒤에 太微宮使를 별도로 설치하였다. 『史記』「天官書」를 보면 太微宮에는 五精帝가 있다고 하였으므로 원래 태미궁은 감생오정제의 거처인데, 당대에는 노자를 시조로 모시며 현원황제(노자) 이하 5명의 선조를 모시는 일종의 신화적 태묘의 성격을 지녔다. 현원묘는 당초 예제상 고대 先聖 제사류로서 공자를 모신 문선왕묘나 무성왕묘에 비견되던 것이 현종 天寶 2년의 조치로 태묘의 위상을 가지게 되었다. 그럼으로써 도교 궁관제사가 국가 제사로서 자리잡는 데 결정적인 역할을 하였다고 본다.(湯勤福,「唐代玄元皇帝廟·太淸宮的禮儀屬性問題」,『史林』, 2019年 6期 참조). 또한 7년 뒤 천보 9載에는 태청궁과 태미궁에서의 황제 친사의 경우 '조헌'이라 하고 유사섭사일 경우 '천헌'이라 하여 구분하였다. 그러므로 본문에서 '薦獻'이라 함은 유사섭사의 대행을 말한다.

59) 태위를 대신하여 제사하고 … : 아래 구절의 중서문하의 말에 의하면 "재상이 태위를 내신하여 제사"한다고 하였다.

제사를 올리고 남교 제단에서는 4번 제사를 지내는데, 두 제사 모두 재상이 태위를 대신하여 제사를 지내고 태묘의 시제에만 일반 관료[60]를 파견한다고 하였습니다. 비록 옛 법규대로 했다 하나 결례가 아닐지 걱정됩니다. 신 등이 자세히 살펴본 결과 이후부터 태묘의 제사에도 재신을 파견하여 제사하기를 바랍니다." 그대로 따랐다.

三年十一月, 禮儀使奏: 「伏准禮經, 喪三年不祭, 惟祭天地社稷爲越紼行事[一○],[61] 此古制也. 爰自漢文, 益尊神器, 務狥公絶私之義, 行以日易月之制, 事久相沿, 禮從順變. 今園陵已畢, 祥練旣除, 宗廟不可以乏享, 神祇不可以廢祀, 宜遵禮意, 式展孝思. 伏請自貞簡太后升祔禮畢, 應宗廟伎樂及群祀[一一],[62] 並准舊施行.」 從之.

(후당 동광) 3년(925) 11월, 예의사가 상주하여 말하였다.

삼가 예경에 준하면 삼년상에는 제사를 지내지 않지만 오직 천지와 사직 제사만 "순거輴車(상여)의 끈을 넘어 제사지낼[越紼行事]" 수 있는데,[63] 이것이 옛 제도입니다. 한 문제 때부터

---

60) 일반 관료 : 위의 상서 사부의 상주문에 의하면 "이부에서 파견한 3품 이상(관)"을 말한다.

61) [교감기 10] "惟祭天地社稷"의 '惟祭' 2자는 원래 없는데, 『冊府元龜』 권593에 의거하여 보충하였다.

62) [교감기 11] "宗廟伎樂"의 '伎'는 원래 '使'로 되어 있는데, 『五代會要』 권4에 의거하여 고쳤다. 殿本과 劉本에는 '儀'로 되어 있다.

63) 『禮記』「王制」에 "부모의 상을 당하면 3년 동안은 직접 제사에 참여하지

황제의 위상[神器]을 더욱 높이며 公公을 따르고 사私를 버리는
의리에 힘써 '날로 달을 바꾸는 제도[以日易月之制]'[64]를 행하
였으니, 이러한 사례는 오랫동안 이어져 내려왔고 예는 변화에
순응하는 쪽을 따릅니다. 지금 원릉園陵이 완성되었고[65] 소상

않는다. 다만 천지와 사직의 신에게 제사를 드리는 것은 상여끈을 넘어
행한다(상기에 구애받지 않는다).喪三年不祭, 唯祭天地社稷, 爲越紼而
行事."라고 한 것을 말한다.

64) 날로 달을 바꾸는 제도[以日易月之制] : 服制에 3년상(24개월)에는 斬衰
와 齋衰의 구별이 있고, 朞年은 1년, 大功은 9개월, 小功은 5개월, 緦麻
는 3개월인데, 이 달수를 날수로 改算하여, 3년은 24일, 기년은 12일, 대공
은 9일 등의 복제로 바꾸어 탈상하는 것을 말한다. 번거로운 예법을 간소
히 한다는 취지의 제도이다. 『漢書』「文帝紀」에 "대홍은 15일에 석복하
고 소홍은 14일服大紅十五日, 小紅十四日, 纖七日, 釋服"이라 하였고
顏師古 注에 인용된 應劭에 의하면, "홍이란 중상과 대상에 붉은 색으로
옷깃의 가선을 장식한 것을 말한다. 섬이란 담제를 말한다. 36일이 되면
상복을 벗는데, 이것은 날수로 달수를 바꾼 것이다.紅者, 中祥·大祥以紅
爲領緣. 纖者, 禫也. 凡三十六日而釋服矣, 此以日易月也."라고 하였다.
또한 안사고는 "이러한 상제는 문제가 자신의 생각대로 만들어 낸 것이지
『주례』에서 취한 것은 아니다. 어떻게 날수로 달수를 바꿀 수 있단 말인
가! 삼년상은 사실 27개월인데, 어찌 36일이 있을 수 있겠는가!此喪制者,
文帝自率己意創而爲之, 非有取於『周禮』也, 何爲以日易月乎! 三年之
喪, 其實二十七月, 豈有三十六日之文!"라고 평하였다.

65) 원릉園陵이 완성되었고 : 원릉은 능묘 고유 명사로는 당 哀帝의 능묘를
말하지만, 여기에서는 '山陵'을 달리 표현한 말로 보인다. 『舊五代史』 권
33「莊宗本紀」에 의하면, 정간태후릉을 곤릉이라 명명하였고 애초에는
대주에 있는 무황릉에 부묘하려 했다가 수안현 근처에 별도로 능묘를 조
성하였다고 전한다."己巳, 中書上言 :「貞簡太后陵請以坤陵爲名.」 從
之. 初卜山陵, 帝欲祔於代州武皇陵, 奏議 :「天子以四海爲家, 不當分

연복[祥練][66]도 마쳤는데, 종묘는 제사를 결할 수 없고 천신지기에 대한 제사 또한 폐할 수 없으니, 마땅히 예의 종지를 따라 효도하는 마음을 펼쳐야 합니다. 삼가 정간태후貞簡太后[67]를 종묘에 부제하는 예를 마친 후에 종묘에서 행하는 기악伎樂 및 여러 제사[羣祀]는 모두 옛날대로 시행하시길 청합니다.

그대로 따랐다.

天成四年九月, 太常寺奏:「伏見大祠則差宰臣行事[一二],[68] 中祠則差諸寺卿監行事, 小祠則委太祝·奉禮. 今後凡小祠[一三],[69] 請差五品官行事.」從之.

其南北.」乃於壽安縣界別卜是陵.”

66) 『禮記』「雜記」下에 "상기는 돌아가신 지 11개월 되는 때를 연이라 하고 13개월을 상이라 하며 15개월을 담이라 한다.期之喪, 十一月而練, 十三月而祥, 十五月而禫."고 하였다. 연練은 원래 부모상 뒤 제11월을 가리키며 소복을 연복으로 갈아입는 제사를 지낸다. 祥은 원래 부모상 뒤 만 1주년을 기념하는 제사를 가리킨다. 뒤에 '祥練'을 합쳐 상기喪期 혹은 喪服을 가리키는 명칭이 되었다.

67) 정간태후貞簡太后(?~925) : 후당 태조 李克用의 次妃이며, 莊宗 李存勖의 모친인 曹氏이다. 同光 3年 冬十月에 사망하였고 시호를 정간황후라 하였다. 『新五代史』 권5「莊宗本紀」"(同光 3年) 葬貞簡太后於坤陵"라고 하여 坤陵에 장사지냈다고 되었다.

68) [교감기 12] "大祠"는 원래 '大祀'로 되어 있는데, 殿本 및 『五代會要』 권4, 『冊府元龜』 권593에 의거하여 고쳤다.

69) [교감기 13] "小祠"는 원래 '小事'로 되어 있는데, 殿本 및 『五代會要』 권4, 『冊府元龜』 권593에 의거하여 고쳤다.

(후당 명종) 천성天成 4년(929) 9월, 태상시에서 상주하여 말하였다.

삼가 살펴보니 대사는 재신宰臣을 파견하여 제사하고 중사는 여러 시寺의 경감卿監이 제사하며 소사는 태축과 봉례(랑)奉禮에게 위임하고 있습니다. 이후부터 소사는 5품관을 보내 제사하도록 하십시오.

그대로 따랐다.

其年十月, 中書門下奏:「太微宮·太廟·南郊壇, 宰臣行事宿齋, 百官皆預人事[一四].70) 伏以奉命行事, 精誠齋宿, 儻徧見于朝官, 涉不虔於祠祭[一五].71) 今後宰臣行事, 文武兩班, 望令並不得到宿齋處者.」奉勅宜依.

그해(천성 4년) 10월에 중서문하에서 상주하여 말하였다.

태미궁太微宮, 태묘, 남교단의 제사에 재신宰臣이 제사를 주관하며 재계하고 있는데, 백관은 모두 인사에 참여하고 있습니다.72) 삼가 명을 받들어 제사를 주관하며 정결히 정성을 다해

---

70) [교감기 14] "皆預人事"는 彭本과 盧本과 같다. 殿本과 劉本에는 "皆入白事"로 되어 있다.

71) [교감기 15] "涉不虔於祠祭"의 '虔'은 원래 '處'로 되어 있는데, 殿本과 『冊府元龜』 권593에 의거하여 고쳤다.

72) 백관은 모두 인사에 참여하고 … : 재신이 제사를 주관하면서 재계하고 있는데, 재계하는 곳에 백관이 업무 관련 일을 보고하러 재계하는 치소에

재계하고 있는데, 만일 만조백관을 두루 만난다면 제사를 경건히 지내지 못할까 싶습니다. 이후부터 재신이 제사를 대행할 때에는 문무백관이 모두 (재신이) 재계하며 머무는 곳에 올 수 없도록 하기를 바랍니다.

요청대로 하라는 칙을 받들었다.

其年十二月, 中書門下奏：「今後宰臣致齋內, 請不押班, 不知印, 不起居. 或遇國忌, 應行事官受誓戒, 並不赴行香, 並不奏覆刑殺公事. 及大祠致齋內, 請不開宴.」從之.

그해(천성 4년) 12월 중서문하에서 상주하여 말하였다.

이제부터 재신이 치재하는 기간에는 압반押班[73)하지 말며, 결제하지 않으며[不知印], 문안하지 않도록[不起居] 하십시오. 혹 국기國忌를 만났다 해도 (제사를) 대행하는 담당관은 서계를 받고 모두 달려가 향을 피우지 않으며 아울러 사형집행과 공무에 대해 보고하지 않아야 합니다. 대사 때 치재하는 기간에는 연회를 거행하지 않도록 하십시오.

그대로 따랐다.

들락날락한다는 말이다.

73) 압반押班 : 제사나 연회 때 백관의 位次를 정해주고 관리하는 일을 말한다. 당대에는 監察御史 2인이 이 일을 담당하였다.

長興二年五月, 尚書左丞崔居儉奏:「大祠·中祠差官行事[一六],[74] 皇帝雖不預祭, 其日亦不視朝. 伏見車駕其日或出, 于理不便. 今後請每遇大祠·中祠[一七],[75] 車駕不出.」從之.

(후당 명종) 장흥長興(931) 2년 5월, 상서좌승 최거검崔居儉[76]이 상주하여 말하였다.

> 대사와 중사에 관리를 파견하여 대행하는데, 황제께서 제사에 참여하지 않으셔도 그 날에는 조회 또한 보지 않아야 합니다. 신이 보니 어가가 제삿날 간혹 밖으로 출행하시는데, 도리에 맞지 않습니다. 이후 대사와 중사 때에는 어가가 출행하지 않기를 청합니다.

---

74) [교감기 16] "崔居儉奏大祠中祠差官行事"의 '居'와 '中祠' 3글자는 원래 없는데, 『五代會要』권4에 의거하여 보충하였다.

75) [교감기 17] "大祠中祠"는 원래 "大祀中祀"로 되어 있는데, 殿本과 『五代會要』권4에 의거하여 고쳤다.

76) 최거검崔居儉(870~939) : 淸河 최씨로 위진 이래 수당대까지 갑족이었다. 조부 崔蠡와 아버지 崔蕘 모두 당대 명신이었다. 최거검은 문사에 능하고 외모가 수려하여 일찍이 진사에 추거되었다. 후량 정명 연간에 中書舍人·翰林學士·御史中丞이 되었고, 후당 莊宗 때에는 刑部侍郎·太常卿을 지냈다. 명문 귀족 청하 최씨 집안 출신으로 길흉지례에 관한 가례를 별도로 저술하기도 하였다. 明宗이 붕어하자 최거검은 故事에 따라 禮儀使에 임명되었는데, 조부 최려를 기휘하여 사양하고 제수를 거절하기도 하였다. 최거검은 병부시랑, 吏部侍郎·尙書左丞·戶部尙書 등을 역임하였다. 후진 天福 4년 나이 70에 사망하자 우복야에 추증되었다. 최거검은 고관이었음에도 불구하고 생활이 궁핍하여 옷이 항상 부족하였고 사망했을 때 상례를 치를 수 없을 정도였다고 한다.

그대로 따랐다.

四年二月, 太常博士路航奏:「比來小祠已上, 公卿皆著祭服行事. 近日唯郊廟·太微宮具祭服, 五郊迎氣·日月諸祠, 並祇常服行事, 兼本司執事人等, 皆著隨事衣裳, 狼藉鞋履, 便隨公卿升降于壇墠. 按祠部令, 中祠以上, 應齋郎等升壇行事者, 並給潔服, 事畢收納. 今後中祠已上, 公卿請具祭服, 執事升壇人並著履〔一八〕,77) 具緋衣【案: 原本作「絳衣」, 今據五代會要改正.(舊五代史考異)】幘子. 又, 臣檢禮閣新儀, 太微宮使卯時行事. 近年依諸郊廟例, 五更初便行事, 今後請依舊以卯時.」從之.

장흥 4년(933) 2월, 태상박사 노항路航이 상주하여 말하였다.

그동안 소사 이상에는 공경들이 모두 제복을 입고 대행하였습니다. 최근에는 교사와 종묘 제사, 태미궁 제사에만 제복을 갖추고 오교 영기례와 일월 등 여러 제사에는 모두 평상복으로 제사를 주관하고 있습니다. 게다가 본사本司의 일을 담당하는 사람들은 모두 형편에 따라 복장을 착용하고 신발도 혜鞋와 이履78)가 어지러이 뒤섞여 통일이 안 된 채 공경을 따라 제단을

---

77) [교감기 18] "執事升壇人並著履"의 '履'자는 원래 없는데,『五代會要』권4와 殘宋本『冊府元龜』권593에 의거하여 보충하였다.

78) 혜鞋와 리履 : 옛날에 풀로 만든 신발을 '屨', 비단으로 만든 신발을 '履', 나무로 밑창을 댄 신발을 '舄', 가죽으로 밑창을 댄 신발을 '屝'라고 하였다. 李時珍의『本草綱目』을 보면, "옛날에는 풀로 屨를 만들고 비단으로 리履를 만들었다. 주나라 사람들은 麻로 鞋를 만들었는데, 가죽으로 밑창

오르내리고 있습니다. 사부령祠部令에 따르면, 중사 이상에는 재랑齋郎 등 단에 올라 제사를 주관하는 자들에게 깨끗한 옷을 제공하고 제사가 끝난 뒤에 반납하도록 되어 있습니다. 이후 중사 이상의 경우 공경들은 제복을 착용하고 집사로서 단에 오르는 사람들도 모두 이를 신도록 하며 비의緋衣[79]【살펴보건대, 원본에는 '강의絳衣'로 되어 있지만, 『오대회요五代會要』에 의거하여 개정하였다.(『구오대사고이舊五代史考異』)】에 책책(두건)을 착용할 것을 청합니다. 또한 신이 『예합신의禮閣新儀』[80]를 검토해보니 태미궁에서는 묘시卯時(아침 5시~7시 사이)에 제사를 지냈습니다. 그런데 근년에 교사와 종묘 제사의 사례에 따르면 오경五更[81] 초에 제사를 지내는데, 이후부터 예전대로 묘시에 지낼 것을 청합니다.

을 댄 신발을 '扉'라 하고, 나무로 밑창을 댄 신발을 '舃'이라고 하였다.古者以草爲屨, 以帛爲履, 周人以麻爲鞋, 皮底曰扉, 木底曰舃."고 하였다.

79) 비의緋衣 : 고대 朝官이 입는 홍색의 品官服이다. 이후 품관을 가리키는 상징이 되었다.

80) 『예합신의禮閣新儀』:『禮閣新儀』를 말한다. 唐 韋公肅이 元和 11년 (816)에 「開元禮」 이후 예문, 구체적으로는 變禮를 모아 30권으로 편성한 책이다. 『新唐書』 권11 「禮樂志」1과 (남송) 陳振孫 『直齋書錄解題』 권6 「禮儀類」 '禮閣新儀'조, 王應麟의 『玉海』 권69 「禮儀·禮制下」 '唐禮閣 新儀'조에 책에 관한 기사가 보인다. 宋代까지 책이 현존한 것으로 보이지만 현재에는 전해지지 않는다. 당 후반과 오대십국 그리고 북송대에 예론 중에 주요 근거로 많이 인용되고 있다. 이 책에 관한 판본 및 내용 그리고 流傳 상황은 張文昌, 『制禮以敎天下』 제2장, 97-106쪽 참조.

81) 오경五更 : 하룻밤을 다섯으로 나누어 초경, 이경, 삼경, 사경, 오경으로 구분하는데, 오경은 새벽녘 동틀 무렵으로 4시 반쯤 되는 시각이다.

그대로 따랐다.

清泰元年五月, 中書門下奏:「據太常禮院申, 明宗聖德和武欽
孝皇帝今月二十日祔廟, 太尉合差宰臣攝行. 緣馮道在假; 李愚
十八日私忌, 在致齋內; 今劉昫又奏見判三司事煩, 請免祀事. 今
與禮官參酌, 諸私忌日, 遇大朝會, 入閤宣召, 尚赴朝參. 今祔饗
事大, 忌日屬私, 齋日請比大朝會宣召例, 差李愚行事.」從之.【永
樂大典卷一萬七千五十二.(孔本)】

(후당 말제) 청태清泰[82] 원년(934) 5월, 중서문하에서 상주하여
말하였다.

　　태상예원에서 올린 보고에 의하면 명종성덕화무흠효황제明
宗聖德和武欽孝皇帝는 이번 달 20일에 부묘하며 태위는 재신을
파견하여 제사를 대행토록 해야 합니다. 풍도馮道[83]는 휴가 중
이고 이우李愚[84]는 18일에 사가의 기일이라 치재 중에 있습니

---

82) 청태清泰 : 後唐 末帝인 李從珂의 치세에 쓰였던 후당의 마지막 연호이
다. 934년 5월에서 936년 11월까지 사용하였다.

83) 풍도馮道(882~954) : 오대십국 瀛州 景城(현재 河北省 滄州 西北) 사람.
자는 可道이다. 오대십국시대 後唐·後晉·後漢·後周 4조의 10명의 군
주를 섬긴, 일명 '十朝元老'이다. 대대로 장상, 삼공, 삼사의 지위에 있었
다. 송대에는 충에 대한 다른 가치관에 의해 구양수는 "염치를 모른다"고
비판하고 사마광 또한 "간신 중 최악"이라고 배척하였지만 당시에는 '원
로'로서 존경받는 인물이었다.

84) 이우李愚(?~935) : 당말 오대 渤海郡 無棣縣(현재 山東省 濱州市 無棣
縣) 사람. 이름이 晏平이고 자는 子晦이다. 趙郡 李氏 출신으로 호학하였

다. 유후劉昫[85]는 또 맡고 있는 삼사사 일이 번다하여 제사 일을 면해달라고 상주하였습니다. 이제 예관과 논의한 결과, 사가의 기일 때 대조회가 있거나 삭망일에 황제가 백관을 접견할 때[入閣宣召][86])에도 달려와 조참에 참여하도록 합니다. 지금

다. 사람됨이 성실하고 말수가 적었으며, 배우기를 좋아했고 古文을 잘 지었다. 劉繼述이 당나라 昭宗을 東內에 유폐시켰을 때 글을 韓建에게 보내 부흥을 도모하기도 하였다. 나중에 後梁의 末帝 때에는 崇政殿直學士를 지냈고, 후당 莊宗 때 主客郎中, 翰林學士를 역임하였다. 후당 말제가 즉위한 뒤 특진을 더하였고, 太微宮使·弘文館學士에 임명하기도 하였다. 저서에『白沙集』, 『創業功百傳』이 있다. 이우는 재상 馮道와 함께 국자감에서 九經을 간행하였는데 일명 '監本'의 시초로서 구경의 전승에 크나큰 공헌을 하였다.

85) 유후劉昫(887~947) : 오대 冀州 歸義縣(현재 河北省 容城縣) 사람. 字는 耀遠이다. 후당 莊宗 때 太常博士·翰林學士를 지냈다. 明宗이 즉위한 뒤 누차 兵部侍郎·端明殿學士에 올랐다. 長興 3년에 中書侍郎兼刑部尙書·同平章事를 맡으며 재상이 되었다. 後晉이 건립된 후에는 東都留守에 출사하였고 開運 연간에 司空·同平章事에 제수되어 三司의 사무를 담당하였다. 監修國史도 겸하여 개운 2년(945)에는 사관 장소원을 필두로 하여 저술한『唐書(현재 구당서)』203권의 총책임자로서 이름을 올려 당시 황제인 出帝 석중귀에게 헌상하였다. 개운 4년(947) 60세의 나이로 사망하였다.

86) 삭망일에 황제가 백관을 접견할 때[入閣宣召] : 당대 황제가 편전에서 군신을 접견하는 것을 '入閣'이라고 한다. '宣召'는 황제가 신하를 불러서 본다는 의미이다.『新五代史』「雜傳·李琪」를 보면 "천자가 매일 편전에 나아가 군신을 접견하는 것을 '상참'이라 한다. 삭망일에 능침에 음식을 올린 뒤 부모를 생각하는 마음이 남아 있어 전전에 나아가지 못하고 편전에 나아가 군신을 접견하는 것을 '입합'이라고 한다. 天子日御便殿見羣臣, 曰'常參'. 朔望薦食諸陵寢, 有思慕之心, 不能臨前殿, 則御便殿見

부묘의 제향은 큰일이고 사가의 기일은 개인의 일에 속하므로 재일에 대조회와 황제와의 접견 사례에 비추어 이우를 파견하여 제사를 주관하도록 하십시오.

그대로 따랐다.【『영락대전永樂大典』 권170052(공본孔本)】

晉開運三年六月, 西京留司監祭使奏 : 「以祠祭所定行事官, 臨日或遇疾病, 或奉詔赴闕, 留司吏部郎中一人主判, 有闕便依次第定名, 庶無闕事.」 從之.【永樂大典卷一萬七千五十二.(孔本)】

후진後晉 (출제) 개운開運[87] 3년(946) 6월, 서경유사西京留司[88] 감제사監祭使[89]가 상주하여 말하였다.

群臣, 曰'入閤'."라고 하여 '상참'과 '입합'의 차이에 대해 간단명료하게 설명해주고 있다.

87) 개운開運 : 後晉 出帝인 石重貴의 치세에 쓰였던 연호이다. 944년 7월에서 946년까지 사용하였다.

88) 서경유사西京留司 : 唐代 東都 洛陽에 따로 설치한 관청을 留司라 하였고 宋代에도 그대로 사용하였다. 오대 시대 西京은 일반적으로 洛陽을 가리킨다.

89) 감제사監祭使 : 唐代 監察御史 1인을 두어 제사를 담당하는데, 희생의 우리를 검열하고 祭器와 祭服을 살펴서 제대로 되어 있지 않을 경우 祭官을 탄핵하도록 하였다. 德宗 興元 원년(784)에 監察御史 중 吏部와 禮部를 감찰하는 제1인이 監祭使를 겸하도록 하였다. 宋代에는 御史臺五使 중 하나로 御史가 직무를 겸하도록 하여 誓戒와 致齋 그리고 탄핵을 검사하는 일을 담당하였다. 神宗 元豐 연간에 개제를 단행하면서 使라는 명칭을 중지하였다.

제사 때 제사를 주관하기로 결정된 관리가 당일에 병이 났거나 혹은 조를 받들어 상경하게 될 경우 유사 이부낭중吏部郎中 1인이 (제사를) 주관하며 (다시 또) 결원이 생기면 다음 순서에 따라 주관할 사람을 정하여 제사를 궐하는 일이 없도록 하십시오.

그대로 따랐다.【『영락대전』 권170052(공본孔本)】

天成三年十一月, 太常定唐少帝爲昭宣光烈孝皇帝, 廟號景宗. 博士呂朋龜奏:「謹按禮經, 臣不誄君, 稱天以諡之, 是以本朝故事, 命太尉率百僚奉諡冊告天于圜丘, 迴讀于靈座前, 並在七月之內, 諡冊入陵. 若追尊定諡, 命太尉讀諡冊于太廟, 藏冊于本廟. 伏以景宗皇帝, 頃負沈寃, 歲月深遠, 園陵已修, 不祔于廟, 則景宗皇帝親在七廟之外. 今聖朝申寃, 追尊定諡, 重新帝號, 須撰禮儀. 又, 禮云:君不逾年不入宗廟. 且漢之殤·沖·質, 君臣已成, 晉之惠·懷·愍, 俱負艱難, 皆不列廟食, 止祀於園寢. 臣等切詳故實, 欲請立景宗皇帝廟于園所, 命使奉冊書寶綬, 上諡于廟, 便奉太牢祀之, 其四時委守奉薦. 請下尙書省集三省官詳議施行.」右散騎常侍蕭希甫【希甫, 原本作「希溥」, 今從歐陽史改正.(影庫本粘籤)】等議請依禮院所奏. 奉勅:宜令本州城內選地起廟. 乃于曹州立廟.

(후당 명종) 천성天成 3년(928) 11월, 당 소제少帝를 소선광열효황제昭宣光烈孝皇帝로 하고 묘호를 경종景宗으로 하기로 상정하였다.[90]

---

90) 당 소제少帝: 당 哀帝라고도 한다. 제20대 황제(재위 : 904~907)로, 이름은 柷이다. 원래 이름은 '祚'이다. 묘호는 景宗이다. 당 昭宗과 하황후

박사 여붕귀呂朋龜가 상주하여 말하였다.

　　삼가 예경을 살펴보니, 신하는 군주에게 뇌誅를 쓰지 않고 천天이라 칭하며 시호를 올립니다. 본조의 고사로 태위에게 명하여 백관들을 이끌고 시책을 받들어 원구에서 천에 고하고 돌아와 영좌 앞에서 시책을 읽는데, 모두 7개월 내에 하고 시책은 능에 들여보냅니다. 만약 추존하여 시호를 정하는 경우에는 태위에게 명하여 태묘에서 시책을 올리고 해당 묘에 시책을 안장합니다.

　　삼가 경종황제는 앞서 원통한 일을 당한 이래 세월이 많이 흘렀고, 원릉은 이미 조성되었으나 묘에 부묘하지 못하였은즉, 경종황제는 7묘의 범위에서 벗어났습니다. 이제 성조(후당)에서 그를 위해 신원하고 추존하여 시호를 정하고 제호를 다시

사이에서 태어난 아홉째 아들이며, 폐위된 당 성제의 동생이었다. 後梁을 세운 주전충에게 제위를 선양함으로써 당의 마지막 황제가 되었다. 이후 濟陰國王에 봉해졌으나 908년 2월 21일 독살당하고 哀皇帝로 추시되었다. 『舊五代史』권40 「唐書·明宗」 天成 4년 5월조에 의하면, 후당 明宗 이때 유사가 景宗이라는 묘호와 昭宣光烈孝皇帝라는 시호를 추증할 것을 청하였는데, 시호는 가납하고 묘호는 채택되지 않았다. 그 부주를 보면, 『구당서』 「애제기」에는 소제의 생전 업적이 '宗'에 합당하지 않다고 하였는데, 『오대회요』에 인용된 박사 여붕구의 논의에 의하면 애제가 '군주가 한 해를 넘기지 못하고 죽으면 종묘에 들이지 않는다'는 예법을 들어 원릉에 별묘를 세울 것을 요청하였다고 하며 『구당서』의 오류를 지적하고 있다. "案舊唐書哀帝紀云 : 中書奏, 少帝行事, 不合稱宗. 今考五代會要, 天成三年, 博士呂朋龜議, 引「君不逾年, 不入宗廟」之禮, 請別立廟於園陵, 故不稱景宗, 非議其行事有失也. 舊唐書誤."

고쳤으니 (그에 걸맞는) 예의를 제정해야 합니다. 또『예禮』에
이르기를, 군주가 한 해를 넘기지 못하고 죽으면 종묘에 들이
지 않는다고 하였습니다.[91] 또한 한나라 상제殤帝,[92] 충제沖
帝,[93] 질제質帝[94]의 경우 군신 관계가 이미 이루어졌고(황제의

---

91) '군주가 한 해를 넘기지 못하고 죽으면 종묘에 들이지 않는다' : 先王이
   죽은 지 1년이 넘어야 다음 왕은 비로소 원년을 칭할 수 있는데, 즉위한
   지 1년이 안되면 종묘에 들어갈 수 없다는 뜻이다.『春秋公羊傳』「莊公
   32년」조에, "1년이 넘어야 임금이라 칭한다.踰年稱君."라고 한 데에 근
   거한다. 또 胡安國의『春秋胡氏傳』「隱公」조에, "나라의 임금이 즉위하
   여 선군先君이 죽은 지 1년이 지나서 원년이라고 칭할 때에는 반드시
   종묘에 고하는 예식을 행하게 되어 있다. 그리고 나라의 사관은 당시의
   정사를 기록하는 것을 위주로 하는 만큼 즉위한 사실에 대해서는 반드시
   기록하게 되어 있다.國君逾年改元, 必行告廟之禮. 國史主記時政, 必書
   卽位之事."라고 하여 '종묘에 고하는 예'가 있음을 말하고 있다.

92) 상제殤帝 : 후한 孝殤皇帝 劉隆(105~106, 재위 106년)이다. 후한의 제5대
   황제로, 和帝 劉肇의 차남이다. 화제는 여러 아들을 두었으나 대부분이
   요절하여 외척을 의심했던 화제는 아들들을 민간에 위탁하여 양육하였다.
   화제의 사후, 태후 藤氏는 맏아들 유승이 지병이 있다는 이유로 당시 백
   일이 갓 지난 상제를 즉위시켜 등태후를 비롯한 외척이 실권을 장악하였
   다. 즉위한 이듬해에 병으로 죽어 요절했다는 의미의 殤이 시호로 부여되
   었다.

93) 충제沖帝 : 후한 孝沖皇帝 劉炳(143~145, 재위 144~145)이다. 후한의 제9
   대 황제이다. 순제 유보의 아들로 어머니는 우귀인이다. 건강 원년(144)에
   황태자로 책봉되었다. 8월에 순제가 사망하자 제위를 계승하였고 순제의
   황후인 양납이 황태후가 되어 대리청정하였고, 오빠인 대장군 양기가 대
   외 실권을 장악하게 되었다. 충제는 나이 3살에 사망하게 되었다.

94) 질제質帝 : 후한 孝質皇帝 劉纘(138~146, 재위 145~146)이다. 후한의 10
   대 황제이다. 후한 章帝의 玄孫으로, 장제의 서사 千乘貞王의 증손이며

위에 올랐지만)95) 진나라 혜제惠帝, 회제懷帝, 민제愍帝96)의 경우 환난에 처했기 때문에 모두 종묘의 제사 반열에 들지 못하고 단지 원침에서 제사했을 뿐입니다. 신 등은 기존의 사례를 상세히 검토한 결과, 경종황제의 묘를 원소園所에 세워 (집제)사로 하여금 책서冊書와 보수寶綬를 받들고 묘에 시호를 올리게 하고 태뢰로 제사하며 사시마다 위수리委守吏에게 제사를 받들도록 하십시오. 상서성에 삼성의 관리들을 소집하여 상세

樂安夷王의 손자이고 渤海孝王의 아들이다. 충제가 위독해지자 대장군 梁冀가 낙양으로 불러왔으며, 충제가 죽자 양기와 양황후가 황제로 세웠다. 어리지만 총명하여 양기의 전횡을 알고 지적하자 독살당했다고 전해진다.

95) 여기에서 "군신관계가 이루어졌다"는 것은 상제, 충제, 질제 모두 정식으로 제위를 계승하여 황제가 되었으나 요절하여 재위 기간이 한 해를 넘기지 못했다는 말이다.

96) 진나라 혜제惠帝, 회제懷帝, 민제愍帝 : 惠帝는 290년 아버지 사마염이 죽자 나이 32세에 황제로 즉위하였으나, 부인인 賈皇后의 외척에 의해 국정이 농단되었다. 그 결과 八王의 亂이 일어나고 북방의 오호가 십육국을 세우게 되는 단초를 제공하였다. 光熙 원년(306)에 떡을 먹고 체하여 죽었는데, 일설에는 동해왕 司馬越이 독살한 것이라고도 한다. 그 뒤를 이은 懷帝는 司馬炎의 25번째 아들로 이복형인 司馬衷이 죽자 황위에 올랐다. 그러나 311년 흉노족이 세운 劉漢의 유총에 의해 사로잡혀 313년에 처형되었다. 사마안의 아들인 민제 司馬鄴(300~318) 또한 회제의 뒤를 이어 장안에서 즉위하였으나 前趙의 장수 유요에게 항복하였고, 당시 전조 황제인 劉聰에게 곧 살해되었다. 이로써 서진이 멸망하게 되었다. 이와 같이 서진의 2대, 3대, 4대 황제는 모두 팔왕의 난으로 일컬어지는 內亂과 오호의 발호로 대변되는 外侵 속에 일상적인 제위 계승과 장례 절차를 행하지 못했다는 말이다.

히 논의하여 시행할 것을 청합니다.

우산기상시 소희보蕭希甫[97]{'희보希甫'는 원본에는 '희박希薄'으로 되어 있는데, 이제 구양수의 『오대사』에 따라 개정하였다.(영고본影庫本 주석)} 등은 논의하여 예의원에서 상주한 대로 할 것을 청하였다. 본주 성내에 땅을 선택해서 묘를 조성하라는 칙을 받들었다. 그리하여 조주曹州[98]에 묘를 세웠다.

四年五月, 中書門下奏:「先據太常寺定少帝諡昭宣光烈孝皇帝, 號景宗者. 伏以景宗生曾爲帝, 饗乃承祧, 旣號景宗, 合入宗廟, 如不入宗廟, 難以言宗. 於理而論, 祧一遠廟, 安少帝神主于太廟, 即昭穆序而宗祀正. 今或且居別廟, 即請不言景宗, 但云昭宣光烈

---

97) 소희보蕭希甫 : 五代 宋州(현재 河南省 商丘) 사람. 後梁 때 진사에 합격하여 開封尹 書記가 되었다. 後唐이 건립되자 李紹宏의 추천으로 魏州 推官이 되었고, 同光 연간에는 駕部郎中이 되었다. 明宗 때에는 諫議大夫·瓹函使가 되었다. 성격이 조급하고 강퍅하여 당시 사람들과 마찰이 많았고 뒤에 무고죄로 외지로 방출되었다가 얼마 후 사망하였다.

98) 조주曹州 : 北周 때 西兗州를 개명하여 설치한 이래 여러 차례 명칭이 바뀌었다. 隋 大業 초에는 濟陰郡으로 개명하였고 당 武德 초에 원래대로 조주라고 했다. 그러다가 天寶 원년(742)에 다시 제음군으로 개명하였고 乾元 원년(758)년 조주로 복귀하였다. 현재 山東省 曹縣 서북쪽에 해당하는 지역으로 당의 마지막 황제인 소제가 여기에서 사망하였기 때문에 여기에 능묘를 조성했던 것이다. 『舊五代史·唐書』 권27 「莊宗本紀」 '天祐 5년'조에 "2월에 당 소제가 조주에서 죽었는데, 후량의 황제가 사람을 보내 독살하였다. (장)제가 그 소식을 듣고 거애하였다.二月 ··· 唐少帝 崩於曹州, 梁祖使人酖之也. 帝聞之, 擧哀號慟."라고 하였다.

孝皇帝. 兼冊文內有『基』字, 是玄宗廟諱, 雖尋常詔勅皆不迴避,
少帝是繼世之孫, 不欲斥列聖之諱, 今改『基』爲『宗』字.」從之.【案
五代會要 : 風俗通陳孔璋云⁹⁹⁾ : 尊卑有敍, 喪祭哀敬, 各有攸終, 欲令言著而可遵,
事施而不犯. 禮云 : 「卒哭之後, 宰執木鐸狥于宮, 曰捨故而諱新.」故, 謂毀廟之主
也, 恩遠屬絕, 名不可諱. 今昭宣上去玄宗十四世, 奏改冊文, 非典故也.】

(천성) 4년(929) 5월, 중서문하에서 상주하여 말하였다.

　　앞서 태상시에서 소제의 시호를 소선광열효황제로 하고 경
종으로 묘호를 정한 사안에 대해 말합니다. 살펴보건대 경종은
일찍이 제가 되어 종묘에 제향을 올렸으니 이는 곧 대통을 계
승한 것이고 이미 경종이라는 칭호를 가지고 있으므로 종묘에
들어감이 마땅합니다. 만일 종묘에 들어가지 않는다면 종宗이
라고 할 수 없습니다.
　　이치상 원묘遠廟¹⁰⁰⁾ 하나를 체천해야 하니, 소제의 신주를

---

99) 현행본 『五代會要』에는 "風俗通陳孔璋云"이 "按風俗通陳孔璋云"으
로 되어 있다. 『風俗通』은 후한 應劭(153~196)가 편찬한 책인데, 응소는
陳琳(?~217)보다 앞선 시대의 사람으로서 『풍속통』과 진공장이 어떤 관
계인지는 알 수 없다. 『풍속통』에 인용된 진공장의 말이란 뜻인데, 현재
『풍속통』에 이 구절이 없을뿐더러 逸文에도 보이지 않는다.

100) 원묘遠廟 : 『周禮』 「春官 · 大宗伯」에서 "수조는 奄 8인으로 구성된다.
守祧, 奄八人."고 한 것에 대해 鄭玄은 "먼 조상의 묘[遠廟]를 祧라고
한다. 주나라의 경우는 文王과 武王의 廟이며, 체천한 신주를 이곳에
보관한다.遠廟曰祧, 周爲文王 · 武王廟, 遷主藏焉."고 하였듯이, '祧'로
보았다. '祧'에 대한 해석은 다양한데, 鄭玄은 '祧'를 일종의 廟로 파악
하고, 천자의 경우 먼 조상의 廟 2개를 설치하는 것으로, 제후의 경우에
는 始祖의 廟로 해석하였다. 그러나 王肅은 高祖의 父 및 高祖의 祖를

태묘에 안치하면 소목의 차례가 가지런하고 종묘의 제사가 바르게 됩니다. 이제 만약 별묘別廟[101]에 둔다고 한다면 경종이라 하지 말고 단지 소선광열효황제라고 하십시오. 아울러 책문에 '기基'자는 현종의 이름으로 기휘 대상이니, 비록 평상시 조칙에서는 기휘하지 않더라도 소제는 선대를 계승한 자손이니 역대 선조의 명휘를 범해서는 안됩니다. 이제 '기基'자를 '종宗'자로 고치십시오.

그대로 따랐다.【살펴보건대, 『오대회요五代會要』에 『풍속통風俗通』의 진공장陳孔璋[102]이 말하기를, 존비에는 차서가 있고 상례와 제례의 애도와 경건에는 각각 시작과 끝이 있으니, 말로 드러내 따를 수 있도록 하고 제도로 실행해서 예를 잃지 않도록 해야 한다고 했다. 『예禮』에 이르기를, 졸곡卒哭 후에 재(부)가 목탁을 잡고 궁에 호령하며 '옛것[故]을 버리고 새것을 기휘하라'

2祧로 해석하였고, 또 文王과 武王은 受命의 王으로서 그 묘는 체천하지 않으며, 7廟에 포함되지 않는다고 논박하였다. 여기에서는 천자 7묘제를 기준으로 소제가 종묘에 들어갈 경우 앞의 선조의 묘 하나가 遠廟로서 체천해야 할 대상이 되는 묘를 말한다.

101) 별묘別廟 : 종묘에 들어갈 수 없는 신주를 모시기 위해 만든 묘를 말한다.
102) 진공장陳孔璋(?~217) : 후한 건안 칠자 중 한 사람인 陳琳을 말한다. 후한 말기 廣陵(현재 江蘇省 揚州) 사람. 자가 孔璋이다. 처음에 대장군 何進의 主簿였는데, 하진이 제후들을 불러 환관을 죽여 없애고자 했을 때 이를 저지했다. 나중에 冀州로 피난 가서 袁紹에게 귀의하여 記室이 되었다. 원소가 曹操를 토벌하려 할 때 그에게 명하여 쓰게 한 檄文이 유명하다. 조조가 기주를 점령하자 포로로 잡혔는데 재주를 아껴 사면하고 從事로 삼았다. 관직은 門下督까지 올랐다. 典章書記에 능했다. 저서에 『陳記室集』이 있으나 현재 전하지 않는다.

고 외친다.103) 여기에서 말한 옛것[故]이란 체천한 신주를 말하며 혈친의 은
덕이 멀어져 끊어지면 명호는 기휘하지 않을 수 있다. 지금 소선황제는 현종
의 14대 손이니 책문의 글자를 고치라고 상주한 것은 전고가 아니다.】

　八月戊申, 明宗服袞冕, 御文明殿, 追冊昭宣光烈孝皇帝.【案 : 歐
陽史作四年五月乙酉追諡, 與是志定諡冊廟月日俱不符.(舊五代史考異)】禮畢,
冊使兵部尙書盧質押冊出應天門登車, 鹵簿鼓吹前導, 入都亭驛
[一九],104) 翌日, 登車赴曹州. 時議者以追尊則可, 立之爲宗, 不
入太廟, 深爲失禮. 夫言宗者, 功業纂于祖禰, 德澤被于生民, 發
號申令可也. 且輝王纂嗣之日, 國命出于賊臣, 君父銜寃, 母后塗
炭, 遭罹放逐, 鼎祚覆亡, 追諡易名, 當循故實. 如漢之沖·質, 晉
之閔·懷, 但尊稱而無廟號 ; 前代亡國者周赧·漢獻·魏陳留, 亦
不稱宗 ; 中興之追諡者孺子嬰, 光武竟無追宗之典. 設如自我作
古, 酌于人情, 則謂之爲「景宣光烈」, 深不稱也. 古之周景·漢景
·周宣·漢宣, 皆中興再造之主. 至如國朝, 太祖曰景皇帝, 以受命
而有唐室, 宣宗皇帝以隔代承運, 皇綱復振故也. 今輝王亡國墜
業, 謂之「宣景」, 得無謬乎!先是, 太常旣奏, 下尙書省集議, 雖有
智者, 依違不言. 至是, 旣立爲景宗, 陵號溫陵, 乃於曹州置廟,【曹
州, 原本作「趙州」, 今據五代會要改正.(影庫本粘籤)】以時告享, 仍以本州
刺史以下爲三獻官. 後宰臣知其非, 乃奏去廟號.

　(천성 4년) 8월 무신戊申일, 명종明宗은 곤면복을 입고 문명전文明

---

103)『禮記』「檀弓」下에 나오는 말이다.
104) [교감기 19] "都亭驛"의 '亭'은 원래 '停'으로 되어 있는데, 殿本과『舊
　　五代史』권79「晉·高祖紀」에 의거하여 고쳤다.

殿에 나아가 소선광열황제를 추존하였다.【살펴보건대, 구양수의 『신오
대사』에는 "4년 5월 을유일에 시호를 추증한四年五月乙酉追諡" 것으로 되어
있어105) 이곳 「예지」에서 묘호를 추존한 달과 날짜가 다르다.(『구오대사고이
舊五代史考異』)】예를 마친 뒤 책사冊使 병부상서 노질盧質106)이 책冊
을 가지고 응천문을 나와 수레에 오르자 노부鹵簿가 고취악으로 선
도하여 도정역都亭驛107)에 들어갔다. 다음날 수레에 올라 조주曹州

---

105) 『新五代史』권6「唐本紀‧明宗」, "五月己巳, 朝羣臣, 賀朔. 乙酉, 追諡
少帝曰昭宣光烈孝皇帝."

106) 노질盧質(867~942) : 五代 河南 사람이다. 자는 子徵이다. 당 때 예성령
芮城令을 지냈다. (당 소제) 天祐 3년(906)에 李克用이 명을 받아 檢校
兵部郎中에 임명하였고 (후당) 莊宗이 등극하는 데 공을 세워 戶部尚
書知制誥에 임명되고 翰林學士承旨에 충원되었다. 同光 원년에 후량
을 평정하는 데 참가하여 병부상서로 승진하였다. 천성 원년에는 특진을
더하여 檢校司空同州節度使가 되었다. 천성 4년 8월 『舊五代史』권40
「唐書‧明宗」 '天成 4년'조를 보면 "甲辰, 以宰臣馮道爲南郊大禮使,
兵部尚書盧質爲禮儀使, 御史中丞許光義爲儀仗使, 兵部侍郎姚顗爲
鹵簿使, 河南尹從榮爲橋道頓遞使, 客省使‧衞尉卿張遵誨爲修裝法物
使"라고 하여 예의사에 임명되어 남교대례에 참여하기도 하였고, 후당
멸망 후 후진이 들어선 뒤 太子少傅에 오르기도 하였다. 天福 7년에
사망하였다. 『舊五代史』권 93「晉書‧盧質列傳」과 『新五代史』「雜傳」
18에 입전되어 있다.

107) 도정역都亭驛 : 당대 장안과 낙양에 설치된 역관이다. 그 위치에 대해서
『唐兩京城坊考‧東京』에는 "하나는 洛水 북쪽 淸化坊에 있고 또 하나
는 景行坊에 있으며 앞에 전수瀍水를 마주하고 있다"라고 하였다. 그런
데 도정역은 단순한 역관이 아니라 고대 郊에서 행하던 전별 의례의 연
장선으로 출행과 연향의 의례를 이곳에서 진행한 것으로 보인다. 특히
송대 『宋會要輯稿』에는 '封禪'례의 사전 예행연습을 이곳에서 실시한
다든지(『宋會要輯稿』, 「禮」22 '봉신'), '人行喪禮'에서 도정역에서 간단

로 갔다. 당시 논의자들이 추존은 가능하다며 종으로 세웠으면서 태
묘에 들이지 않는 것은 대단히 실례이다. 무릇 종이라 칭해지는 사
람은 조상으로부터 공업을 계승하고 백성에게 은덕을 베풀고 천하
를 호령해야 가능하다. 또 휘왕輝王(당 애제)이 제위를 계승했을 때
에는 나라의 명령이 적신에게 나오고[108] 군주의 아버지는 억울한
누명을 쓰고 모후는 도탄에 빠졌으며 추방되어 나라가 망하였으니,
시호를 추존하고 이름을 바꾸는 일은 이전의 사례를 따라야 한다.
한나라의 충제와 질제, 진나라의 민제와 회제는 단지 추존만 하였지
묘호는 없었다. 전대 망국의 경우 주나라의 난왕赧王,[109] 한나라의
헌제獻帝,[110] 위나라의 진류왕陳留王[111]과 같은 경우 역시 종을 칭

한 대접을 하거나(「禮」29 '歷代大行喪禮'上), 시호 추증과 의례를 하기
전날 재계하는 장소로도 제공되기도 한 사례들이 보인다.(「禮」29 '歷代
大行喪禮'上) 그렇기 때문에 이곳에서의 연회 자리의 좌석 배치도인
〈都亭驛酺宴位圖〉까지 준비했던 것으로 보인다.(「예」45 '宴享') 그러므
로 여기에서 노질이 冊使로 임명되고 노부가 고취악을 선도하여 도정역
에 들어갔다는 것은 일련의 의장행렬을 수반한 의례 절차로 보인다.

108) 뒤에 後梁을 건국한 朱溫이 哀帝의 아버지인 소종을 살해한 뒤 휘왕을
허수아비로 옹립한 뒤 실권을 장악한 것을 두고 한 말이다.

109) 주나라 난왕赧王(?~기원전 256) : 주나라의 제37대 왕(재위 기원전 314~
기원전 256)이다. 이름은 延이다. 난왕이 재위 중에 그 영향력은 成周(현
재의 낙양 부근)로 국한되었다. 왕실 또한 서주와 동주로 분열되어 있었
다. 난왕은 서주 무공에 의지해 西周(하남)로 천도했으나 동주 현왕의
시대부터 秦의 세력이 급격히 확대되고 있어 쇠락의 길을 걷고 있었다.
난왕 59년(기원전 256), 진나라 장군 嬴摎의 공격을 받자, 서주 무공과
함께 진나라에 항복한 뒤 영토를 헌상했다. 이후 난왕은 그해를 넘기지
못하고 사망하였고 이로써 주나라는 마침내 멸망하였다.

하지 않았다. 중흥 후 시호를 추증한 사례는 유자孺子 영嬰[112)인데,
광무제는 결국 종으로 추증하지 않았다. 설령 스스로 고대의 예법을
만들고 인정을 참작하였다손 치더라도 '경선광열景宣光烈'이라고 칭
하는 것은 매우 잘못되었다. 고대 주나라 경왕景王,[113) 한나라 경제

---

110) 한나라 헌제獻帝 : 후한 마지막 황제인 劉協(181~234)이다. 靈帝가 죽고
　　　少帝가 즉위하였으나 불과 5개월 만에 폐위되고, 董卓에 의해 9세 때
　　　陳留王에 봉해졌다. 당시는 황건의 난을 비롯하여 여러 농민반란이 잇
　　　달았으며, 환관·관료·외척·지방호족의 세력다툼이 끊이지 않아, 그는
　　　서울인 낙양과 장안 사이를 오고가며 끌려다녔다. 뒤에 조조에게 '挾天
　　　子'라는 명분을 제공하여 한·위 선양에 결정적 역할을 하였다. 220년 조
　　　조의 아들인 조비가 헌제로부터 양위를 받아 후한은 멸망하였고, 시호
　　　또한 '나라를 바쳤다[獻]'는 의미로 '獻帝'로 불리게 되었다.
111) 위나라 진류왕 : 위나라 마지막 황제인 元皇帝 曹奐(246~302)이다. 본명
　　　은 璜이고 자는 景明이다. 조조의 손자인 燕王 曹宇의 아들이다. 처음에
　　　安次縣常道鄉公에 봉해졌다. 高貴鄉公이 죽자 대신들이 그를 맞아들
　　　여 천자로 옹립했다. 재위 기간 동안 정치는 司馬昭가 좌지우지했고,
　　　재위 6년 만에 사마소가 죽자 그의 아들 司馬炎에게 선양하였다. 陳留
　　　王은 제위에서 물러난 뒤 받은 봉호이다.
112) 유자孺子 영嬰(5~25) : 전한의 마지막 황태자이다. 황제로 즉위한 적이
　　　없지만 마지막 황제로 인식된다. 安漢公 王莽이 平帝가 사망한 뒤 원제
　　　의 후손이 더이상 없어 태어난 지 1년 밖에 안 된 광척후 유현의 아들인
　　　劉嬰을 황태자로 세운 뒤, 옛날 주나라 때 주공이 어린 성왕을 보필한
　　　것을 본받아 孺子라 호칭하고, 자신은 '假皇帝'로 자칭하며, 다른 사람
　　　들에게는 '攝皇帝'로 부르게 하여 임시 제위에 올랐다. 왕망이 선양에
　　　의해 新나라를 건국한 뒤에는 定安公에 책봉하여 전한의 제사를 모시게
　　　하였다.
113) 주나라 경왕景王 : 姬貴(?~기원전 520)이다. 주 靈王의 아들이며, 동주
　　　제12대 군주이고 새위기간은 25년이다. 본문에서 경왕을 '중흥의 군주'

景帝,[114] 주나라 선왕宣王,[115] 한나라 선제宣帝[116]는 모두 나라를 중

로 일컫은 것은 경왕 때 왕실의 재정 궁핍은 극에 달했고 제후들에게
손을 벌려 구걸하던 때였다. 또한 그 유명한 정 자산이 '刑鼎'을 주조하
여 사회 각 분야에 개혁을 주도하던 시기이기도 하다. 기원전 524년 경
왕은 大錢을 주조하였는데, 중국 역사상 최초였다고 한다. 이러한 사례
로 경왕을 중흥의 군주로 언급했지만 실제로 동주의 쇠락을 멈출 수는
없었다.

114) 한나라 경제景帝 : 前漢 제6대 황제(재위 기원전 157~기원전 141) 劉啓
(기원전188~기원전141)이다. 아버지 문제의 뒤를 이어 '문경지치'라 일
컫을 정도로 재정적으로 안정된 통치를 이루었다. 또한 건국 이래 제후
왕의 세력이 점차 강대해졌는데, 吳·楚 칠국의 반란을 진압함으로써 이
후 아들인 무제가 중앙집권적인 군현제도를 실시할 수 있었던 기반을
제공하였다.

115) 주나라 선왕宣王 : 西周 군주(재위, 기원전 827~기원전 782) 姬靜(?~기
원전 782)이다. 국인들에게 방출당한 厲王의 아들이다. 여왕이 나라 사
람들에 의해 쫓겨났을 때 召公에게 몸을 기탁하였다. 여왕이 죽자 귀국
하여 즉위했다. 군대를 정비하고 명재상 尹吉甫를 기용하여 玁狁을 격
퇴했다. 또한 方叔과 召虎 등에게 명령해 荊楚와 淮夷 일대에서 군사를
동원해 승리를 거두기도 하였다. 그뒤로도 대량의 인력과 물자를 동원하
여 西戎을 공략하였지만 이렇다 할 성과는 거두지 못했다. 하지만 46년
동안 재위하는 동안 아버지 여왕과 달리 소목공, 방숙, 윤길보와 중산보
등을 기용하여 안정적인 정치를 펼쳐 주나라 초기의 번영한 모습을 회복
하였다고 하여 사후 '宣王'이라는 시호를 받았다.

116) 한나라 선제宣帝 : 前漢 제10대 황제(재위 기원전 74~기원전 49) 劉詢
(기원전 91~기원전 49)이다. 武帝의 曾孫이자 戾太子의 손자이다. 조부
여태자가 巫蠱의 화로 인하여 죽었기 때문에 태어나자마자 민가에서 자
랐다. 기원전 74년 昭帝가 붕어한 뒤 즉위한 昌邑王 賀가 霍光에 의해
폐위되자 18세로 황위에 올랐다. 처음에는 곽광의 섭정을 받았으나 그가
죽은 뒤에는 곽씨 일족을 제거하고 친정을 하였다. 지방행정제도를 정비

흥하고 재건한 군주이다. 국조國朝(당)의 경우 태조를 경황제라고
한 것은 수명하여 당왕실이 있게 되었기 때문이며, 선종황제宣宗皇
帝는 대를 건너 떠 제위를 계승하여 황통이 다시 진작되었기 때문이
다.117) 지금 휘왕은 나라가 망하고 제위가 땅에 떨어진 군주인데 '선
경宣景'이라 하였으니, 어찌 황당하지 않은가? 이러기 전에 태상이
상주하여 상서성에 이 문제를 집의토록 하였으나 비록 총명한 자가
있어도 우물쭈물하다가 말하지 못하였다. 그러다가 이때 이르러 경
종으로 추존하고 능호를 온릉溫陵이라 하여 조주曹州【'조주曹州'는 원
본에는 '조주趙州'로 되어 있는데, 『오대회요』에 따라 수정하였다.(영고본影
庫本 주석)】에 묘를 설치하고 계절마다 제사를 드렸으니, 이에 본주
자사 이하가 삼헌관이 되었다. 후에 재신이 그 잘못됨을 알고 묘호
를 거두도록 상주하였던 것이다.

하고 상평창을 설치하여 빈민구제를 도모하는 한편, 오손과 결탁하여 흉
노를 격파, 소위 서역 36국을 복속시켜 대대로 북방의 위협이었던 흉노
를 북흉노와 남흉노 분열시키고 남흉노는 한나라에 복속하기에 이르렀
다. 선제는 즉위 후부터 대대적으로 무제를 추앙하고 그의 정책을 따라
하기도 했는데, 무제 이후 한 제국의 위세가 최고도에 달하였으므로 시
호는 '宣'帝가 되었던 것이다.

117) 선종황제宣宗皇帝는 … 때문이다 : 宣宗 李忱(810~859)은 당나라 제16
대 황제로, 憲宗의 13황자이며 穆宗의 이복동생이다. 선대 景宗이나 文
宗, 武宗에게는 숙부가 된다. 846년에 즉위하여 1년간 승상 李德裕의
대리청정을 거친 다음 859년까지 친정하였다. 목종 다음 경종-문종-무종
을 거쳐 제위에 올랐기 때문에 "대를 건너 떠 제위를 계승하여 황통이
다시 진작"되었다고 하여 시호를 '선'종이라 하였는 말이다.

晉天福四年十一月, 太常禮院奏：議立唐廟, 引武德年故事, 祀隋三帝. 今請立近朝莊宗・明宗・閔帝三廟, 庶合前規. 詔曰：「德莫盛于繼絕, 禮莫重于奉先. 莊宗立興復之功, 明宗垂光大之業, 逮乎閔帝, 實繼本枝, 然則丕緒洪源, 皆尊唐室. 繼周者須崇后稷, 嗣漢者必奉高皇, 將啟嚴祠, 當崇茂典. 宜立唐高祖・太宗及莊宗・明宗・閔帝五廟.」

후진 (고조) 천복天福[118] 4년(939) 11월, 태상예원에서 상주하였다.

당나라 종묘를 세우는 것에 대해 무덕 연간에 수나라 3명의 황제를 제사한 고사를 참고하여 논의하였습니다. 이제 근조近朝(후당) 장종莊宗・명종明宗・민제閔帝의 3묘를 세워 전대의 규정에 부합하도록 하십시오.

조를 내려 말하였다.

끊어진 대를 잇는 일보다 큰 덕은 없고 선조를 받드는 일보다 중요한 예는 없다. 장종은 부흥의 공을 세웠고, 명종은 광대한 공업을 후손에게 남겨 민제에까지 미쳤으니, 실로 대통[本枝][119]을 계승하였다. 그런즉 대통의 단서요 대업의 근원으로

---

118) 천복天福 : 後晉 高祖인 석경당石敬瑭과 그 뒤를 이은 조카 석중귀의 치세에 사용하였던 연호이다. 936년 11월에서 944년 6월까지 사용하였다. 후진이 멸망한 뒤 後漢이 뒤를 이은 후에도 약 1년 정도 임시로 사용하였다.

119) 대통[本枝] : 본조인 당나라를 뿌리에, 그것을 계승한 후당은 가지에 비유하여 대통의 근원이 당나라에 있음을 말한 것이다.

서 모두 당실을 추존하였다. 주나라의 뒤를 이은 자는 후직을 숭상해야 하며 한나라의 뒤를 계승한 자는 고황제(한고조 유방)를 받들어야 하는 법이니, 장차 장엄한 제사[嚴祀]를 시작하면서 성대한 예전을 받들어야 한다. 마땅히 당 고조高祖(이연)와 태종太宗(이세민) 그리고 (후당) 장종莊宗·명종明宗·민제閔帝의 5묘를 세워야 한다.

其月, 太常禮院又奏:「唐廟制度, 請以至德宮正殿隔爲五室, 三分之, 南去地四尺, 以石爲堵, 中容二主. 廟之南一屋三門, 門戟二十有四 ; 東西一屋一門, 門無棨戟. 四仲之祭, 一羊一豕, 如其中祠, 幣帛牲牢之類, 光祿主之. 祠祝之文, 不進不署, 神廚之具, 鴻臚督之. 五帝五后, 凡十主, 未遷者六, 未立者四, 未諡者三. 高祖〔二〇〕120)·太宗與其后暨莊宗·明宗, 凡六主〔二一〕,121) 在清化里之寢宮, 祭前二日, 以殿中繖扇二十, 迎置新廟以享祀〔二二〕.122) 閔皇帝·莊宗明宗二后及魯國孔夫人神主四座, 請修制祔廟, 及三后請定諡法.」從之.【永樂大典卷一萬七千五十二.(孔本)】

---

120) [교감기 20] "高祖"는 원래 '高宗'으로 되어 있는데, 殿本과 『五代會要』 권3, 『冊府元龜』 권594에 의거하여 고쳤다.

121) [교감기 21] "凡六主"는 원래 '凡主'로 되어 있는데, 『五代會要』 권3, 『冊府元龜』 권594에 의거하여 '六'자를 보충하였다. 殿本에는 '其主'로 되어 있다.

122) [교감기 22] "以享祀"는 殿本과 같다. 彭本과 劉本에는 "以享禮"로 되어 있고, 『冊府元龜』 권594에는 "以行饗禮"로, 『五代會要』 권3에는 "以行享禮"로 되어 있다. 影庫本은 서로 교감하여 "'享禮'의 '禮'자는 '祀'자의 잘못임이 분명하다"라고 하였다.

(천복 4년) 그 달에 태상예원에서 또 상주하였다.

　　당나라 종묘에 관한 제도로 청컨대 지덕궁至德宮[123] 정전正
殿을 5실로 나누고 그것을 삼등분하여 그 남쪽 끝에서 4척 떨
어진 곳에 돌로 구덩이[埳]을 만들어 그 안에 신주 2개를 넣도
록 합니다. 묘의 남쪽에 하나의 지붕에 3개의 문을 두고 문극
門戟[124] 24개를 둡니다. 동서에는 하나의 지붕에 하나의 문을

123) 지덕궁至德宮 : 五代 後唐을 창건한 莊宗 李存勖은 後梁을 멸망시킨
　　후 당의 후계자를 자처하며 낙양으로 천도를 계획하는데, 同光 3년(925)
　　에 至德宮 남쪽에서 '皇帝行璽'라고 적힌 옥새와 고문이 적힌 동전을
　　얻어 일종의 부서가 출현한 성지로 보았던 것 같다. 그 뒤를 이은 明宗
　　이사원은 天成 원년에 京城의 구택을 지덕궁이라 명명하고(『舊五代史』
　　권39「唐書·明宗」天成 원년) 사망하기까지 거의 해마다 지덕궁에 행
　　차하였다.(天成 원년, 4년, 長興 원년, 2년, 3년, 4년) 閔帝 이종후 때에도
　　행차하였는데, 어가가 興敎門에 당도하였을 때 솔개가 떨어져 죽는「오
　　행지」에 나올법한 징조를 설명하는 배경이 되고 있고("有飛鳶自空而
　　墜, 殭於御前"), 末帝 때에도 지덕궁에서 황제를 맞이하는 의례를 행하
　　고 있다. 이처럼 지덕궁은 후당의 정전과도 같은 역할을 하였기 때문에
　　후당이 멸망한 뒤 후진 고조 때 지덕궁을 후당의 종묘로 삼아 여기에서
　　제사를 이어가도록 한(『舊五代史』권78「晉書·高祖本紀」4 天福 4년
　　9월조,『新五代史』권15「唐明宗家人傳·淑妃王氏傳」) 것으로 보인다.
124) 문극門戟 : 문 밖에 설치하여 권위를 드러내는 의장 기물이다. 천자의 宮
　　殿門, 國學, 文宣王廟, 武成王廟, 各州의 公府, 高官 私宅의 문 앞에
　　세워 위용을 표시한다. 혹은 극으로 만든 문을 '戟門'이라고 한다. 의장
　　용 戟은 화려하고 흔히 戟刀를 갖추고 있다.『자치통감』호삼성의 주에
　　의하면, 당대 극을 설치하는 제도는 태묘와 사직 궁전의 문에 24개를
　　설치하였고 동궁의 문에 18개, 1품의 문에 16개, 2품 및 경조·하남·태원

두고 문에는 창과 극을 두지 않습니다. 사중월에 제사지내는데, 희생은 양 한 마리와 돼지 한 마리를 쓰며 중사中祠의 규모처럼 합니다. 폐백과 희생 류는 광록경이 주관합니다. 제사의 축문은 진상하거나 서명하지 않으며, 신주의 제구들은 홍로경이 감독합니다. 5명의 황제와 황후 도합 10개의 신주이며, 아직 체천하지 않은 황제가 여섯, 종묘에 들지 않은 황제가 여섯, 시호를 받지 않은 황제가 셋입니다. 고조(이연)와 태종(이세민) 그리고 그 황후 및 장종莊宗과 명종明宗, 도합 6개의 신주는 (낙양) 청화리清化里의 침궁寢宮에 있는데, 제사 이틀 전에 전중전殿中의 산선繖扇[125] 20개로 (신주를) 맞이하여 새로운 묘에

윤·대도독·대도호의 문에는 14개, 3품 및 상도독·중도독·상도호·상주의 문에는 12개, 하도독·하도호·중주·하주의 문에는 각각 10개를 설치하였다. 극을 문에 설치하였기 때문에 그러므로 극문이라 하였다.唐設戟之制, 廟社宮殿之門二十有四, 東宮之門一十有八, 一品之門十六, 二品及京兆·河南·太原尹·大都督·大都護之門十四, 三品及上都督·中都督·上都護·上州之門十二, 下都督·下都護·中州·下州之門各十. 設戟於門, 故謂之戟門."라고 하여 신분과 관부의 등급에 따라 극의 개수를 달리했음을 말해주고 있다. 한편 송대에는 『宋會要輯稿』「儀制·門戟」4 '神宗'조에 인용된 「儀注令」을 보면, 각종 묘와 사문, 궁문에 24개의 극을 설치한다고 하였다. 당대 太清宮 9개의 문에도 畫戟을 설치하였다고 한다. 경령궁 천흥문과 궁 바깥 문은 본래 천신을 받드는 곳이기 때문에 극을 세워서는 안되기 때문에 '화극'으로 대치한 것으로 보인다. 송대에는 「의제령」에 따라 궁문마다 24개의 극을 세웠다."神宗元豐五年九月二十三日, 修定景靈宮儀注所言:「儀注令:諸廟社門·宮門各二十四戟. 唐太清宮九門, 亦設畫戟. 竊惟景靈宮天興門及宮外門本以欽奉天神, 不應立戟. 神御諸殿既緣生禮以事祖宗, 宜依儀制令, 宮門之制每門立戟二十四."

안치하고 제사를 지냅니다. 민황제閔皇帝, 장종과 명종의 두 황
후 및 노국魯國 공부인孔夫人[126]의 신주 4좌는 청컨대 제도를

---

125) 산선繖扇 : '繖'과 '扇'은 모두 의장용 기물로, 베로 日傘과 같이 만들어
선두에서 잡고 가게 했던 것이다. '扇'은 경전 주석에 의하면, 대나무와
갈대로 짜서 만들어 세운 문(『禮記』 「月令」 '仲春之月'에 "是月也, 耕
者少舍, 乃脩闔扇, 寢廟畢備"의 '闔扇'에 대한 鄭玄注에 "用木曰闔,
用竹葦曰扇")이라고 하였지만, 여기에서는 후대 의장용 기물로 사용한
일산과 비슷한 종류로 보인다. '繖'과 '扇'을 각각 별개의 것으로 보거나
'繖扇'이라고 '선'의 일종으로 보기도 한다. 아래 그림은 조선 왕실에서
진연 때 사용하던 양산과 산선이다.

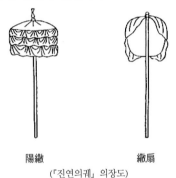

陽繖   繖扇
(『진연의궤』 의장도)

126) 노국魯國 공부인孔夫人 : 閔哀皇后 孔氏(911~934)를 말한다. 橫海軍節
度使 孔循의 여식으로, 공순이 비밀리 명종 李嗣源의 王德妃에게 사람
을 보내 자기 딸을 황태자비로 들일 것을 요청하였다. 그리하여 명종이
허락하였고, 長興 4년(933) 李從厚가 즉위한 뒤 孔氏를 魯國夫人에 봉
하였다. 공씨는 현덕하였고 슬하에 4명의 아이를 낳았다. 應順 원년(934)
에 이종후는 공씨를 황후에 책봉하였는데, 책명을 받기 직전에 潞王 李
從珂가 반란을 일으켰다. 閔帝 李從厚는 도망갔으나 공씨는 병이 든데
다가 4명의 자식이 어린탓에 따라가지 못했다. 末帝 李從珂가 입경한
뒤 공후와 4명의 자식을 모두 살해하였다. 後晉 天福 5년(940) 정월 28
일에 고조 石敬瑭이 孔后를 哀皇后에 추증하였다.

제정하여 부묘하고 또한 세 명의 황후에 대해서는 시호를 제정
하십시오.

그대로 따랐다.【『영락대전永樂大典』 권170052(공본孔本)】

周廣順元年二月, 太常禮院上言：「准勑, 遷漢廟入昇平宮. 其
唐·晉兩朝, 皆止五廟遷移, 今漢七廟, 未審總移, 爲復祇移五廟?
勑宜准前勑, 並移于昇平宮. 其法物·神廚·齋院·祭服·祭器·饌
料, 皆依中祠例[二三],127) 用少牢, 光祿等寺給；其讀文太祝及
奉禮郎, 太常寺差. 每仲饗, 以漢宗子爲三獻.」 從之.【永樂大典卷一
萬七千五十二.(孔本)】

후주 (태조) 광순廣順128) 원년(951) 2월, 태상예원에서 상주하였다.

칙에 따라 후한의 종묘(신주)를 옮겨 승평궁昇平宮에 들였습
니다.129) 후당, 후진 두 왕조에서는 모두 5묘에 한하여 옮겼는

---

127) [교감기 23] "中祠"는 원래 '中神'으로 되어 있는데, 殿本과 劉本 그리
고 抄本 『五代會要』 권3에 의거하여 고쳤다. 影庫本 주석을 보면 "'中
神'은 원래 '平神'으로 되어 있는데, 『五代會要』에 의거하여 고쳤다"라
고 하였다. 이제 沈校本과 殿本 『五代會要』를 조사해보니 '中祀'로 되
어 있고, 抄本 『五代會要』에는 '中祠'로 되어 있다. 영고본 주석이 말한
것은 아무래도 잘못으로 보인다.
128) 광순廣順: 후주 태조 郭威의 첫 번째 연호로 951~953년까지 사용하였다.
129) 『舊五代史』 권110 「周書·太祖本紀」 廣順 원년 조에는 "庚寅, 宗正寺
奏：「請依晉·漢故事, 遷漢七廟神主入昇平宮, 行仲享之禮, 以漢宗子
爲三獻.」 從之"라고 되어 있다.

데, 지금 후한은 7묘여서 전부 옮겨야 할지 단지 오묘만 옮겨야 할지 모르겠습니다. 칙을 내려 전칙에 준해 모두 승평궁에 옮길 것을 명하십시오. 그 법물法物·신주神廚·재원齋院·제복祭服·제기祭器·찬료饌料는 모두 중사中祠의 예에 따르고 제물은 소뇌를 사용하며, 광록 등의 시에서 지급합니다. 축문을 읽는 태축과 봉례랑은 태상시에서 파견합니다. 중월마다 제사하며 후한의 종자宗子로 삼헌을 삼도록 하십시오.

그대로 따랐다.【『영락대전永樂大典』 권170052(공본孔本)】

樂上
악 상

이유진 역주

古之王者, 理定制禮, 功成作樂, 所以昭事天地, 統和人神, 歷代
已來, 舊章斯在. 泊唐季之亂, 咸·鎬爲墟; 梁運雖興, 英·莖掃地.
莊宗起於朔野, 經始霸圖, 其所存者, 不過邊部鄭聲而已, 先王雅
樂, 殆將泯絕. 當同光·天成之際, 或有事清廟, 或祈祀泰壇, 雖簨
猶施, 而宮商孰辨? 遂使磬襄·夔武, 入河·漢而不歸; 湯濩·舜
韶, 混陵谷而俱失. 泊晉高祖奄登大寶, 思迪前規, 爰詔有司, 重
興二舞. 旋屬烽火爲亂, 明法罔修〔一〕,[1] 漢祚幾何, 無暇制作. 周
顯德五年冬, 將立歲仗, 有司以崇牙樹羽, 宿設於殿庭. 世宗因親
臨樂懸, 試其聲奏, 見鐘磬之類, 有設而不擊者, 訊於工師, 皆不能
對. 世宗惻然, 乃命翰林學士·判太常寺事竇儼參詳其制, 又命樞
密使王朴考正其聲. 朴乃用古累黍之法, 以審其度, 造成律準, 其
狀如琴而巨, 凡設十三弦以定六律·六呂旋相爲宮之義. 世宗善之,
申命百官議而行之. 今亦備紀於後, 以志五代雅樂沿革之由焉.

　고대의 왕은 다스림이 안정되면 예禮를 제정하고 공업이 이루어
지면 악樂을 제작함으로써[2] 하늘과 땅을 밝게 섬기고[3] 인간과 신을

---

1) [교감기 1] "明法罔修"에서, '明' 앞에 원래 '聲'자가 있지만 殿本과 劉本
　에 근거해서 삭제했다.

2) "왕은 공을 이루면 악을 제작하고 다스림이 안정되면 예를 제정한다.王者
功成作樂, 治定制禮."(『禮記』「樂記」) 樂과 禮를 만든 것을 각각 '作'과
'制'로 구분하여 사용한 이유는 다음과 같다. "樂은 陽이다. 움직여 시작
을 만들기에 作이라고 한다.樂者, 陽也. 動作倡始, 故言作."(『白虎通』
「禮樂」) "禮는 陰이다. 陽에 매여 절제되기에 制라고 한다.禮者, 陰也.
繫制於陽, 故言制."(『白虎通』「禮樂」) "樂은 氣로 드러나기에 作이라고
한다.樂是氣化, 故言作."(『禮記正義』「樂記」) "禮는 形으로 드러나기
에 制라고 한다.禮是形化, 故言制."(『禮記正義』「樂記」)

3) "그러므로 大人이 예와 악을 시행하면 하늘과 땅이 장차 그로 인해 밝아

조화롭게 통어하였으니, 역대 이래로 옛 전장典章이 이에 존재하게
되었다.

당唐나라 말에 이르러 난이 일어나 함양咸陽과 호경鎬京이 폐허가
되었다. (오대五代 시기) 후량後梁(907~923)의 국운이 비록 흥기하
긴 했지만 〈영英〉과 〈경莖〉4)이 거의 사라졌다.

(후당後唐, 923~936) 장종莊宗5)이 북방의 황야[朔野]에서 일어나
패업霸業을 이루었지만,6) 보존된 것은 불과 변두리의 정성鄭聲7)일

진다.是故大人擧禮樂, 則天地將爲昭焉."(『禮記』「樂記」)

4) 〈영英〉과 〈경莖〉: 帝嚳이 지은 〈五英〉과 顓頊이 지은 〈六莖〉으로, 고대
   先王의 雅樂을 의미한다. "옛날에 황제가 〈咸池〉를 지었고, 전욱이 〈六
   莖〉을 지었고, 제곡이 〈五英〉을 지었고, 요가 〈大章〉을 지었고, 순이 〈招〉
   를 지었고, 우가 〈夏〉를 지었고, 탕이 〈濩〉를 지었고, 무왕이 〈武〉를 지었
   고, 주공이 〈勺〉을 지었다. 〈勺〉은 선조의 도를 능히 취할 수 있음을 말한
   다. 〈武〉는 공업으로써 천하를 평정한 것을 말한다. 〈濩〉는 백성을 구제한
   것을 말한다. 〈夏〉는 크게 두 임금을 이은 것이다. 〈招〉는 요를 계승한
   것이다. 〈大章〉은 밝힌 것이다. 〈五英〉은 꽃이 무성한 것이다. 〈六莖〉은
   뿌리와 줄기까지 미친 것이다. 〈咸池〉는 갖추었다는 것이다.昔黃帝作咸
   池, 顓頊作六莖, 帝嚳作五英, 堯作大章, 舜作招, 禹作夏, 湯作濩, 武王
   作武, 周公作勺. 勺, 言能勺先祖之道也. 武, 言以功定天下也. 濩, 言救
   民也. 夏, 大承二帝也. 招, 繼堯也. 大章, 章之也. 五英, 英華茂也. 六莖,
   及根莖也. 咸池, 備矣."(『漢書』「禮樂志」)

5) 장종莊宗: 後唐을 건국한 李存勖(885~926)이다. 山西 應縣 사람으로 沙
   陀族 출신이며, 본래의 성은 朱邪氏이다. 당나라 말 河東節度使 晉王 李
   克用의 장남으로, 이극용의 뒤를 이어 진왕이 되었다. 923년 4월에 魏州에
   서 황제로 등극하고 국호를 唐이라고 했는데, 바로 後唐이다. 같은 해에
   後梁을 멸했다. 五代의 제왕 중 무공이 가장 뛰어났다는 평가를 받을 정도
   로 용맹이 뛰어났으며, 音律에도 능하여 詞譜를 만들기도 했다.

뿐이고 선왕先王의 아악雅樂은 거의 사라지려 했다. (후당 장종) 동광同光 연간(923~926)과 (후당 명종明宗) 천성天成 연간(926~929)에, 태묘[清廟]에 일이 있거나 태단泰壇8)에서 제사하려 할 때 비록 (종鐘·경磬 등의 악기를 매어 놓은) 악기 틀[簨]9)은 여전히 설치되어 있었지만 음률[宮商]10)은 누가 구별할 수 있었겠는가? 마침내 경磬을 치

---

6) 923년 4월 25일, 晉王 李存勖이 河北을 통일하고 魏州(오늘날 河北 邯鄲市 大名의 동북쪽)에서 稱帝하며 국호를 唐(즉 後唐)이라고 했던 일을 가리킨다.

7) 정성鄭聲 : '鄭나라의 소리'라는 뜻으로, 난세의 음악을 상징한다. "鄭나라와 衛나라의 音은 난세의 음으로, 교만함에 가깝다.鄭·衛之音, 亂世之音也, 比於慢矣."(『禮記』「樂記」)

8) 태단泰壇 : 하늘에 제사하는 圜丘를 뜻한다. "泰壇에서 땔나무를 쌓아 (옥과 희생을 올려놓고) 불태우는 것은 하늘에 제사하는 것이고, 泰折에서 (비단과 희생을) 땅에 묻는 것은 땅에 제사지내는 것이다.燔柴於泰壇, 祭天也, 瘞埋於泰折, 祭地也."(『禮記』「祭法」) 集說에서는 "泰壇은 곧 圜丘이다. '泰'는 그것을 높여서 부르는 말이다.泰壇, 卽圜丘, 泰者, 尊之之辭."라고 했다.

9) 순簨 : 악기를 매다는 틀을 말한다. "樂縣에서 가로대를 簨이라 하고 세로대를 虡라 한다. 簨은 飛龍으로 장식하고, 趺는 飛廉으로 장식하고, 鐘虡는 맹수[摯獸]로 장식하고, 磬虡는 맹조[摯鳥]로 장식한다.樂縣, 橫曰簨, 豎曰虡. 飾簨以飛龍, 飾趺以飛廉, 鐘虡以摯獸, 磬虡以摯鳥."(『舊唐書』「音樂志」)

鐘簨·磬簨(『樂書』卷124)

10) 궁상宮商 : 五音 중의 宮과 商 두 음을 말한다. 引申하여 음악, 음률을 의미한다.

는 양襄과 도鼗11)를 흔드는 무武가 황하黃河와 한수漢水 지역으로 들
어가 돌아오지 않게 되었고,12) 탕湯의 〈호濩〉13)와 순舜의 〈소韶〉14)는

---

11) 도鼗 : 크기가 작은 북으로, 북에 달린 나무자루를 흔
들면 북통의 고리에 달린 가죽끈이 북면을 때려 소리
가 난다.

鼗(『樂書』 卷117)

12) 後唐 후기의 난세에 禮樂이 붕괴한 상황을 표현한 것으로, 魯 哀公 때
정국이 불안정하고 季氏가 전권을 휘두르자 樂師가 모두 사방으로 흩어
졌던 일에 빗대어 말한 것이다. 後唐 明宗 만년에 이르러 아들인 秦王
李從榮이 명종의 제위를 찬탈하려고 하다가 실패한 뒤 살해되었다. 명종
은 아들이 자신을 살해하려 했다는 사실을 알고 놀라서 사망했다. 이후
宋王 李從厚가 제위에 올랐는데 바로 閔帝다. 민제가 즉위한 이후 명종
의 양자인 潞王 李從珂가 반란을 일으켜 제위를 찬탈했는데, 바로 末帝
다. 이후 명종의 사위 石敬瑭이 반란을 일으켰고, 936년에 後晉을 건국했
다. 이듬해 석경당이 洛陽을 공격하자 말제는 스스로 불을 질러 죽었다.
본문에서는 "磬을 치는 襄과 鼗를 흔드는 武가 黃河와 漢水 지역으로
들어갔다"라고 했지만, 『論語』 「微子」에 따르면 磬을 치는 襄은 바다 섬
으로 들어갔다. "태사 지는 제나라로 갔고, 아반 간은 초나라로 갔고, 삼반
요는 채나라로 갔고, 사반 결은 진나라로 갔고, 북을 치는 방숙은 黃河
지역으로 들어갔고, 鼗를 흔드는 무는 漢水 지역으로 들어갔고, 소사 陽
과 磬을 치는 襄은 바다 섬으로 들어갔다.大師摯適齊, 亞飯干適楚, 三飯
繚適蔡, 四飯缺適秦. 鼓方叔入於河, 播鼗武入於漢, 少師陽擊磬襄入於

그 변화가 심하여[陵谷][15] (본래의 면모를) 모두 잃고 말았다.

후진後晉(936~947) 고조高祖(석경당石敬瑭, 892~942)가 홀연 보위에 올라, 이전 시대의 (예악의) 규범을 따르고자 유사有司에게 명하여 이무二舞[16]를 중흥하게 했다. 하지만 얼마 뒤 전란이 일어난 탓

海."(『論語』「微子」)

13) 〈소소韶〉: 舜의 樂으로, 〈簫韶〉라고도 한다. 고대 先王의 雅樂을 의미한다. 『漢書』「禮樂志」에서 "순이 〈招〉를 지었다.舜作招."라고 했는데, 〈招〉는 바로 〈韶〉이다. "招의 음은 韶(소)로, 순의 음악인 〈소소〉이다.招音韶, 卽 舜樂簫韶."(『史記索隱』) 孔子는 〈韶〉를 극찬한 바 있다. "공자가 제나라에서 〈韶〉를 듣고 석 달 동안 고기 맛을 알지 못하였다.子在齊聞韶, 三月 不知肉味."(『論語』「述而」) "〈韶〉는) 아름다움을 다하였고, 선함을 다하였다.盡美矣, 又盡善也."(『論語』「八佾」)

14) 〈호호濩〉: 湯의 樂으로, 고대 先王의 雅樂을 의미한다. "옛날에 황제가 〈咸 池〉를 지었고, 전욱이 〈六莖〉을 지었고, 제곡이 〈五英〉을 지었고, 요가 〈大章.〉을 지었고, 순이 〈招〉를 지었고, 우가 〈夏〉를 지었고, 탕이 〈濩〉를 지었고, 무왕이 〈武〉를 지었고, 주공이 〈勺〉을 지었다. 〈勺〉은 선조의 도를 능히 취할 수 있음을 말한다. 〈武〉는 공업으로써 천하를 평정한 것을 말한다. 〈濩〉는 백성을 구제한 것을 말한다. 〈夏〉는 크게 두 임금을 이은 것이다. 〈招〉는 요를 계승한 것이다. 〈大章〉은 밝힌 것이다. 〈五英〉은 꽃이 무성한 것이다. 〈六莖〉은 뿌리와 줄기까지 미친 것이다. 〈咸池〉는 갖추었다는 것이다.昔黃帝作咸池, 顓頊作六莖, 帝嚳作五英, 堯作大章, 舜作招, 禹作夏, 湯作濩, 武王作武, 周公作勺. 勺, 言能勺先祖之道也. 武, 言以功定天下也. 濩, 言救民也. 夏, 大承二帝也. 招, 繼堯也. 大章, 章之也. 五英, 英華茂也. 六莖, 及根莖也. 咸池, 備矣."(『漢書』「禮樂志」)

15) 능곡陵谷: 언덕이 골짜기로 변하고 골짜기가 언덕으로 변했다는 뜻으로, 변화가 심한 것을 말한다. "높은 언덕은 골짜기가 되고, 깊은 골짜기는 언덕이 되었도다.高岸爲谷 深谷爲陵."(『詩經』「小雅·十月之交」)

16) 이무二舞: 文舞와 武舞를 가리킨다. 『資治通鑑』'隋 文帝 開皇 9年

에 명확한 규율을 제정할 수가 없었다.

(이후) 후한後漢(947~950)은 국운國運이 얼마 가지 않아 예를 제정하고 악을 만들 시간이 없었다.

후주後周(951~960) 현덕顯德 5년(958) 겨울, 원단元旦 조회에 사용할 의장[儀仗]을 마련하기 위해서 유사有司가 숭아崇牙[17]와 수우樹羽[18]를 전날 밤에 전정殿庭에 미리 설치했다. 세종世宗(시영柴榮, 921~959)이 친히 악현樂懸[19]이 있는 곳에 왕림하여 악기를 한번 연

---

(589)'條에 다음 내용이 나온다. "5음을 조율하여 오하·이무·등가·방내의 14調를 만들어 賓祭 때 그것을 사용했다.調五音爲五夏·二舞·登歌·房內十四調, 賓祭用之." 여기에 나오는 '二舞'에 대해 胡三省 注에서 "二舞는 문무와 무무의 이무이다.二舞, 文·武二舞."라고 했다.

17) 숭아崇牙 : 樂縣(악기 틀)의 가로대인 簨의 위쪽에 있는 톱날 형태의 것을 말한다. 숭아에 鐘이나 磬 등의 악기를 건다.

18) 수우樹羽 : 종 틀이나 경 틀에 오색 깃털을 꽂아서 만든 장식물을 말한다. "맹인 악사들이 주나라 종묘의 뜰에서, (종과 경을 매다는 틀인) 業과 虡를 세우고, 그 위에 崇牙와 樹羽를 더하네.有瞽有瞽, 在周之庭. 設業設虡, 崇牙樹羽."(『詩經』「周頌·有瞽」) '樹羽'에 대해 孔穎達 注에서는 "오색의 깃털을 꽂아 장식한다.樹置五采之羽以爲之飾."라고 했다.

19) 악현樂懸 : 樂縣이라고도 한다. 악기를 걸어두는 簨과 虡 등의 악기걸이, 또는 악기걸이에 걸어두는 鐘·磬·鎛 등의 악기 자체를 '樂縣' 또는 '縣'이라 칭한다.『周禮』「春官·小胥」의 鄭玄 注에서 "樂縣은 종과 경 따위를 簨과 簴에 걸어두는 것을 말한다.樂縣, 謂鍾磬之屬縣於筍簴者."라고 했다.『禮記』「曲禮」下의 鄭玄 注에서는 "縣은 악기이니, 종과 경 따위를 말한다.縣, 樂器, 鍾磬之屬也."라고 했다.『文選』에 수록된 顔延年의「三月三日曲水詩序」의 '將徙縣中宇'에 대한 李善의 註는 다음과 같다. "縣은 懸과 같으며, 종이나 경을 매달아 두는 기물을 말한다.『주례』에서 '천자는 宮縣을 설치하고, 제후는 軒縣을 설치한다'라고 하였다.按縣, 同懸,

주해보게 하였는데, 종·경의 종류 중에 진설해 놓긴 했지만 치지 않

謂懸鐘磬之具也. 周禮 '天子宮縣, 諸侯軒縣'." 음악을 사용하는 이의 지
위에 따라 樂縣에는 宮縣·軒縣·判縣·特縣의 구별이 있었다. 천자는 악
기를 4면에 거는데, 이는 궁전의 4면을 상징하기 때문에 '宮縣'이라고 했
다. 본문에서 世宗이 친히 왕림한 것은 바로 천자의 악현인 '궁현'이다.
천자의 궁현에서 1면을 줄인 것이 제후의 軒縣이고, 헌현에서 다시 1면을
줄인 것이 경대부의 判縣(또는 대부의 曲縣)이고, 판현에서 또 1면을 줄
인 것이 士의 特縣이다. "대부는 곡현을 사용한다.大夫曲縣."가 『周禮』
에서는 "경대부는 판현을 사용한다.卿大夫判縣."로 나와 있다. "正樂縣
之位, 王宮縣, 諸侯軒縣, 卿大夫判縣, 士特縣."(『周禮』「春官·小胥」)
헌현은 남쪽을 비우고 나머지 3면에 악기를 건다. 판현은 남북을 비우고
동서 2면에 악기를 거는데, 서쪽에는 鐘을 매달고 동쪽에는 磬을 매단다.
特縣은 동쪽 1면에만 磬을 매달 뿐이다. 궁현이 4면인 것은 왕이 사방을
집으로 삼기 때문이고, 헌현이 남쪽을 비운 것은 왕이 南面하는 방향을
피한 것이다. 판현이 동쪽과 서쪽에 종과 경을 매단 것은 경대부가 좌우에
서 왕을 보좌하는 것을 상징하고, 特縣은 士가 홀로 지조 있게 행동하는
것을 상징한다. 궁현·헌현·판현·특현의 배치도는 다음과 같다.(『文獻通
考』 권140 「樂考」 참고)

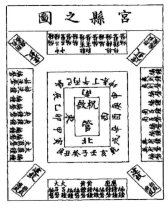

宮縣

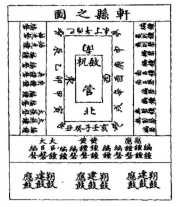

軒縣

는 것20)이 있는 것을 보고는 악사樂師에게 물었으나 모두 대답하지

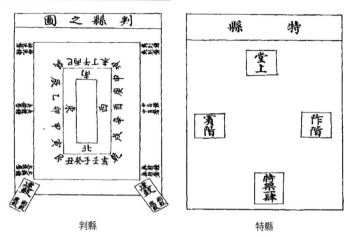

判縣　　　　　　　　特縣

20) 鍾이나 磬을 樂懸(악기 틀)에 매달아 놓기만 한 채 치지 않는 것들이 있
   었던 상황은 일찍이 隋나라 때도 있었던 일이다. 수나라 초에 12개의 종
   가운데 7개의 종만 치고 나머지 5개의 종은 진설해 놓기만 한 채 치지
   않았기 때문에 이것을 '啞鍾'이라고 불렀다. 이후 唐 高祖가 張文收와
   祖孝孫에게 雅樂을 바로잡게 하여, 12律이 돌아가면서 宮音이 되도록
   하는 '旋相爲宮'의 방법을 통해 84調를 재현했다. 이로써 樂懸에 매달아
   놓은 12개의 종을 모두 칠 수 있게 되었다. 이후 당나라 말의 전란에 악기
   와 악공이 모두 사라졌는데, 당나라 昭宗 때 殷盈孫이『周禮』「考工記」
   에 근거해서 鑄鍾과 編鍾을 주조했고, 蕭承訓이 石磬을 교정했다. "처음
   에 수나라에서는 黃鍾 一宮을 사용해 (12개의 종 가운데) 7개의 종만 치
   고 나머지 5개의 종은 진설해 놓되 치지 않아서 그것을 '啞鍾(벙어리 종)'
   이라고 했다. 이에 당나라의 협률랑 장문수가 옛것에 근거해 대나무를
   잘라 12율을 만들었는데, (당나라) 고조가 (장문수에게) 명하여 조효손과
   함께 (진설만 하고 치지는 않던) 5개 종을 조율하여 그것을 두드려 소리가
   모두 호응하게 하니, 이로써 12개의 종이 모두 사용되었다. 조효손은 또
   12달(12율)을 서로 돌아가며 각각 궁음이 되도록 하여[旋相] 60聲과 84調
   를 만들었다.初, 隋用黃鍾 一宮, 惟擊七鍾, 其五鍾設而不擊, 謂之啞鍾.

못했다. 세종이 슬퍼하며 한림학사翰林學士 겸 판태상시사判太常寺
事 두엄竇儼[21])에게 명해 그 제도를 상세히 연구하게 했다. 또 추밀
사樞密使 왕박王朴[22])에게 명해 그 소리를 살펴 바로잡게 했다. 왕박

唐協律郞張文收乃依古斷竹爲十二律, 高祖命與孝孫吹調五鍾, 叩之而
應, 由是十二鍾皆用. 孝孫又以十二月旋相爲六十聲·八十四調."(『新
唐書』「禮樂志」) "그 후 黃巢의 亂이 일어나, 악공은 뿔뿔이 도망쳐 흩어
지고 金奏는 거의 다 없어졌다. 昭宗이 즉위하여 장차 郊廟에 展謁하고
자 했는데, 有司가 악현 제도에 대해 알지 못했다. 태상박사 은영손이
周法에 근거해서 (곱셈과) 나눗셈을 사용해 박종의 무게와 높이를 계산해
냈다. … 이에 박종 12개와 편종 240개를 주조하도록 명했다. 재상 장준이
수봉악현사가 되어 소리에 대해 잘 아는 사람을 물색해 처사 소승훈 등을
찾아내 석경을 교정하게 했는데, 합주하여 쳐보도록 하니 소리가 마침내
조화로웠다.其後黃巢之亂, 樂工逃散, 金奏皆亡. 昭宗卽位, 將謁郊廟,
有司不知樂縣制度. 太常博士殷盈孫按周法以算數除鑄鍾輕重高印 …
乃命鑄鍾十二, 編鍾二百四十. 宰相張濬爲俗奉樂縣使, 求知聲者, 得
處士蕭承訓等, 校石磬, 合而擊拊之, 音遂諧."(『新唐書』「禮樂志」) 이
렇게 樂懸의 악기가 다시 갖춰졌으나 五代의 전란 속에서 '旋相爲宮'의
방법이 잊힌 결과, 黃種宮 1調만 사용하게 됨으로써 樂懸에 악기를 매달
아 놓기만 한 채 치지 않는 상황이 또다시 발생한 것이다.

21) 두엄竇儼(918~960) : 後晉 天福 6년(941)의 進士로, 後晉·後漢·後周에서
史官을 역임했다. 후진에서는 朝會 樂章과 二舞와 鼓吹十二案을 撰定했
고, 후주 초에는 世宗으로 雅樂을 바로잡으라는 명을 받았다. 北宋 建隆
원년(960)에는 禮部侍郎이 되어 祀事 樂章과 宗廟 諡號를 撰定했다.

22) 왕박王朴(906~959) : 王樸이라고도 쓴다. 後漢과 後周 때의 名臣이다. 後
周 世宗이 즉위한 뒤 '平邊策'을 올려, 先易後難(쉬운 곳을 먼저 공격하
고 어려운 곳은 나중에 공격함)과 先南後北(남쪽을 먼저 공격하고 북쪽
은 나중에 공격함)의 전략을 제시했다. 또한 曆法을 修訂하고 雅樂을 바
로잡아 세종으로부터 신임을 받았다. 특히 音律에 밝아, 악기의 정확한

이 이에 고대의 누서법[累黍之法][23])을 사용해, 도度[24])를 살펴 율준律
準을 만들었다. 그(율준) 모양은 금琴처럼 생겼는데 (금보다) 크다.
무릇 (율준에는) 13현弦을 두어서, 육률六律과 육려六呂[25])가 돌아가
면서 서로 궁음이 되는 것[旋相爲宮][26])의 의미를 바로잡았다.[27]) 세

음을 내기 위해 소리의 高低를 측정하는 데 사용하는 律准(律準이라고도
함)을 만들었다.

23) 누서법[累黍之法] : 기장[黍]의 낱알을 이용해 律管의 길이를 정하는 방
법이다. 기장[黍] 한 알이 1分이고, 10分이 1寸이며, 10寸이 1尺이고, 10
尺이 1丈이며, 10丈이 1引이다. 기장 90알(즉 90分)을 나열해, 음률의 기
본인 12律을 정하는 척도인 黃鍾管의 길이로 삼았다. 黃鍾管은 度(길이)
는 물론 量(부피), 衡(무게)과도 밀접하게 관련되어 있다. 黃鍾管에는 기
장 1200알이 담기는데, 이것이 1龠이다. 10龠이 1合이고, 10合이 1升이
며, 10升이 1斗이고, 10斗가 1斛이다. 黃鍾管에 기장 1200알이 담긴 1龠
의 무게가 12銖에 해당한다. 1兩은 24銖이다. 16兩이 1斤이 되고, 30斤이
1鈞이 되며, 4鈞이 1石이 된다.

24) 도度 : 律을 제정하는 데 사용되는 길이를 의미한다. 律을 제정하는 데는
度뿐만 아니라 부피와 관련된 量, 무게와 관련된 衡이 사용된다.

25) 육률六律과 육려六呂 : 12律은 陰陽으로 나누어지는데, 陽律을 六律이
라 하고 陰律을 六呂라고 한다. 六律과 六呂를 합하여 律呂라고 한다.
12律 가운데 陽律은 黃鍾·太簇·姑洗·蕤賓·夷則·無射이고, 陰律은
大呂·夾鐘·仲呂·林鍾·南呂·應鐘이다.

26) 선상위궁旋相爲宮 : 돌아가면서 서로 宮音이 된다는 의미로, 調가 이루
어지는 원리다. 줄여서 '旋宮'이라고도 한다. 12律에 宮·商·角·徵·羽
의 5聲 또는 宮·商·角·徵·羽·變徵·變宮의 7聲을 배합하되, 12律이
서로 돌아가면서 宮音이 되면[旋相爲宮] 각각 60調와 84調를 얻게 된다.
예를 들면, 12율 중 黃鍾을 宮音으로 삼으면 太簇가 商音, 姑洗이 角音,
林鍾이 徵音, 南呂가 羽音에 해당된다. 이렇게 구성된 調를 '黃鍾宮'이
라고 한다. 만약 大呂을 宮音으로 삼으면 夾鐘이 商音, 仲呂가 角音,

『구오대사』 권144

종이 이를 좋다 여기고, 백관百官에게 명해 이를 논의하여 실행하도록 했다. 지금 뒷부분에 (그 내용을) 적어 오대 시기 아악의 연혁의 유래를 기록해두고자 한다.

梁開平初, 太祖受禪, 始建宗廟, 凡四室, 每室有登歌·酌獻之舞：
肅祖宣元皇帝室曰大合之舞.
敬祖光憲皇帝室曰象功之舞.
憲祖昭武皇帝室曰來儀之舞.
烈祖文穆皇帝室曰昭德之舞[二].28)【昭德, 原本作「曉往」, 今據五代會要

夷則이 徵音, 無射이 羽音에 해당된다. 이렇게 구성된 調를 '大呂宮'이라고 한다. 宮·商·角·徵·羽에 變宮·變徵를 더하여 7聲 사용하면 이론상 84개의 調를 얻을 수 있다.

27) 『舊五代史』 권145, 「樂志」下에 王朴이 顯德 6년(959) 正月에 世宗의 명을 받들어 律準을 만들어서 84調를 도출한 내용이 나오는데, 간단히 정리하면 다음과 같다. 周法에 따라 秬黍로 尺度를 정하여 길이 9寸에 직경 3分인 黃鍾管을 만들고, 律呂相生의 법으로 12律管을 얻는다. 또 길이가 9尺이고 絃이 13개인 律準을 만들어 12律의 음을 교정했는데, 13개 각각의 해당 음은 다음과 같다. 제8현(6척)은 林鍾, 제3현(8척)은 太簇, 제10현(5척 3촌 4분)은 南呂, 제5현(7척 1촌 3분)은 姑洗, 제12현(4척 7촌 5분)은 應鍾, 제7현(6척 3촌 3분)은 蕤賓, 제2현(8척 4촌 4분)은 大呂, 제9현(5척 6촌 3분)은 夷則, 제4현(7척 5촌 1분)은 夾鍾, 제11현(5척 1분)은 無射, 제6현(6척 6촌 8분)은 中呂, 제13현(4척 5촌)은 黃鍾의 淸聲이 된다. 12律과 宮·徵·商·羽·角·變宮·變徵의 7聲을 旋相爲宮의 방법으로 배합해 84調를 만들어 내는 것이다.

28) [교감기 2] "烈祖文穆皇帝"에서, '文穆'은 원래 '文祖'로 되어 있지만 殿本, 『五代會要』 권7, 『冊府元龜』 권570에 근거해서 ('文穆'으로) 고쳤다.

改正.(影庫本粘籤)】

후량後梁 개평開平 연간(907~910) 초에 태조太祖(주온朱溫, 852~912)가 선양을 받아 비로소 종묘宗廟를 세웠는데, 무릇 4개의 廟室이 있었고 각 묘실마다 (행해지는) 등가무登歌舞와 작헌무酌獻舞가 있었다.

숙조肅祖 선원황제宣元皇帝[29) 묘실의 것은 〈대합무大合舞〉라고 한다.
경조敬祖 광헌황제光憲皇帝[30) 묘실의 것은 〈상공무象功舞〉라고 한다.
헌조憲祖 소무황제昭武皇帝[31) 묘실의 것은 〈내의무來儀舞〉라고 한다.
열조烈祖 문목황제文穆皇帝[32) 묘실의 것은 〈소덕무昭德舞〉라고 한다.

---

29) 숙조肅祖 선원황제宣元皇帝 : "후량 숙조 선원황제는 이름이 黯으로, 舜 司徒 虎의 42대손이다. 개평 원년 7월, 선원황제로 추존되었으며 묘호는 숙조이고 흥극릉에 장사지냈다.梁肅祖宣元皇帝諱黯, 舜司徒虎四十二代孫. 開平元年七月, 追尊宣元皇帝, 廟號肅祖, 葬興極陵."(『舊五代史』「梁書・太祖本紀」)

30) 경조敬祖 광헌황제光憲皇帝 : "경조 광헌황제는 이름이 茂琳으로, 선원황제의 장자이며, 모친은 선희황후 범씨이다. 개평 원년 7월, 광헌황제로 추존되었으며 묘호는 경조이고 영안릉에 장사지냈다.敬祖光獻皇帝諱茂琳, 宣元皇帝長子, 母曰宣僖皇后範氏. 開平元年七月, 追尊光獻皇帝, 廟號敬祖, 葬永安陵."(『舊五代史』「梁書・太祖本紀」)

31) 헌조憲祖 소무황제昭武皇帝 : "헌조 소무황제는 이름이 信으로, 광헌황제의 장자이며, 모친은 광효황후 양씨이다. 개평 원년 7월, 소무황제로 추존되었으며 묘호는 헌조이고 광천릉에 장사지냈다.憲祖昭武皇帝諱信, 光獻皇帝長子, 母曰光孝皇后楊氏. 開平元年七月, 追尊昭武皇帝, 廟號憲祖, 葬光天陵."(『舊五代史』「梁書・太祖本紀」)

32) 열조烈祖 문목황제文穆皇帝 : "열조 문목황제는 이름이 誠으로, 소무황제의 장자이며, 모친은 소의황후 유씨이다. 개평 원년 7월, 문목황제로 추존되었으며 묘호는 열조이고 함녕릉에 장사지냈다.烈祖文穆皇帝諱誠, 昭武皇帝長子, 母曰昭懿皇后劉氏. 開平元年七月, 追尊文穆皇帝,

【소덕昭德은 원본에 '효왕曉往'으로 되어 있는데, 『오대회요五代會要』에 근거해서 (소덕昭德으로) 바로잡았다.(영고본影庫本 주석)】

登歌樂章各一首.【案五代會要云：太常少卿楊煥撰.(舊五代史考異)】

등가登歌[33) 악장은 각 1수이다.【살펴보니 『오대회요五代會要』에서 말하길, 태상소경太常少卿 양환楊煥이 찬찬했다고 한다.(『구오대사고이舊五代史考異』)】

二年春, 梁祖將議郊禋, 有司撰進樂名·舞名：
樂曰慶和之樂.
舞曰崇德之舞.【崇德, 原本作「崇釋」, 今據五代會要改正.(影庫本粘籤)】
皇帝行奏慶順.
奠玉帛登歌奏慶平.
迎俎奏慶肅.
酌獻奏慶熙.
飲福酒奏慶隆.
送文舞迎武舞奏慶融.
亞獻奏慶和.
終獻奏慶休.

廟號烈祖, 葬咸寧陵."(『舊五代史』「梁書·太祖本紀」)

33) 등가登歌：登哥, 登謌라고도 한다. 祭典이나 大朝會 때 樂師가 堂에 올라가 노래하는 것을 '登歌'라고 하며, 이때 노래를 위주로 하는 음악을 '登歌樂'이라고 한다. "궁전의 연회에서는 등가를 연주한다.宴饗殿上, 奏登歌."(『隋書』「音樂志」)

개평開平 2년(908) 봄에 후량 태조[梁祖]가 장차 제사[郊禋][34])를 지내려고 하자, 유사有司가 (다음과 같이) 악명樂名과 무명舞名을 지어서 올렸다.

악은 〈경화악慶和樂〉이라고 한다.

무는 〈숭덕무崇德舞〉라고 한다.【숭덕崇德은 원본에 '숭석崇釋'으로 되어 있는데, 『오대회요五代會要』에 근거해서 (숭덕崇德으로) 바로잡았다.(영고본影庫本 주석)】

황제의 행차에는 〈경순慶順〉을 연주한다.

옥과 비단을 올리고 등가登歌할 때는 〈경평慶平〉을 연주한다.

조俎[35])를 들일 때는 〈경숙慶肅〉을 연주한다.

작헌酌獻에는 〈경희慶熙〉를 연주한다.

술을 음복할 때는 〈경륭慶隆〉을 연주한다.

문무文舞를 보내고 무무武舞를 들일 때는 〈경융慶融〉을 연주한다.

아헌亞獻에는 〈경화慶和〉를 연주한다.

종헌終獻에는 〈경휴慶休〉를 연주한다.

樂章各一首.

악장은 각 1수이다.

---

34) 교인郊禋 : '郊'는 제사를 지내는 장소를 가리킨다. '禋'은 땔나무를 쌓은 뒤 그 위에 犧牲이나 玉帛 같은 제물을 올려놓고 태워서 그 연기가 하늘에 도달하도록 올리는 제사인데, 광범하게 '제사'라는 의미로도 쓰인다.

35) 조俎 : 犧牲 고기를 올리는 祭器로, 긴 盤床 모양이며 다리가 넷이다. 원래는 '俎' 한 글자만 사용했지만 그 모양이 긴 盤床과 같아서 '几'를 덧붙여 '俎几'라고노 한다.

太廟迎神, 舞名開平.

皇帝行·盟手·登歌·飮福酒·徹豆·送神, 皆奏樂.【奏樂, 原本脫「奏」
字, 今從文獻通考增入.(影庫本粘籤)】

태묘太廟의 영신迎神에 사용하는 무명舞名은 〈개평開平〉이다.

황제의 행차, 관수盟手, 등가登歌, 음복, 철두徹豆, 송신送神에는 모두
음악을 연주한다.【'주악奏樂'은 원본에 '주奏'자가 빠져 있는데, 『문헌통고
文獻通考』에 따라 보충했다.(영고본影庫本 주석)】

樂章各一首.

악장은 각 1수이다.

唐莊宗光聖神閔孝皇帝廟室酌獻, 舞武成之舞.【原本脫「成」字, 今據五
代會要增入.(舊五代史考異)】

후당後唐 장종莊宗 광성신민효황제光聖神閔孝皇帝[36] 묘실의 작헌酌
獻에는 〈무성무武成舞〉를 춘다.【('무성武成'은) 원본에 '성成'자가 빠져 있
는데, 『오대회요五代會要』에 근거해서 보충했다.(『구오대사고이舊五代史考異』)】

---

36) 장종莊宗 광성신민효황제光聖神閔孝皇帝 : 後唐을 건국한 李存勖(885~
926)을 가리킨다. 山西 應縣 사람으로 沙陀族 출신이며, 본래의 성은 朱
邪氏이다. 당나라 말 河東節度使 晉王 李克用의 장남으로, 이극용의 뒤
를 이어 진왕이 되었다. 923년 4월에 魏州에서 황제로 등극하고 국호를
唐이라고 했는데, 바로 後唐이다. 같은 해에 後梁을 멸했다. 五代의 제왕
중 무공이 가장 뛰어났다는 평가를 받을 정도로 용맹이 뛰어났으며, 音律
에도 능하여 詞譜를 만들기도 했다.

登歌樂章一首.【案五代會要云 : 尚書兵部侍郎崔君儉撰.(舊五代史考異)】

등가登歌 악장은 1수이다.【살펴보니 『오대회요五代會要』에서 말하길,
상서병부시랑尙書兵部侍郎 최군검崔君儉이 찬했다고 한다.(『구오대사고이舊
五代史考異』)】

明宗聖德和武欽孝皇帝廟室酌獻, 舞雍熙之舞.

(후당) 명종明宗 성덕화무흠효황제聖德和武欽孝皇帝[37]) 묘실의 작헌
酌獻에는 〈옹희무雍熙舞〉를 춘다.

登歌樂章一首.【案五代會要云 : 太常卿盧文紀撰.(舊五代史考異)】

등가登歌 악장은 1수이다.【살펴보니 『오대회요五代會要』에서 말하길,
태상경太常卿 노문기盧文紀가 찬했다고 한다.(『구오대사고이舊五代史考異』)】

晉高祖聖文章武明德孝皇帝廟室酌獻, 舞咸和之舞.

---

37) 명종明宗 성덕화무흠효황제聖德和武欽孝皇帝 : 後唐의 제2대 황제 李
嗣源(867~933)을 가리킨다. 李克用의 양자로 본명은 邈佶烈이다. 이극용
의 장남인 莊宗이 술에 빠져 지내며 정치를 돌보지 않자 각지에서 반란이
일어났고, 무장들이 장종을 살해하고 이사원을 황제로 추대했다. 926년에
즉위했으며 開封을 수도로 정했다. 환관 세력을 억제하고 세제 정비를
단행하고 탐관오리를 엄벌에 처하고 자신도 검약에 힘써 五代 시기 명군
으로 칭송되었다. 하지만 늦은 나이에 무장들에 의해 추대되었기에 무장
들을 우대하고 권력을 주어 무장들의 전횡을 초래하였다. 이는 결국 933
년에 명송이 사망한 이후 3년 뒤 후낭이 멸망하는 원인이 되었다.

후진後晉 고조高祖 성문장무명덕효황제聖文章武明德孝皇帝[38] 묘실의
작헌酌獻에는 〈함화무咸和舞〉를 춘다.

登歌樂章一首.【案五代會要云：太子賓客·判太常寺事趙光輔撰.(舊五代
史考異)】

등가登歌 악장은 1수이다.【살펴보니 『오대회요五代會要』에서 말하길, 태
자빈객太子賓客·판태상시사判太常寺事 조광보趙光輔가 찬했다고 한다.(『구
오대사고이舊五代史考異』)】

漢文祖明元皇帝廟室酌獻, 舞靈長之舞.
德祖恭僖皇帝廟室酌獻, 舞積善之舞.
翼祖昭獻皇帝廟室酌獻, 舞顯仁之舞.
顯祖章聖皇帝廟室酌獻, 舞章慶之舞.

후한後漢 문조文祖 명원황제明元皇帝[39] 묘실의 작헌酌獻에는 〈영장

---

38) 고조高祖 성문장무명덕효황제聖文章武明德孝皇帝 : 後晉을 건국한 石
敬瑭(892~942)을 가리킨다. 沙陀族 출신으로, 李克用의 部將 臬捩雞의
아들인데 나중에 성을 石씨로 고쳤다. 後唐 明宗 李嗣源을 섬겨 전공을
세우고 그 딸을 아내로 맞았다. 이사원을 제위에 오르게 한 공으로 中書
令과 河東節度使가 되었다. 이후 後唐 末帝가 그의 직위를 박탈하고 장
수들에게 토벌을 명령하자 거란에 신하를 자청하며 구원을 요청하고 耶
律德光과 父子 관계를 맺었다. 燕雲 16州를 할양하는 조건으로 거란의
원조를 받아 반란을 일으켜 後唐을 멸망시킨 뒤 後晉을 세웠다.
39) 문조文祖 명원황제明元皇帝 : "(後漢 高祖의) 4대조는 이름이 湍으로,
고조가 천하를 차지한 뒤 명원황제로 추존되었으며 묘호는 문조이고 능

無靈長舞〉를 춘다.

(후한) 덕조德祖 공희황제恭僖皇帝[40] 묘실의 작헌에는 〈적선무積善舞〉를 춘다.

(후한) 익조翼祖 소헌황제昭獻皇帝[41] 묘실의 작헌에는 〈현인무顯仁舞〉를 춘다.

(후한) 현조顯祖 장성황제章聖皇帝[42] 묘실의 작헌에는 〈장경무章慶

호는 의릉이다. (고조의) 高祖母는 농서 이씨로, 명정황후로 추시되었다. 四代祖諱湍, 帝有天下, 追尊爲明元皇帝, 廟號文祖, 陵曰懿陵. 高祖母隴西李氏, 追謚明貞皇后."(『舊五代史』「漢書·高祖本紀」)

40) 덕조德祖 공희황제恭僖皇帝 : "(後漢 高祖의) 증조는 이름이 昂으로, 後晉에서 太保를 추사했다. 공희황제로 추존되었으며 묘호는 덕조이고 능호는 패릉이다. (고조의) 증조모는 괵국 태부인 양씨로, 공혜황후로 추시되었다.曾祖諱昂, 晉贈太保, 追尊爲恭僖皇帝, 朝號德祖, 陵曰沛陵. 曾祖母虢國太夫人楊氏, 追謚恭惠皇后."(『舊五代史』「漢書·高祖本紀」)

41) 익조翼祖 소헌황제昭獻皇帝 : "(後漢 高祖의) 조부는 이름이 僎으로, 後晉에서 太傅를 추사했다. 소헌황제로 추존되었으며 묘호는 익조이고 능호는 위릉이다. (고조의) 조모는 노국 태부인 이씨로, 소목황후로 추시되었다.祖諱僎, 晉贈太傅, 追尊爲昭獻皇帝, 廟號翼祖, 陵曰威陵. 祖母魯國太夫人李氏, 追謚爲昭穆皇后."(『舊五代史』「漢書·高祖本紀」)

42) 현조顯祖 장성황제章聖皇帝 : "(後漢 高祖의) 부친은 이름이 琠으로, 후당 무황제를 받들어 列校가 되었고 後晉에서 太師를 추사했다. 장성황제로 추존되었으며 묘호는 현조이고 능호는 숙릉이다. (고조의) 모친은 오국 태부인 안씨로, 장의황후로 추시되었다. 후에 후당 건녕 2년(895) 을묘해 2월 4일에 태원에서 고조를 낳았다.皇考諱琠, 事後唐武皇帝爲列校, 晉贈太師, 追尊爲章聖皇帝, 廟號顯祖, 陵曰肅陵. 皇妣吳國太夫人安氏, 追謚章懿皇后. 後以唐乾寧二年, 歲在乙卯, 二月四日生帝於太原." (『舊五代史』「漢書·高祖本紀」)

舞)를 춘다.

登歌樂章各一首.【案五代會要云 : 太常卿張昭撰.(舊五代史考異)】

등가登歌 악장은 각 1수이다.【살펴보니 『오대회요五代會要』에서 말하

길, 태상경太常卿 장소張昭가 찬했다고 한다.(『구오대사고이舊五代史考異』)】

高祖睿文聖武昭肅孝皇帝廟室酌獻,【酌獻, 原本脫「獻」字, 今從五代會要

增入.(影庫本粘籤)】**舞觀德之舞.**

(후한) 고조高祖 예문성무소숙효황제睿文聖武昭肅孝皇帝[43] 묘실의 작

헌酌獻에는【('작헌酌獻'은) 원본에 '헌獻'자가 빠져 있는데, 『오대회요五代會

要』에 근거해서 보충했다.(영고본影庫本 주석)】〈관덕무觀德舞〉를 춘다.

登歌樂章一首.

등가登歌 악장은 1수이다.

---

43) 고조高祖 예문성무소숙효황제睿文聖武昭肅孝皇帝 : 後漢을 건국한 劉
知遠(895~948)을 가리킨다. 沙陀族 출신으로, 즉위한 뒤에는 이름을 劉
暠로 바꿨다. 일찍이 後唐 明宗을 보좌했고, 후당이 멸망한 뒤에는 後晉
을 세운 石敬瑭의 신하가 되었다. 후진의 건국에 큰 공로를 세우고 禁軍
의 실권을 장악했으며 太原王에 봉해졌다. 석경당이 사망한 이후 石重貴
(석경당의 조카)가 즉위했는데, 開運 3년(946)에 遼나라의 침공으로 開封
이 함락되고 석중귀는 요나라의 포로가 되었다. 이듬해(947) 劉知遠이
제위에 올라 後漢을 건국했다. 948년에 乾祐로 개원했으며, 같은 해에
병사했다.

周信祖睿和皇帝廟室酌獻, 舞肅雍之舞.

僖祖明憲皇帝廟室酌獻〔三〕,44) 舞章德之舞.

義祖翼順皇帝廟室酌獻, 舞善慶之舞.

慶祖章肅皇帝廟室酌獻, 舞觀成之舞.

후주後周 신조信祖 예화황제睿和皇帝45) 묘실의 작헌酌獻에는 〈숙옹무肅雍舞〉를 춘다.

(후주) 희조僖祖 명헌황제明憲皇帝46) 묘실의 작헌에는 〈장덕무章德舞〉를 춘다.

(후주) 의조義祖 익순황제翼順皇帝47) 묘실의 작헌에는 〈경선무善慶

---

44) [교감기 3] '僖祖'는 원래 '僖宗'으로 되어 있는데, 殿本,『五代會要』권7, 『冊府元龜』권570에 근거해서 ('僖祖'로) 고쳤다.

45) 신조信祖 예화황제睿和皇帝 : "(後周 太祖의) 고조는 이름이 璟으로, 광순 연간 초에 예화황제로 추존되었으며 묘호는 신조이고 능호는 온릉이다. (태조의) 고조모는 장씨로, 예공황후로 추시되었다.高祖諱璟, 廣順初, 追尊爲睿和皇帝, 廟號信祖, 陵曰溫陵. 高祖妣張氏, 追謚睿恭皇后."(『舊五代史』「周書 · 太祖本紀」)

46) 희조僖祖 명헌황제明憲皇帝 : "(後周 太祖의) 증조는 이름이 諶으로, 後漢에서 太保를 추사했다. 명헌황제로 추존되었으며 묘호는 희조이고 능호는 제릉이다. (태조의) 증조모는 정국부인 신씨로, 명효황후로 추시되었다.曾祖諱諶, 漢贈太保, 追尊爲明憲皇帝, 廟號僖祖, 陵曰齊陵. 曾祖妣鄭國夫人申氏, 追謚明孝皇后."(『舊五代史』「周書 · 太祖本紀」)

47) 의조義祖 익순황제翼順皇帝 : "(後周 太祖의) 조부는 이름이 蘊으로, 後漢에서 太傅를 추사했다. 익순황제로 추존되었으며 묘호는 의조이고 능호는 절릉이다. (태조의) 조모는 진국부인 한씨로, 익경황후로 추시되었다.祖諱蘊, 漢贈太傅, 追尊爲翼順皇帝, 廟號義祖, 陵曰節陵. 祖妣陳國夫人韓氏, 追謚翼敬皇后."(『舊五代史』「周書 · 太祖本紀」)

舞)를 춘다.

(후주) 경조慶祖 장숙황제章肅皇帝[48] 묘실의 작헌에는 〈관성무觀成舞〉를 춘다.

登歌樂章各一首.

등가登歌 악장은 각 1수이다.

太祖聖神恭肅文武孝皇帝廟室酌獻, 舞明德之舞.[明德, 原本脫「明」字, 今從五代會要增入.(影庫本粘籤)]

世宗睿武孝文皇帝廟室酌獻, 舞定功之舞.

(후주) 태조太祖 성신공숙문무효황제聖神恭肅文武孝皇帝[49] 묘실의

---

48) 경조慶祖 장숙황제章肅皇帝 : "(後周 太祖의) 부친은 이름이 簡으로, 後漢에서 太師를 추사했다. 장숙황제로 추존되었으며 묘호는 경조이고 능호는 흠릉이다. (태조의) 모친은 연국부인 왕씨로, 장덕황후로 추시되었다. 후에 후당 천우 원년(904) 갑자년 7월 28일에 요산의 구택에서 태조를 낳았다. 皇考諱簡, 漢贈太師, 追尊爲章肅皇帝, 廟號慶祖, 陵曰欽陵. 皇妣燕國夫人王氏, 追謚爲章德皇后. 後以唐天祐元年甲子歲七月二十八日, 生帝於堯山之舊宅."(『舊五代史』「周書·太祖本紀」)

49) 태조太祖 성신공숙문무효황제聖神恭肅文武孝皇帝 : 後周를 건국한 郭威(904~954)를 가리킨다. 唐나라 말 順州刺史를 지낸 郭簡의 아들이다. 어린 시절에 아버지 곽간이 전사한 뒤 곽씨 가문을 일으키기 위해 後唐 莊宗의 親軍으로 들어갔다. 후에 劉知遠이 後漢을 건국하는 데 큰 공을 세워 檢校司徒, 樞密使, 天雄軍節度使를 지냈다. 莊宗의 뒤를 이은 隱帝 劉承祐가 그를 경계하여 일족을 몰살하고 목숨을 위협하자 兵變을

작헌에는 〈명덕무明德舞〉를 춘다.【'명덕明德'은 원본에 '명明'자가 빠져 있는데, 『오대회요五代會要』에 근거해서 보충했다.(영고본影庫本 주석)】

(후주) 세종世宗 예무효문황제睿武孝文皇帝[50] 묘실의 작헌에는 〈정공무定功舞〉를 춘다.

登歌樂章各一首.【案五代會要云 : 太祖廟室樂章, 太常卿田敏撰. 世宗廟室樂章, 翰林學士 · 判太常寺事竇儼撰.(舊五代史考異)】

등가登歌 악장은 각 1수이다.【살펴보니 『오대회요五代會要』에서 말하길, 태조 묘실의 악장은 태상경太常卿 전민田敏이 찬했고, 세종 묘실의 악장은 한림학사翰林學士 · 판태상시사判太常寺事 두엄竇儼이 찬했다고 한다.(『구

일으켜 隱帝를 살해하고 은제의 동생인 劉崇의 아들 劉贇을 황제로 세웠다가 얼마 뒤 유빈도 살해하고, 廣順 원년(951) 스스로 황제로 즉위해後周를 건국했다. 재위하는 동안 검약에 힘쓰고 弊政을 개혁했다. 顯德원년(954)에 병사했으며, 양자로 삼았던 柴榮이 뒤를 이어 제위에 올랐다.

50) 세종世宗 예무효문황제睿武孝文皇帝 : 後周의 제2대 황제 柴榮(921~959)을 가리킨다. 인재를 중히 여기고 정치 개혁에 힘썼으며, 五代시기 제일의 명군으로 평가받는다. 어려서부터 고모인 柴氏 집에서 자라면서 고모부 郭威를 도와 여러 일을 했다. 결국 곽위의 양자가 되었고, 성인이 된뒤에는 곽위를 따라 종군했다. 곽위가 後周를 세운 뒤 柴榮은 皇子의 신분이 되었다. 廣順 4년(954)에 곽위가 병사한 뒤 世宗으로 즉위했다. 내정을 충실히 하여 천하 통일의 토대를 구축하면서 먼저 서쪽으로 後蜀을 공격해 秦州 · 鳳州 · 成州 · 階州의 4주를 차지했다. 이어서 남쪽의 南唐을 공격해 長江 하류의 14州를 획득했다. 그리고 마침내 遼와 北漢을 상대로 북벌에 나섰는데, 계속 북진하던 도중에 병에 걸렸고 수도 開封으로 돌아온 지 얼마 뒤에 사망했다. 그의 뒤를 이어 일곱 살 아들 柴世訓이 恭帝로 즉위했다.

오대사고이舊五代史考異』)】

樂章詞多不錄.

악장의 가사는 많아서 기록하지 않는다.

右樂章

이상은 악장에 관한 내용이다.

晉天福四年十二月, 禮官奏:「來歲正旦, 王公上壽, 皇帝擧酒, 請奏玄同之樂;再擧酒, 奏文同之樂.」從之.

후진後晉 (고조) 천복天福 4년(939) 12월, 예관禮官이 다음과 같이 상주했다.

> 내년 원단元旦에 왕공王公이 상수上壽[51]하고 황제께서 술잔을 드실 때는 〈현동악玄同樂〉을 연주하소서. 다시 술잔을 드실 때는 〈문동악文同樂〉을 연주하소서.

(고조가) 그대로 따랐다.

五年, 始議重興二舞, 詔曰:「正冬二節, 朝會舊儀, 廢於離亂之

---

51) 상수上壽 : 윗사람에게 장수를 비는 뜻으로 술잔을 올리는 것을 말한다.

時, 興自和平之代. 將期備物, 全繫用心；須議擇人, 同爲定制. 其
正冬朝會禮節·樂章·二舞行列等事宜, 差太常卿崔梲·御史中丞
竇貞固·刑部侍郎呂琦·【呂琦, 原本作「呂嶇」, 今從歐陽史改正.(影庫本粘
籤】禮部侍郎張允與太常寺官一一詳定. 禮從新意, 道在舊章, 庶
知治世之和, 漸見移風之善.」其年秋, 梲等具述制度上奏云：

(후진 고조 천복) 5년(940), (문무文舞와 무무武舞의) 이무二舞를
중흥시킬 것을 비로소 논의하면서 다음과 같이 조서를 내렸다. "원
단元旦과 동지의 두 절일節日에 행하는 조회의 옛 의례가 전란 중에
폐기되었지만 평화로운 시대에는 거행해야 한다. 의제儀制를 완비하
고자 한다면 오로지 마음 쓰기에 달려 있으니, 반드시 상의하여 사
람을 뽑고 고정된 제도[定制]를 함께 만들어야 한다. 원단과 동지 조
회에서의 예절禮節, 악장, 이무 행렬 등과 관련된 일을 적절히 처리
하기 위해, 태상경太常卿 최절崔梲, 어사중승御史中丞 두정고竇貞固,
형부시랑刑部侍郎 여기呂琦,【'여기呂琦'는 원본에 '여구呂嶇'로 되어 있는
데, 『구양사歐陽史』[52]에 따라 (여기呂琦로) 바로잡았다.(영고본影庫本 주석)】
예부시랑禮部侍郎 장윤張允을 보내 태상시太常寺의 관원과 일일이
살펴서 정하도록 하라. 예禮는 새로운 뜻[新意]을 따르고 도道는 옛
장정[舊章]에 둔다면, 치세의 조화가 풍속을 바꾸는 선함으로 점차
나타남을 알 수 있으리라."

이해 가을, 최절 등이 제도를 상세히 서술하여 다음과 같이 상주
했다.

---

52) 『구양사歐陽史』：『新五代史』를 말한다.

按禮云:「天子以德爲車, 以樂爲御.」「大樂與天地同和, 大禮與天地同節.」又曰:「安上治人, 莫善於禮;移風易俗, 莫善於樂.」故樂書議舞云:夫樂在耳曰聲, 在目曰容. 聲應乎耳, 可以聽知;容藏於心, 難以貌覩. 故聖人假干戚羽旄以表其容, 發揚蹈厲以見其意, 聲容和合[四],53) 則大樂備矣.

『예기禮記』에서 이르길, "천자는 덕을 수레로 삼고 악樂을 마부로 삼는다"54) "대악大樂은 천지와 화합함[和]을 함께하고, 대례大禮는 천지와 절도[節]를 함께한다"55)라고 했습니다. 또 (『효경孝經』에서) 이르길, "풍속을 바꾸는 데는 악樂보다 좋은 것이 없고, 윗사람을 편안하게 하고 백성을 다스리는 데는 예禮보다 좋은 것이 없다"56)라고 했습니다. 그러므로 악서樂書에

---

53) [교감기 4] "聲容和合"에서, '容'자는 원래 없지만 殿本과 『五代會要』 권6에 근거해서 보충했다.

54) "천자는 덕을 수레로 삼고 樂을 마부로 삼으며, 제후는 禮로써 서로 교제하고, 대부는 法으로써 서로 차서를 두며, 士는 믿음으로 서로 사귀며, 백성은 화목으로 서로 지키는 것이 천하의 풍요로움이다.天子以德爲車, 以樂爲御, 諸侯以禮相與, 大夫以法相序, 士以信相考, 百姓以睦相守, 天下之肥也."(『禮記』「禮運」)

55) "大樂은 천지와 화합함[和]을 함께하고, 大禮는 천지와 절도[節]를 함께한다. 화합하므로 만물이 (性을) 잃지 않고, 절도가 있으므로 천지에 제사 지낸다. 밝은 곳에는 예악이 있고, 어두운 곳에는 귀신이 있다. 이처럼 하면 사해의 안이 공경함에 화합하고 친애함을 같이한다. 예란 일을 다르게 하면서 공경함에 화합하는 것이다. 악이란 문식을 다르게 하면서 친애함을 같이하는 것이다.大樂與天地同和, 大禮與天地同節. 和, 故百物不失, 節, 故祀天祭地. 明則有禮樂, 幽則有鬼神. 如此, 則四海之內, 合敬同愛矣. 禮者, 殊事合敬者也. 樂者, 異文合愛者也."(『禮記』「樂記」)

서 무舞에 대해 논하길, "무릇 악樂이 귀에 있는 것을 '성聲'이라 하고 눈에 있는 것을 '용容'이라 한다. 성聲은 귀에 응하니

56) "공자가 말씀하셨다. '백성에게 親愛을 가르치는 데는 효보다 좋은 것이 없고, 백성에게 禮順을 가르치는 데는 悌보다 좋은 것이 없으며, 풍속을 바꾸는 데는 樂보다 좋은 것이 없고, 윗사람을 편안하게 하고 백성을 다스리는 데는 禮보다 좋은 것이 없다. 禮라는 것은 공경하는 것일 따름이다. 그러므로 그 아버지를 공경하면 아들이 기뻐하고, 그 형을 공경하면 아우가 기뻐하며, 그 임금을 공경하면 신하가 기뻐한다. 한 사람을 공경함으로써 천만 사람이 기뻐하게 되고, 공경 받는 자는 적어도 기뻐하는 자는 많아지게 되니, 이것이 이른바 중요한 도리이다.'子曰, 敎民親愛, 莫善於孝, 敎民禮順, 莫善於悌, 移風易俗, 莫善於樂, 安上治民, 莫善於禮. 禮者, 敬而已矣. 故故敬其父, 則子悅, 敬其兄, 則弟悅, 敬其君, 則臣悅. 敬一人, 而千萬人悅. 所敬者寡, 而悅者衆, 此之謂要道也."(『孝經』「廣要道」) "그러므로 禮를 높이고 예에서 말미암은 사람을 도[方]가 있는 선비라고 부르고, 예를 높이지 않고 예에서 말미암지 않는 사람을 도가 없는 백성이라고 부르니, 공경하고 겸양하는 도리를 말한다. 그러므로 예로써 종묘를 받들면 (사람들이) 공경하고, 조정에 들어가면 귀한 사람과 천한 사람이 제자리를 얻으며, 집에 머물면 아버지와 아들이 친하고 형제가 화목하며, 향리에 머물면 어른과 젊은이 사이에 질서가 있다. 공자가 말하길 '윗사람을 편안하게 하고 백성을 다스리는 데는 예보다 좋은 것이 없다'라고 한 것은 이를 두고 한 말이다.是故隆禮由禮, 謂之有方之士, 不隆禮不由禮, 謂之無方之民, 敬讓之道也. 故以奉宗廟則敬, 以入朝廷則貴賤有位, 以處室家則父子親, 兄弟和, 以處鄕里則長幼有序. 孔子曰, 安上治民, 莫善於禮, 此之謂也."(『禮記』「經解」) "樂이란 것은 성인이 즐거워하는 바로, 백성의 마음을 착하게 할 수 있고, 사람을 깊이 감동시켜 풍속을 바꾸게 하므로 선왕이 그 가르침을 세웠던 것이다.樂也者, 聖人之所樂也, 而可以善民心, 其感人深, 其移風易俗, 故先王著其教焉."(『禮記』「樂記」)

들어서 알 수 있으나, 용容은 마음에 간직되어 있으니 모양을
살피기 어렵다. 그러므로 성인聖人은 간척干戚[57]과 우모羽旄[58]
를 빌려 그 용容을 표현하고, 땅을 세차게 밟으며 투지를 앙양
昂揚함으로써[發揚蹈厲][59] 그 뜻을 나타냈다. 성聲과 용容이 조
화롭게 어우러지면 대악大樂이 갖추어진다"[60]라고 했습니다.

---

57) 간척干戚 : 武舞를 상징한다. 干과 鏚은 武舞를 출 때 사용하는 舞具인
   방패와 도끼다. "오늘날 … 무무를 출 때는 방패와 도끼를 들고 춘다.今
   … 武舞執干戚."(『隋書』「音樂志」) 武舞는 직접 무력을 사용하지 않고
   상대방을 복종하게 한다는 상징적 의미를 지녔다. "舜 임금 때 苗가 복종
   하지 않았다. (이에) 禹가 苗를 정벌하려고 했는데, 순 임금이 이렇게 말
   했다. '안 된다오. 윗사람의 덕이 도탑지 않으면서 무력을 행사하는 것은
   도에 어긋나오.' 이에 3년 동안 敎化를 펼치며 방패와 도끼를 들고 춤을
   추었더니 苗가 (교화되어) 복종했다.當舜之時, 有苗不服, 禹將伐之, 舜
   曰, 不可. 上德不厚而行武, 非道也. 乃修敎三年, 執干戚舞, 有苗乃
   服."(『韓非子』「五蠹」)
58) 우모羽旄 : 文舞를 상징한다. 羽와 旄는 文舞를 출 때 손에 쥐는 꿩의
   깃과 旄牛의 꼬리를 가리킨다. 旄牛는 氂牛라고도 하며 중국 서남부에서
   생산되는 소의 일종이다. 『山海經』「北山經」에서 "潘侯山에 짐승이 있
   다. 그 생김새가 소와 같고 사시사철 털을 생산하는데, 그 이름을 旄牛라
   고 한다.潘侯之山有獸焉, 其狀如牛, 而四節生毛, 名曰旄牛."라고 했다.
   郭璞의 注에서 "오늘날 旄牛는 등과 무릎, 턱밑 살과 꼬리에 모두 긴
   털이 있다.今旄牛背膝及胡尾皆有長毛."라고 했다.
59) 발양도려發揚蹈厲 : 周나라 초 〈大武〉의 땅을 세차게 밟는 춤동작을 묘
   사한 표현으로, 太公望이 武王을 보좌해 紂王을 정벌할 때 용맹하게 전
   진하고자 한 의지를 상징한다. 『禮記』「樂記」에서는 "발양도려는 태공의
   뜻이다.發揚蹈厲, 大公之志也."라고 했다.
60) 이상의 내용은 『通典』「樂典」에 나온다. "舞. 무릇 樂이 귀에 있는 것을
   聲이라 하고 눈에 있는 것을 容이라 한다. 聲은 귀에 응하니 들어서 알

又按義鏡, 問鼓吹十二按合於何所? 答云 : 周禮鼓人掌六
鼓四金, 漢朝乃有黃門鼓吹. 崔豹古今注云 : 因張騫使西域,
得摩訶兜勒一曲, 李延年增之, 分爲二十八曲. 梁置鼓吹清
商令二人. 唐又有堈鼓·金鉦·大鼓·長鳴·歌簫·笳·笛, 合
爲鼓吹十二按, 大享會則設於懸外. 此乃是設二舞及鼓吹十
二按之由也.

또한『의경義鏡』을 살펴보면, "고취십이안鼓吹十二按[61]은 어

수 있지만, 容은 마음에 간직되어 있으니 모양을 살피기 어렵다. 그러므로
성인은 干戚과 羽旄를 빌려 그 容을 표현하고, 땅을 세차게 밟으며 투지
를 昻揚함으로써[發揚蹈厲] 그 뜻을 나타냈다. 聲과 容이 조화롭게 어우
러지면 大樂이 갖추어진다.舞. 夫樂之在耳者曰聲, 在目者曰容. 聲應乎
耳, 可以聽知, 容藏於心, 難以貌觀. 故聖人假干戚羽旄以表其容, 發揚
蹈厲以見其意, 聲容選和, 則大樂備矣."(『通典』「樂典」)

61) 고취십이안鼓吹十二按 : 鼓吹十
二案을 말한다. 궁정 鼓吹樂을 연
주하는 악기를 올려놓는 12개의 案
이다. 鼓吹十二架, 鼓吹十二栚,
熊羆十二案, 熊羆十二架, 鼓吹熊
羆栚이라고도 한다. 熊羆栚(熊羆
案 또는 熊羆架)이라고 하는 것은
熊(곰)과 羆(말곰)의 형상이 새겨
져 있기 때문이다. 나무로 만들어

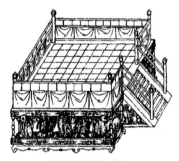

熊羆栚(『樂書』 卷150)

졌으며 높이는 1丈 남짓이고 난간이 둘러진 평상 형태이다. 朝會 때 12개
의 案을 樂懸 바깥에 배치하고 각각의 案 위에 大鼓·羽葆鼓·金錞 등의
악기를 진설해 樂懸의 鐘·磬 등과 더불어 연주했다. 南朝 梁 武帝 이전
에는 궁정 鼓吹樂으로 秦·漢 시기에 전해진 16曲을 사용했는데, 무제가
그중에서 4개를 없애고 12곡을 남겨 12달의 수와 소화를 이루도록 했다.

느 곳에 적합한가?"라고 묻자, 답하길 "『주례周禮』에서는 '고인鼓人이 육고六鼓[62]와 사금四金[63]을 관장한다'고 했으며, 한漢 왕조 때 〈황문고취黃門鼓吹〉[64]가 있었다"고 했습니다. 최표

鼓吹十二案은 여기서 유래했다. 자세한 내용은 다음 논문 참고. 許繼起, 「鼓吹十二案考釋」, 『中國音樂學』, 2004年 第4期.

62) 육고六鼓 : 雷鼓·靈鼓·路鼓·鼖鼓·鼛鼓·晉鼓를 말한다. "鼓人은 六鼓와 四金의 소리를 가르쳐서 음악을 조절하고 군사를 화락하게 하고 농사일을 바르게 하는 일을 관장한다. 북 치는 법을 가르쳐서 그 소리의 용도를 분별한다. 雷鼓는 天神에 제사지낼 때 치고, 靈鼓는 지기 地祇에 제사지낼 때 치고, 路鼓는 人鬼에 제사지낼 때 치고, 鼖鼓는 軍事를 운용할 때 치고, 鼛鼓는 부역을 시행할 때 치고, 晉鼓는 쇠로 만든 악기의 연주에 친다.鼓人, 掌敎六鼓四金之音聲, 以節聲樂, 以和軍旅, 以正田役. 敎爲鼓而辨其聲用. 以雷鼓鼓神祀, 以靈鼓鼓社祭, 以路鼓鼓鬼享, 以鼖鼓鼓軍事, 以鼛鼓鼓役事, 以晉鼓鼓金奏."(『周禮』「地官·鼓人」)

63) 사금四金 : 金錞·金鐲·金鐃·金鐸을 말한다. "鼓人은 六鼓와 四金의 소리를 가르쳐서 음악을 조절하고 군사를 화락하게 하고 농사일을 바르게 하는 일을 관장한다. … 金錞으로 북소리에 화답하고, 金鐲으로 북소리를 조절하고, 金鐃로 북소리를 그치게 하고, 金鐸으로 북소리를 통하게 한다.鼓人, 掌敎六鼓四金之音聲, 以節聲樂, 以和軍旅, 以正田役. … 以金錞和鼓, 以金鐲節鼓, 以金鐃止鼓, 以金鐸通鼓."(『周禮』「地官·鼓人」)

64) 〈황문고취黃門鼓吹〉 : 樂曲의 명칭이다. 〈黃門鼓吹〉는 〈大予樂〉〈周頌雅樂〉〈短簫鐃歌〉와 더불어 漢의 四品樂으로, 천자가 신하들에게 연회를 베풀 때 연주했다. 원래는 漢나라 초에 변방의 군대에서 사용했으나 소리가 장엄하고 위엄이 있어 점차 조정에서 쓰이게 되었다. "漢 明帝 때 樂은 4品이 있었다. 첫째는 〈大予樂〉으로, 郊廟와 上陵에 사용했다. 즉 『周易』에서 말한, '선왕은 악을 제작해 덕을 숭상하며 성대하게 상제를 높이고 조상을 배향했다'라는 것이다. 둘째는 〈雅頌樂〉으로, 辟雍과 饗射에 사용

崔豹의 『고금주古今注』에서는, 장건張騫[65]이 서역西域으로 출
사해 〈마하두륵摩訶兜勒〉[66]이라는 곡을 얻었는데, 이연년李延

했다. 즉 『孝經』에서 말한, '풍속을 바꾸는 데 악보다 좋은 것은 없다'라는
것이다. 셋째는 〈黃門鼓吹樂〉으로, 천자가 군신에게 연회를 베풀 때 사용
했다. 즉 『詩經』에서 말한, '탁탁 악기 소리, 종종 춤을 추네'라고 한 것이
다. 넷째는 〈短簫鐃歌樂〉으로, 군대에서 사용했다. 黃帝 때 岐伯이 만든
것으로, 武를 세워 덕을 드높임으로써 적군을 회유하며 아군을 격려한다.
즉 『周官』에서 말한, '왕이 전쟁에서 크게 이기면 승리의 노래를 연주하도
록 한다'라는 것이다. 漢明帝時, 樂有四品. 一曰大予樂, 郊廟上陵之所用
焉. 則易所謂, 先王作樂崇德, 殷薦之上帝, 以配祖考者也. 二曰雅頌樂,
辟雍饗射之所用焉. 則孝經所謂, 移風易俗, 莫善於樂者也. 三曰黃門鼓
吹樂, 天子宴群臣之所用焉. 則詩所謂, 坎坎鼓我, 蹲蹲舞我者也. 其四
曰短簫鐃歌樂, 軍中之所用焉. 黃帝時, 岐伯所造, 以建武揚德, 風敵勵
兵, 則周官所謂, 王師大捷, 則令凱歌者也."(『隋書』 「音樂志」) 또한 黃門
鼓吹는 職官 명칭이기도 한데, 『後漢書』 「安帝紀」에는 "壬午에 太仆와
少府에게 명을 내려 黃門鼓吹를 줄여 羽林士를 보강하게 했다. 壬午, 詔
太仆少府減黃門鼓吹, 以補羽林士."라는 내용이 나온다.

65) 장건張騫(약 기원전 164~기원전 114) : 漢 武帝 때 흉노에 대항하기 위한
동맹을 맺기 위해 두 차례 西域으로 출사했고, 이를 계기로 한나라에 서
역의 각종 문물이 전파되고 동서 문물 교류가 활성화되었다. 大月氏와
동맹을 맺기 위한 첫 번째 서역행에서는 흉노에 억류되어 지내다가 한나
라로 도망쳐 돌아온 뒤, 흉노를 공격할 때 길을 인도한 공을 세워 博望侯
로 봉해졌다. 이후 烏孫과 동맹을 맺기 위해서 두 번째 서역행에 나섰다.
결국 동맹을 맺는 데는 실패했지만 이를 계기로 동서 교류의 길이 개척되
었다.

66) 〈마하두륵摩訶兜勒〉 : 漢 武帝 때 張騫이 西域으로 출사하여 가져온 胡
樂의 曲名이다. 〈摩訶兜勒〉이라는 곡명은 서역 胡語의 음역으로, '摩訶'
는 '크다'는 의미이고, '兜勒'은 '朱離(서역의 음악)'를 뜻한다. "서방의 음
악을 주리라고 한다. 西方樂曰朱離."(『周禮』 鄭玄 注) 班固의 「東都賦」에

年⁶⁷⁾이 그것을 28곡으로 만들었다고 했습니다.⁶⁸⁾ (남조南朝)
양梁나라에서는 고취청상령鼓吹淸商令 2인을 두었습니다.⁶⁹⁾

서는 '兜离'라고 했다. "四夷의 음악이 사이에 연주되고, 덕이 널리 이르
니, 四夷의 음악[〈僸休〉〈兜离〉]이 모두 갖추어지지 않은 것이 없네.四夷
間奏, 德廣所及, 僸休兜离, 罔不具集."(「東都賦」) 兜勒은 서역의 고대
국가명이기도 하다. "가을 11월, 서역의 蒙奇와 兜勒 두 나라가 사신을
보내와 內附하자 그 왕에게 金印과 紫綬를 하사했다.冬十一月, 西域蒙奇
兜勒二國遣使內內, 賜其王金印紫綬.(『後漢書』「孝和孝殤帝紀」)

67) 이연년李延年(약 기원전 164~기원전 87) : 前漢의 음악가로, 武帝가 총애
한 李夫人의 오빠이자 大宛을 정벌한 李廣利 장군의 동생이다. 일찍이
법을 어겨 宮刑을 받고 궁중에서 사냥개를 관리했는데, 후에 뛰어난 음악
적 재능으로 무제의 총애를 받았다. 이부인이 劉髆을 낳은 뒤 協律都尉
에 봉해진 이연년은 궁정 악기를 관장하며 여러 악곡을 지었다.

68) 이상과 관련된 『古今注』의 내용은 다음과 같다. "橫吹는 胡樂이다. 張博
望(張騫)이 서역으로 갔다가 그것(橫吹)을 西京(長安)에 전했다. 〈摩訶
兜勒〉 1곡을 얻었는데, 李延年이 胡曲을 바탕으로 新聲 28解를 다시 지
었는데, 황제가 이를 武樂으로 삼았다.橫吹. 胡樂也. 張博望入西域, 傳
其法於西京, 唯得摩訶兜勒一曲, 李延年因胡曲更造新聲二十八解, 乘
輿以爲武樂."(『古今注』) 여기서 '解'는 段의 개념으로, 악곡의 단락 사이
의 間奏 또는 結束部를 말한다. 『古今注』에 따르면 魏晉 이후 28解 중에
서 계속 보존되어 사용한 곡은 10곡이라고 한다. "魏晉 이래로 28解는
다시 갖추어지지 못했으며, 세상에서 사용하는 것은 〈黃鶴〉〈隴頭〉〈出
關〉〈入關〉〈出塞〉〈入塞〉〈折楊柳〉〈黃華子〉〈赤之陽〉〈望行人〉의 10
곡이다.魏晉已來二十八解不復具存, 世用者黃鶴, 隴頭, 出關, 入關, 出
塞, 入塞, 折楊柳, 黃華子, 赤之陽, 望行人, 一十曲."(『古今注』) 이상의
내용은 『晉書』「樂志」에도 나온다.

69) "梁나라에는 鼓吹令과 鼓吹丞이 있었고, 또 淸商署가 있었다.梁有鼓吹
令丞, 又有淸商署."(『通典』「職官典」) 鼓吹令은 鼓吹樂을 관장하는 鼓
吹署의 장관이고, 淸商令은 淸商樂을 관장하는 淸商署의 장관이다. 南

당唐나라 때는 또 강고堈鼓,[70] 금정金鉦, 대고大鼓,[71] 장명長
鳴,[72] 가소歌簫, 가笳,[73] 적笛[74]이 있어서, 이를 함께 고취십이

朝 梁나라 武帝는 音律에 정통했고 음악과 관련한 기구를 완비했는데,
梁나라 때 淸商署는 太樂署에 예속되어 있긴 했지만 독립적인 음악 전문
기구였다. 紀昀의 『歷代職官表』에서는 梁나라 때 비로소 太樂, 鼓吹, 總
章, 淸商의 4署가 분립되어 각각 전문 관원을 두었다고 보았다. 魏晉南
北朝 시기 음악 기구에 관해서는 다음 논문 참고. 許繼起, 「魏晉南北朝
淸商樂署考論」, 『中南民族大學學報(人文社會科學版)』, 2016年 第6期.

70) 강고堈鼓 : 小鼓로, 이것을 먼저 두드려 大鼓를 인도했다. 功臣에게 예를
갖출 때 사용했다.

71) 대고大鼓 : 곡조를 절도에 맞게 할 때와 경계 태세를 갖출 때 쓰였다. 북에
朱漆로 그림이 그려져 있다

堈鼓(『樂書』 卷138)   大鼓(『樂書』 卷139)

72) 장명長鳴 : 氣鳴樂器의 일종으로, 長鳴角 또는 雙角이라고도 한다.

長鳴(『樂書』 卷130)

안에 넣었습니다. 대향大享75)이 열리면, 악현의 바깥에 (고취
십이안을) 설치했습니다. 이상이 바로 (문무와 무무의) 이무와
고취십이안을 설치하게 된 유래입니다.

---

73) 가적 : 胡笳를 말한다. 피리와 비슷하지만 구멍이 없다. "오직 琴曲에
胡笳로 연주하는 곡조인 〈대각〉이라는 것이 아직 남아 있는데, 금오에
서 관장하며 악공은 그것을 〈각수〉라 하고 고취 계열에 편성했다.唯琴
尙有笳聲大角者, 金吾所掌, 工人謂之角手, 備鼓吹之列."(『唐會要』
권33)

胡笳(『樂書』 卷130)

74) "笛은 漢 武帝 때의 악공 丘仲이 만든 것이다. 그것(적)은 본래 羌에서
나왔다. 길이는 1尺 8囦이다. 長笛과 短笛 사이의 것은 中管이라고 한다.
笛, 漢武帝工丘仲所造也. 其元出於羌中. 短笛, 脩尺有囦. 長笛短笛之
間, 謂之中管."(『舊唐書』 「音樂志」)

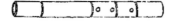

笛(『樂書』 卷122)

75) 대향大享 : 大饗을 말한다. 先王을 合祀하는 祭禮, 五方 天帝에 대한 제
사, 天子가 내조한 제후에게 베푸는 연회, 상급자가 하급자를 술과 음식
으로 위로하는 것 등을 '大饗'이라고 한다.

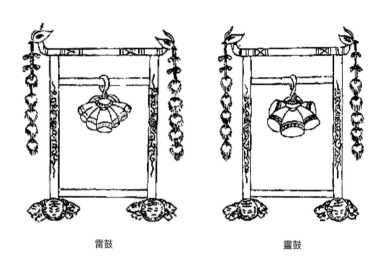

雷鼓　　　　　　　　靈鼓

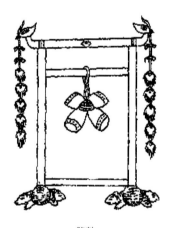

路鼓

(聶崇義, 『三禮圖』)

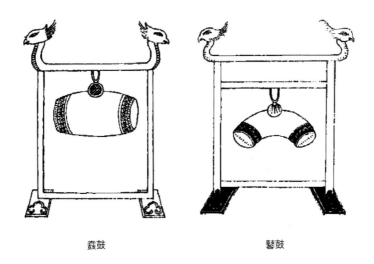

靁鼓   鼖鼓

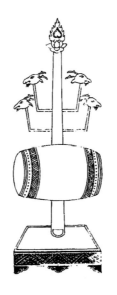

晉鼓

(『樂書』卷171)

今議一從令式, 排列教習. 文舞郎六十四人, 分爲八佾,
每佾八人. 左手執籥. 禮云:「葦籥, 伊耆氏之樂也.」周禮有
「籥師敎國子」. 爾雅曰: 籥如笛, 三孔而短, 大者七孔, 謂之
笙. 歷代已來, 文舞所用, 凡用籥六十有四. 右手執翟, 周禮
所謂羽舞也. 書云:「舞干羽於兩階.」翟, 山雉也, 以雉羽分
析連攢【案: 原本訛「運攢」, 今據五代會要改正.(舊五代史考異)】而爲
之. 二人執纛前引, 數於舞人之外. 舞人冠進賢冠, 服黃紗
袍, 白紗中單[五],76) 皂領褾, 白練襠, 白布大口袴, 革帶,
烏皮履, 白布襪. 武舞郎六十四人, 分爲八佾. 左手執干.
干, 楯也[六],77) 今之旁牌, 所以翳身也, 其色赤, 中畫獸
形, 故謂之朱干. 周禮所謂兵舞, 取其武象[七],78) 用楯六
十有四. 右手執戚. 戚, 斧也[八],79) 上飾以玉, 故謂之玉戚.
二人執旌前引, 旌似旗而小, 絳色, 畫升龍. 二人執鼗鼓, 二
人執鐸. 周禮有四金之奏, 其三曰金鐸, 以通鼓, 形如大鈴,
仰而振之. 金錞二, 每錞二人舉之, 一人奏之. 周禮四金之
奏, 一曰金錞, 以和鼓, 銅鑄爲之, 其色玄, 其形圓, 若椎
[九],80) 上大下小, 高三尺六寸有六分, 圍二尺四寸, 上有

---

76) [교감기 5] "服黃紗袍白紗中單"에서, '袍白紗' 3글자는 원래 없지만 『五
代會要』 권6과 『冊府元龜』 권570에 근거해서 보충했다.

77) [교감기 6] "干楯也"에서, '也'자는 원래 없지만 『五代會要』 권6과 『冊府
元龜』 권570에 근거해서 보충했다.

78) [교감기 7] "取其武象"에서, '其'자는 원래 없지만 『五代會要』 권6과 『冊
府元龜』 권570에 근거해서 보충했다.

79) [교감기 8] "戚斧也"에서, '戚'자는 원래 없지만 『五代會要』 권6과 『冊府
元龜』 권570에 근거해서 보충했다.

80) [교감기 9] '若椎'는 원래 '若權'으로 되어 있지만 劉本, 抄本 『五代會要』

伏虎之狀, 旁有耳, 獸形銜鐶. 二人執鏡以次之. 周禮四金
之奏, 二曰金鐃, 以止鼓[一〇],81) 如鈴無舌, 搖柄以鳴之.
二人掌相在左, 禮云:「理亂以相.」制如小鼓, 用皮爲表, 實
之以糠, 撫之以節樂. 二人掌雅在右, 禮云:「訊疾以雅.」以
木爲之, 狀如漆筩而撿口, 大二尺圍[一一],82) 長五尺六寸,
以羖皮鞔之, 旁有二紐, 髹畫, 賓醉而出, 以器築地, 明行不
失節. 武舞人服弁, 平巾幘, 金支緋絲大袖, 緋絲布裲襠, 甲
金飾, 白練襠, 錦騰蛇起梁帶, 豹文大口布袴, 烏皮靴. 工人
二十, 數於舞人之外. 武弁朱褠,【案：原本「褠」訛「褠」, 今據五代
會要改正.(舊五代史考異)】革帶, 烏皮屨, 白練襠, 白布襪. 殿庭
仍加鼓吹十二按. 義鏡云：常設氈桉[一二],83) 以氈爲牀也.
今請制大牀十二, 牀容九人, 振作歌樂, 其牀爲熊羆貙豹騰
倚之狀以承之, 象百獸率舞之意. 分置於建鼓之外, 各三桉,
每桉羽葆鼓一, 大鼓一, 金錞【金錞, 原本作「金鉏」, 今從五代會要
改正.(影庫本粘籤)】一, 歌二人, 簫二人, 笳二人. 十二桉, 樂工
百有八人, 舞郎一百三十有二人, 取年十五已上, 弱冠已下,
容止端正者. 其歌曲名號·樂章詞句, 中書條奏, 差官修撰.

6,『冊府元龜』권570에 근거해서 ('若椎'로) 고쳤다. 沈校本『五代會要』
에는 '若碓頭'로 되어 있다.

81) [교감기 10] "以止鼓"에서, '止'는 원래 '上'으로 되어 있지만 殿本, 劉本,
『五代會要』권6,『冊府元龜』권570에 근거해서 ('止'로) 고쳤다.

82) [교감기 11] "大二尺圍"는 殿本과 劉本이 일치한다.『五代會要』권6과
『冊府元龜』권570에는 '尺'자가 없다.

83) [교감기 12] "常設氈桉"에서, '常'은 원래 '帝'로 되어 있지만『五代會
要』권6에 근거해서 ('常'으로) 고쳤다 .

지금의 논의는 일괄적으로 법식[令式]에 따라서 정렬하여 교습하고자 합니다.

문무랑文舞郎 64명은 8줄[八佾][84)로 나눠 각 줄마다 8명이 되게 합니다.

(문무랑은) 왼손에 약籥[85)을 쥡니다. 『예기禮記』에서 이르길, "갈대로 만든 약[葦籥]은 이기씨伊耆氏의 음악이다"[86)라고 했습니다. 『주례周禮』에는 "약사籥師가 국자國子를 가르친다"[87)는 말이 있습니다. 『이아爾雅』에서는 "약籥은 적笛과 같이 생겼는데, 3개의 구멍이 있으며 길이가 짧다. 큰 것은 7개의 구멍이 있는데, 이것을 '산籬'[88)이라 한다"[89)고 했습니다. 역대로 (약은) 문무文舞에 사용되었으며, 무릇 64개의 약을 사용합니다.

---

84) 팔일八佾 : 佾은 樂舞의 行列을 가리키는데, 八佾은 가로 세로 각각 8줄씩 총 64명으로 구성된다. 周禮의 규정에 따르면 天子만이 八佾을 사용할 수 있으며, 제후는 六佾, 卿大夫는 四佾, 士는 二佾을 사용한다.

85) 약籥 : 文舞를 출 때 사용하는 舞具이다. "오늘날 문무를 출 때는 羽과 籥을 들고 춘다.今文舞執羽籥."(『隋書』「音樂志」) "管에 3개의 구멍이 있는 것을 籥이라고 하는데, 春分의 소리이며 만물이 떨쳐 일어나 움직이는 것이다.管三孔曰籥, 春分之音, 萬物振躍而動也."(『舊唐書』「音樂志」)

86) "흙 북, 흙 북채, 갈대 籥은 伊耆氏의 음악이다.土鼓, 簣桴, 葦籥, 伊耆氏之樂也."(『禮記』「明堂位」) 이에 대해 鄭玄 注에서는 이렇게 말했다. "'簣'는 '塊'가 되어야 하는데, 발음이 비슷해 생긴 오류이다. 籥은 笛과 같은데, 3개의 구멍이 있다. 伊耆氏는 옛날 천자 중 천하를 차지했던 이의 호칭이다. 오늘날 이기씨를 성으로 하는 자가 있다.簣當爲塊, 聲之誤也. 籥如笛, 三孔. 伊耆氏, 古天子有天下之號也. 今有姓伊耆氏者."

87) "籥師는 國子에게 羽舞와 籥舞를 가르치는 일을 관장한다.籥師, 掌教國子舞羽歙籥."(『周禮』「春官」)

(문무랑은) 오른손에 적적90)을 쥐는데,『주례』에서 말한 우무羽舞91)입니다.『상서尙書』에서 이르길, "(순舜이 묘苗를 교화시키기 위해서 뜰의 동쪽과 서쪽) 두 계단 사이에서 간干과 우羽를 쥐고 춤을 추었다"92)라고 했습니다. 적적은 산꿩[山雉]인데, 꿩의 깃을 쪼갠 다음 그것을 연결해서[連攢]【원본에는 (연찬連攢이) '운빈運擯'으로 잘못 나와 있는데,『오대회요五代會要』에 근거해서 (연찬連攢으로) 바로잡았다.(『구오대사고이舊五代史考異』)】 (적

---

88) 산적 :

箎(『樂書』卷121)

89) "大箎을 産(箎)이라 하고, 중간 것을 仲이라 하고, 작은 것을 筊이라 한다.大箎謂之産, 其中謂之仲, 小者謂之筊."(『爾雅』「釋樂」) 이에 대해 郭璞 注에서는, "箎은 笛처럼 생겼고 3개의 구멍이 있으며 길이가 짧고 작다.箎如笛, 三孔而短小."라고 했다. 구멍이 7개라는 말은『廣雅』에 나온다. "龠(箎)을 笛이라고 하는데, 7개의 구멍이 있다.龠謂之笛, 有七孔."(『廣雅』「釋樂」)

90) 적적 :

翟(『樂書』卷170)

을) 만듭니다.

2명이 독纛[93]을 들고 앞에서 인도하는데, (이 2명은) 춤추는 사람의 숫자에 포함되지 않습니다. 춤추는 자는 진현관進賢

---

91) 우무羽舞 :

羽舞(聶崇義, 『三禮圖』)

92) "帝(舜)가 文德을 크게 베풀고 (뜰의 동쪽과 서쪽) 두 계단 사이에서 干과 羽를 쥐고 춤을 추었더니, 70일이 되자 苗가 저절로 귀순했다.帝乃誕敷文德, 舞干羽于兩階, 七旬有苗格."(『尙書』「大禹謨」)

93) 독纛 : 새의 깃털이나 꿩의 꼬리 또는 牦牛의 꼬리로 장식한 큰 깃발을 말한다.

纛(聶崇義, 『三禮圖』)

冠94)을 쓰고, 황사黃紗 포袍, 백사白紗 중단中單95), 검정색 깃
과 소매[皂領褾], 백련포白練布로 만든 당襠, 백포白布로 만든
대구고大口褲,96) 혁대, 검정 가죽신[烏皮履], 백포로 만든 버선

---

94) 진현관進賢冠 : 緇布冠에서 변화된 것으로, 後漢
이후 주로 문관들이 쓰던 관이다. 蔡邕의 『獨斷』
에 의하면 천자는 冠通天을 쓰고, 諸侯王은 遠遊
冠을 쓰고, 公과 侯는 진현관을 썼다. 한나라 때의
진현관에는 1梁에서 3梁까지 3가지 종류가 있었
다. 관의 梁(관 테두리의 앞쪽에서부터 덮어서 관
의 뒤쪽까지 이르는 부분)으로 관직의 고하를 나타
냈데, 『漢官儀』에 의하면 前漢 平帝 元始 5년(5)

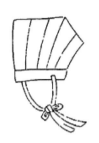

進賢冠
(聶崇義, 『三禮圖』)

에 公·卿·列侯는 3량의 관, 2천석은 2량의 관, 1
천석 이하는 1량의 관을 쓰도록 했다. 문헌에 따라 梁의 수와 官秩의 상
응 관계가 약간씩 차이가 보인다. 聶崇義는 각종 기록을 검토한 후, 진현
관의 경우 三公과 제후는 3량, 卿·大夫·尙書·2천석·博士는 2량, 1천석
이하 小吏까지는 1량의 관을 썼다고 정리하고, 이를 도상으로 나타냈다.
(『三禮圖』권3 「冠冕圖」)

95) 중단中單 : 禪衣, 中衣라고도 한다. 주로 朝服과 祭服의 안에 받쳐 입었다.

馬王堆 漢墓에서 출토된 素紗 禪衣(湖南省博物館 소장)

96) 대구고大口褲 : 아랫단의 통이 넓은 바지를 가리킨다. 북방 유목민족으로
부터 유래한 褲가 南北朝 시기에 이르러 漢族 거주지에서 널리 유행하면

을 착용합니다.

무무랑武舞郎 64명은 8줄로 나뉩니다.

(무무랑은) 왼손에 간干을 쥡니다. 간은 방패[楯]인데, 지금의 방패旁牌이며 이것으로 몸을 가립니다. 그 색은 붉고[赤] 가운데에 짐승의 형상이 그려져 있기 때문에 이것을 일러 주간朱干97)이라고 합니다. 『주례』에서 말한 병무兵舞98)는 무의 형상

서 바지 아랫단이 갈수록 넓어졌다. 움직임을 편하게 하기 위해서 1미터 정도의 끈으로 바짓가랑이를 묶었는데 이를 '縛褲'라 했고, 아랫단의 통이 넓은 바지를 '大口褲'라 했다.

97) 주간朱干 : 붉은 방패라는 의미로, 천자의 武舞에 사용하는 舞具이다. "朱干과 玉戚으로 〈대하〉를 추고 八佾로 〈대무〉를 추는데, 이것은 모두 천자의 예이다.朱干·玉戚. 以舞大夏. 八佾以舞大武, 此皆天子之禮也."(『春秋公羊傳』「昭公 25年」) "季夏 6월에 太廟에서 周公에게 禘祭를 올리는데 … 朱干과 玉戚을 들고 면류관을 쓰고 (周나라의 武舞인) 〈대무〉를 춘다.季夏六月, 以禘禮祀周公於大廟 … 朱干玉戚, 冕而舞大武."(『禮記』「明堂位」)

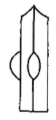

朱干(聶崇義, 『三禮圖』)

98) 병무兵舞 : 干과 戚 같은 兵器를 쥐고 추는 춤이다. 『周禮』에서는 山川에 제사지낼 때 兵舞를 춘다고 했다. "(舞師는) 兵舞를 가르쳐서 이들을 인솔해 산천 제사에 춤추게 하고, 帗舞를 가르쳐서 이들을 인솔해 사직 제사에 춤추게 하며, 羽舞를 가르쳐서 이들을 인솔해 사방 제사에 춤추게 하고, 皇舞를 가르쳐서 이들을 인솔해 기우제에서 춤추게 하는 일을 관장한다.掌敎兵舞, 帥而舞山川之祭祀, 敎帗舞, 帥而舞社稷之祭祀, 敎羽舞, 帥而舞四方之祭祀, 敎皇舞, 帥而舞旱暵之事."(『周禮』「地官」) 또 『周禮』에서는 舞의 종류로 帗舞, 羽舞, 皇舞, 旄舞, 干舞, 人舞 등이 있다고 했다. "무릇 舞에는 불무, 우무, 황무, 모무, 간무, 인무가 있다.凡舞, 有帗舞, 有羽舞, 有皇舞, 有旄舞, 有干舞, 有人舞."(『周禮』「春官」) 여

[武象]을 취한 것으로, 방패 64개를 사용합니다.

(무무랑은) 오른손에 척戚을 쥡니다. 척은 도끼[斧]인데, 위쪽에 옥으로 장식되어 있기 때문에 이것을 일러 옥척玉戚99)이

기서 干舞가 바로 兵舞에 속한다.

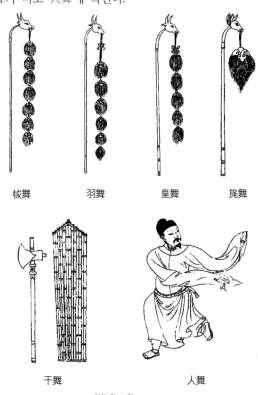

帗舞　　　羽舞　　　皇舞　　　旄舞

干舞　　　　　　　　人舞

(『樂書』卷168)

99) 옥척玉戚 : 옥도끼라는 의미로, 천자의 武舞에 사용하는 舞具이다. "朱干과 玉戚으로 〈대하〉를 추고 八佾로 〈대무〉를 추는데, 이것은 모두 천자의 예이다.朱干・玉戚. 以舞大夏. 八佾以舞大武, 此皆天子之禮也."(『春秋公羊傳』「昭公 25年」) "季夏 6월에 太廟에서 周公에게 禘祭를 올리는데 … 朱干과 玉戚을 들고 면류관을 쓰고 (周나라의 武舞인) 〈대무〉를 춘

라고 합니다.

　2명이 정旌[100]을 쥐고 앞에서 인도합니다. 정은 기旗와 비슷한데 (기보다) 작으며 진홍색[絳色]이고 승룡升龍이 그려져 있습니다.

　2명은 도고鼗鼓[101]를 쥐고, 2명은 탁鐸[102]을 쥡니다. 『주례』에 사금四金[103]의 연주가 나오는데 그 셋째가 금탁金鐸으로,

---

다.季夏六月, 以禘禮祀周公於大廟 … 朱干
玉戚, 冕而舞大武."(『禮記』「明堂位」)

玉戚(聶崇義, 『三禮圖』)

100) 정旌 :

旌(『三才圖會』)

이것으로 북소리를 통하게 합니다. 형태는 큰 방울과 같은데, 그것을 높이 들고서 흔듭니다.

금순金錞[104])은 2개로, 각각의 순錞(금순)은 2명이 들고 1명

---

101) 도고鼗鼓 :

鼗(『樂書』 卷117)

102) 탁鐸 : 청동으로 만든 종 모양의 타악기인데, 甬鐘과 비슷하나 크기가 작다. 안쪽에 금속이나 목재로 된 혀(舌)가 달려 있어서 소리를 내는데, 청동 혀(銅舌)가 달린 것이 金鐸이고, 나무 혀(木舌)가 달린 것이 木鐸이다. 고대에 政教와 法令을 선포할 때 鐸을 사용했다.

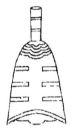

金鐸
(『樂書』 卷111)

103) 사금四金 : 金錞·金鐲·金鐃·金鐸을 말한다. "鼓人은 六鼓와 四金의 소리를 가르쳐서 음악을 조절하고 군사를 화락하게 하고 농사일을 바르게 하는 일을 관장한다. … 金錞으로 북소리에 화답하고, 金鐲으로 북소리를 조절하고, 金鐃로 북소리를 그치게 하고, 金鐸으로 북소리를 통하게 한다.鼓人, 掌教六鼓四金之音聲, 以節聲樂, 以和軍旅, 以正田役. … 以金錞和鼓, 以金鐲節鼓, 以金鐃止鼓, 以金鐸通鼓."(『周禮』「地官」)

이 그것을 연주합니다. 『주례』에 나오는 사금의 연주 중에서 첫째가 금순으로, 이것으로 북소리에 화답합니다. 동銅으로 그 것을 주조하며, 그 색깔은 검고 형태는 둥그스름하며 마치 몽 치처럼 생겼는데 위쪽은 크고 아래쪽은 작습니다. 높이는 3척 尺 6촌寸 6분分이고 둘레는 2척 4촌이며, 위에는 엎드린 호랑 이의 형상이 있고 옆에는 귀[耳]가 있으며, 짐승 형태의 고리가 달려 있습니다.

2명이 요鐃105)를 쥐고 그(금순) 뒤를 잇습니다. 『주례』에 나 오는 사금의 연주 중에서 둘째가 금요金鐃로, 이것으로 북소리 를 그치게 합니다. 방울처럼 생겼는데 혀가 없습니다. 자루를

104) 금순金錞 :

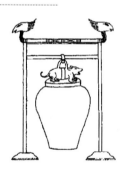

金錞(『樂書』 卷111)

105) 요鐃 :

鐃(『樂書』 卷111)

잡고 흔들어서 소리를 냅니다.

　2명이 상相106)을 들고 왼쪽에 자리합니다. 『예기』에서 이르
길, "상相으로 무질서한 것을 다스린다[理亂以相]"107)라고 했
습니다. 구조는 작은 북[小鼓]과 같은데, 가죽으로 표면을 만들
고 (안에) 겨[糠]를 채워 넣었습니다. 상을 연주해 음악을 조절
합니다.

　2명이 아雅108)를 들고 오른쪽에 자리합니다. 『예기』에서 이

---

106) 상相 : 拊라고도 한다. 가죽으로 표면을 만들고 그 안에 겨를 채워 넣은
　　악기로, 음악을 조절하는 데 사용한다. "'相'은 拊이다. 이것으로 樂을
　　조절한다. 拊는 가죽으로 표면을 만들고 안에 겨[糠]를 채워 넣는다. 糠
　　은 相이라고도 하기 때문에 그것으로 이름을 삼은 것이다. 지금 齊나라
　　사람들은 간혹 糠을 相이라고도 한다.相, 即拊也, 亦以節樂. 拊者, 以韋
　　爲表, 裝之以糠. 糠, 一名相, 因以名焉, 今齊人或謂糠爲相."(『禮記』
　　「樂記」鄭玄 注)
107) 상相으로 무질서한 것을 다스린다[理亂以相] : "무릇 古樂은 무리지어
　　나아가고 물러나니, (음악이) 조화롭고 바르며 여유가 있습니다. 弦·匏
　　·笙·簧은 拊와 鼓가 울릴 때를 기다려 일제히 연주합니다. 文(鼓)을
　　올려 연주를 시작하고, 武(鐃)를 쳐서 연주를 마칩니다. 相으로 무질서
　　한 것을 다스리고, 雅로 빠르기를 조절합니다.今夫古樂, 進旅退旅, 和
　　正以廣. 弦匏笙簧, 會守拊鼓. 始奏以文, 復亂以武. 治亂以相, 訊疾以
　　雅."(『禮記』「樂記」)

相(『樂書』卷169)

르길 "아雅로 빠르기를 조절한다[訊疾以雅]"[109]라고 했습니다. 나무로 아雅를 만드는데, 그 형태는 옻칠한 통[漆筩]과 같고 입구가 막혀 있습니다. 크기는 둘레가 2척이고, 길이는 5척 6촌입니다. 양가죽을 통에 씌워서 만드는데, 옆에 끈 2개가 달려 있고 옻칠로 그림을 그려 넣었습니다. 빈賓이 술에 취하여 나오면 이 악기로 땅을 내리치는데, 행위에 절도를 잃지 않음을 나타내는 것입니다.

무무를 추는 사람은 무변武弁,[110] 평건책平巾幘,[111] 황금장

---

108) 아雅 : "雅 역시 악기 명칭인데, 모양은 옻칠한 筩과 같고 안에 뭉치[椎]가 있다.雅, 亦樂器名也, 狀如漆筩, 中有椎."(『禮記』「樂記」鄭玄 注)

雅(『樂書』 卷169)

109) 아雅로 빠르기를 조절한다[訊疾以雅] : "무릇 古樂은 무리지어 나아가고 물러나니, (음악이) 조화롭고 바르며 여유가 있습니다. 弦·匏·笙·簧은 拊와 鼓가 울릴 때를 기다려 일제히 연주합니다. 文(鼓)을 울려 연주를 시작하고, 武(鐃)를 쳐서 연주를 마칩니다. 相으로 무질서한 것을 다스리고, 雅로 빠르기를 조절합니다.今夫古樂, 進旅退旅, 和正以廣. 弦匏笙簧, 會守拊鼓. 始奏以文, 復亂以武. 治亂以相, 訊疾以雅." (『禮記』「樂記」)

식[金支]이 있는 비사포緋絲布로 만든 대수大袖, 비사포로 만든 양당裲襠, 황금장식의 갑옷[甲金飾], 백련포白練布로 만든 당흘, 비단[錦]에 등사騰蛇[112]를 수놓은 기량대起梁帶, 표범무늬가 있는 대구고大口袴, 검정 가죽신[烏皮靴]을 착용합니다.

악공[工人] 20명은 춤추는 사람의 숫자에 포함되지 않습니다. (악공은) 무변武弁, 붉은 소창옷[朱襦],【원본에는 '구襦'가 '구構'로 잘못 나와 있는데, 『오대회요五代會要』에 근거해서 바로잡았다. (『구오대사고이舊五代史考異』)】혁대, 검정 가죽신[烏皮履], 백련포白練布로 만든 당흘, 백포白布로 만든 버선을 착용합니다.

전정殿庭에는 그대로 고취십이안鼓吹十二按을 더합니다. 『의경의경義鏡』에서 이르길, 전안氈桉을 늘 마련해두는데 (전안氈桉이

---

110) 무변武弁 : 武弁大冠, 繁冠, 建冠, 籠冠이라고도 하는 武冠이다. 주로 武官의 禮冠으로 사용되었다. 唐나라에 이르러서는 武官에만 한정되지 않고 近身 侍從과 일부 文官도 착용했다 .

武弁
(聶崇義, 『三禮圖』)

111) 평건책平巾幘 : 魏·晉 이래 武官이 착용했던 두건의 일종이다. 위쪽이 평평하며 平上幘이라고도 한다. 隋나라 때는 侍臣과 武官이 착용했다. 唐나라 때는 武官과 衛官이 착용했고, 天子와 皇太子가 말을 탈 때 착용하기도 했다.

112) 등사騰蛇 : 螣蛇라고도 하며 하늘을 나는 神蛇이다. "(螣蛇는) 용의 종류다. 운무를 일으킬 수 있고 그 안에서 노닌다.龍類也, 能興雲霧而遊其中."(『爾雅』「釋魚」郭璞 注) "등사는 다리가 없으며 난다.螣蛇, 無足而飛."(『荀子』「勸學」)

란) 모전[氈]을 깐 평상[牀]이라고 했습니다. 지금 청컨대 커다
란 평상[牀] 12개를 제작해, 각 평상마다 9명을 두어 가악歌樂
을 진작시키소서. 평상은 곰, 말곰[羆], 추貙, 표범이 도약하고
있는 형상이 (평상의 아랫부분을) 받치도록[承] 만들어,[113] 온
갖 짐승이 따라서 춤을 춘[百獸率舞][114] 뜻을 상징하게 하소
서. 건고建鼓[115]의 바깥에 (사방으로) 각각 3개의 안桉을 나누
어 설치하고, 각 안桉마다 우보고羽葆鼓[116] 1개, 대고大鼓 1
개, 금순金錞 1개,【금순金錞은 원본에 '금구金釦'로 되어 있는데,『오

---

113) 『新唐書』「崔稅傳」에서는 鼓吹十二桉을 설명하면서 "곰과 표범의 형
상으로 (평상의 아랫부분을) 받치는데, 온갖 짐승이 따라서 춤춘 것을
형상화한 것이다.負以熊豹, 以象百獸率舞."라고 했다. 이에 근거해서
'承'을 '負'의 의미로 해석했다.『宋史』「樂志」에서는 "氈牀 12개를 설
치하는데, 熊과 羆가 도약하는 형상이 그 아랫부분을 받치도록 한다.設
氈牀十二, 爲熊羆騰倚之狀, 以承其下."라고 했다.

114) 백수솔무百獸率舞 : 온갖 짐승이 따라서 춤을 추었다는 말이다. 음악이
온갖 짐승을 감동시켜 춤을 추게 만들었다는 것으로, 음악의 감화력을
나타낸다. "夔가 말했다. '아! 제가 石磬을 치고 두드리니, 온갖 짐승이
따라서 춤을 추었습니다.夔曰, 於, 予擊石拊石, 百獸率舞.'"(『尙書』
「舜典」)

115) 건고建鼓 : 북통 가운데를 기둥에 꿰어 설치한 북으로, 商(殷)나라의 楹
鼓로부터 비롯되었다고 한다. 隋·唐 시기에는 기둥 꼭대기에 날갯짓하
는 鷺(해오라기)를 장식했다. "夏后는 (鼓에) 다리를 더했는데, 이것을
일러 足鼓라고 한다. 殷人은 기둥으로 북을 꿰뚫었는데, 이것을 일러
楹鼓라고 한다. 周人은 북을 매달았는데, 이것을 일러 縣鼓라고 한다.
후세에 殷나라 제도를 따라서 북을 만들었는데, 이것을 建鼓라고 한다.
夏后加之以足, 謂之足鼓. 殷人貫之以柱, 謂之楹鼓. 周人縣之, 謂之縣
鼓. 後世從殷制建之, 謂之建鼓."(『舊唐書』「音樂志」)

대회요』에 근거해서 (금순金錞으로) 바로잡았다.(영고본影庫本 주석)】

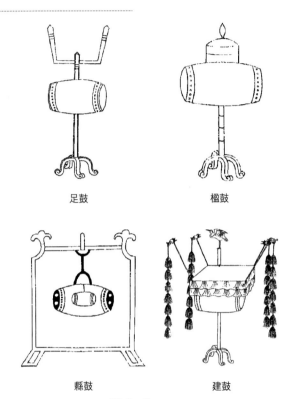

足鼓　　　　　　　楹鼓

縣鼓　　　　　　　建鼓

(『樂書』 卷116)

116) 우보고羽葆鼓 : 羽葆로 장식한 북을 의미한다.
'羽葆'는 새의 깃털을 마치 덮개처럼 깃대 머리에
꽂은 것으로, 제후들이 장례를 거행할 때 의장품
으로 사용되었다. "우보라는 것은 새의 깃털을 마
치 덮개처럼 깃대 머리에 꽂는 것으로, 이를 '우
보'라고 한다. 葆는 덮개라는 뜻이다.羽葆者, 以
鳥羽注於柄頭, 如蓋, 謂之羽葆. 葆, 謂蓋也."
(『禮記正義』「雜記」下 孔穎達의 疏)

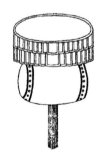

羽葆鼓(『樂書』 卷138)

가歌 2명, 소簫[117] 2명, 가笳 2명을 둡니다. (이렇게 하면) 12개 안栘의 악공은 108명이 되옵니다.[118] 무랑舞郎은 132명으로, 15살 이상부터 약관弱冠 이하인 사람 중에 용모와 행동거지가 단정한 자를 선발하소서.

가곡의 명칭과 악장의 문구[詞句]는 중서中書가 일일이 아뢰게 하여, 관원을 보내 수찬修撰하도록 하소서.

從之.

(고조가) 그대로 따랐다.

【案歐陽史崔梲傳 : 高祖詔太常復文武二舞, 詳定正冬朝會禮及樂章. 自唐末之

---

117) "簫는 舜이 만든 것이다. 『爾雅』에서는 그것을 '茭'라고 했다. 큰 것은 '筶'이라고 하는데, 23개의 管이 있으며 길이는 1尺 4寸이다. 簫, 舜所造也. 爾雅謂之茭. 大曰筶, 二十三管, 修尺四寸."(『舊唐書』「音樂志」)

簫(『樂書』 卷121)

118) 악기를 담당하는 악공은 각 栘마다 羽葆鼓 1명, 大鼓 1명, 金錞 1명, 歌 2명, 簫 2명, 笳 2명으로, 모두 9명이다. 따라서 12개의 栘에 배치된 악공은 총 108명이 된다.

亂, 禮儀仗樂制度亡失已久, 梲與御史中丞竇貞固·刑部侍郎呂琦·禮部侍郎張允等草定之. 其年冬至, 高祖會朝崇元殿, 廷設宮懸, 二舞在北, 登歌在上. 文舞郎八佾六十有四人, 冠進賢, 黃紗袍, 白中單, 白練襠, 白布大口袴, 革帶履, 左執籥, 右秉翟, 執纛引者二人. 武舞郎八佾六十有四人, 服平巾幘, 緋絲布大袖繡襠, 甲金飾, 白練[一三],[119] 錦騰蛇起梁帶, 豹文大口袴, 烏皮靴, 左執干, 右執戚, 執旌引者二人. 加鼓吹十二按, 負以熊豹, 以象百獸率舞. 按設羽葆鼓一, 大鼓一, 金錞一, 歌簫·笳各二人. 王公上壽, 天子擧爵, 奏玄同 ; 二擧, 登歌奏文同 ; 擧食, 文舞昭德, 武舞成功之曲. 禮畢, 高祖大悅, 賜梲金帛, 羣臣左右觀者皆贊嘆之. 然禮樂廢久, 而制作簡繆, 又繼以龜茲部霓裳法曲, 參亂雅音. 其樂工舞郎, 多敎坊伶人·百工商賈·州縣避役之人, 又無老師良工敎習. 明年正旦, 復奏于廷, 而登歌發聲, 悲離煩憝, 如薤露·虞殯之音, 舞者行列進退, 皆不應節, 聞者皆悲憤. 開運二年, 太常少卿陶穀奏廢二舞.】

【『구양사歐陽史』「최절전崔梲傳」[120]을 살펴보면 (이상의 내용은) 다음과 같다.

고조가 태상太常에게 명해 문무文舞와 무무武舞의 이무二舞를 되살리고, 원단과 동지 조회의 예禮와 악장을 살펴서 정하게 했다. 당나라 말에 난이 일어난 이래로, 예악 제도가 망실된 지 오래되니, 최절崔梲이 어사중승御史中丞 두정고竇貞固, 형부시랑刑部侍郎 여기呂琦, 예부시랑禮部侍郎 장윤張允 등과 함께 그것(예악 제도)을 초안[草定]했다.

그해 동지에 고조가 숭원전崇元殿에서 조회를 열었는데,[121] 진징殿庭에 궁

---

119) [교감기 13] "白練"은 『歐陽史』 권55 「崔梲傳」과 『舊五代史考異』가 일치한다. 殿本, 劉本, 그리고 本卷(『舊五代史』 「樂志」) 正文은 '白練' 뒤에 '襠'자가 있다.

120) 『구양사歐陽史』「최절전崔梲傳」: 『新五代史』 권55 「崔梲傳」을 말한다.

121) 後晉 高祖 天福 5년(940)에 있었던 일이다. "(天福 5년) 병자일 동지에 황제가 崇元殿으로 가서 朝賀를 받으면서 처음으로 二舞를 사용했다.丙子, 冬至, 帝御崇元殿受朝賀, 始用二舞."(『舊五代史』「晉書·高祖本紀」)

현궁懸을 진설하고 (문무와 무무의) 이무는 북쪽에서 펼쳤으며 등가登歌는 당상堂上에서 연주하였다.

문무랑文舞郞은 가로 세로 각각 8줄[八佾]로 64명이었다. 진현관進賢冠, 황사黃紗 포袍, 백사白紗 중단中單, 백련포白練布로 만든 당襠, 백포白布로 만든 대구고大口褲, 혁대와 신[履]을 착용하였다. 왼손에는 약籥을 쥐고 오른손에는 적翟을 쥐었으며, 독纛을 들고 인도하는 자는 2명이었다.

무무랑武舞郞은 가로 세로 각각 8줄로 64명이었다. 평건책平巾幘, 비사포緋絲布로 만든 대수大袖와 수놓은 당襠, 황금장식의 갑옷, 백련포白練布로 만든 당襠, 비단에 등사騰蛇를 수놓은 기량대起梁帶, 범무늬가 있는 대구고大口袴, 검정 가죽신[烏皮靴]을 착용하였다. 왼손에는 간干을 쥐고 오른손에는 척戚을 쥐었으며, 정旌을 들고 인도하는 자는 2명이었다.

고취십이안鼓吹十二桉을 더하여 곰과 표범의 형상으로 (평상의 아랫부분을) 받침으로써 온갖 짐승이 따라서 춤춘 것을 상징하였다. (각각의) 안桉에는 우보고羽葆鼓 1개, 대고大鼓 1개, 금순金錞 1개, 가歌·소簫·가笳는 각 2명을 두었다.

왕공王公이 상수上壽하고 황제가 술잔을 들 때는 〈현동玄同〉을 연주하며, (황제가) 다시 술잔을 들 때는 등가登歌로 〈문동文同〉을 연주하고, (황제가) 음식을 먹을 때는 문무에 〈소덕昭德〉과 무무에 〈성공成功〉의 곡曲을 연주했다.[122]

예가 끝나자 고조가 크게 기뻐하며 최절에게 황금과 비단을 하사하니, 결

---

122) 『舊五代史』「晉書·高祖本紀」에는 다음과 같이 나와 있다. "황제가 술잔을 들 때는 〈元同樂〉을 연주하고, 登歌에는 〈文同樂〉을 연주하며, 음식을 먹을 때는 文舞에 〈昭德舞〉를 연주하고 武舞에 〈成功舞〉를 연주했다.帝擧觴, 奏元同之樂, 登歌, 奏文同之樂, 擧食, 文舞歌昭德之舞, 武舞奏成功之舞."

에서 지켜보던 신하들이 모두 찬탄했다. 하지만 예악이 폐기된 지 오래되어, (예악을 다시) 제작한 것이 소략하고 오류가 있었다. 게다가 〈구자부龜玆部〉[123]와 〈예상법곡霓裳法曲〉[124]을 계승한 것이라 아음雅音을 어지럽혔다.

---

123) 〈구자부龜玆部〉: 龜玆에서 유래한 음악으로, 〈龜玆伎〉라고도 한다. 隋·唐 시기 七部伎, 九部伎, 十部伎에 모두 〈구자기〉가 있다. '部伎'는 '部樂'이라고도 하는데, 隋나라 때 여러 가지 악무를 묶음으로 만든 것에서 유래하였다. 처음에는 7가지였기 때문에 七部樂(七部伎)으로 불렸다. 隋 文帝 開皇 초의 七部樂은 〈國伎(西凉伎)〉〈淸商伎(淸樂)〉〈高麗伎〉〈天竺伎〉〈安國伎〉〈龜玆伎〉〈文康伎(禮畢)〉다. 隋 煬帝 大業 연간에 〈康國伎〉와 〈疏勒伎〉가 더해져 九部樂(九部伎)이 되었다. 唐 高祖가 즉위한 뒤에도 隋의 제도를 따라 九部樂을 두었다. 唐 太宗 貞觀 11년(637)에 〈禮畢〉을 없애고 貞觀 14년에는 唐代에 창작한 〈燕樂〉을 제1부로 두었으며, 貞觀 16년에 〈高昌伎〉를 추가해 비로소 十部樂(十部伎)가 되었다. 十部樂 중에서 〈燕樂〉과 〈淸商伎〉를 제외한 나머지 8部는 모두 외부에서 전래된 악무이다. 唐 高祖 때의 〈龜玆伎〉 상황은 다음과 같다. "〈구자기〉. 탄쟁·수공후·비파·오현·횡적·생·소·필률·답랍고·모원고·도담고·후제고·계루고·요고·제고·첨고·패가 각각 1개이다. 동발은 2개이다. 춤추는 자는 4명이다. 다섯 방위에 사자를 두는데, 높이는 1장丈 남짓이며 그 방위의 색깔로 장식한다.龜玆伎, 有彈箏·竪箜篌·琵琶·五絃·橫笛·笙·簫·觱篥·答臘鼓·毛員鼓·都曇鼓·侯提鼓·雞婁鼓·腰鼓·齊鼓·檐鼓·貝, 皆一. 銅鈸二. 舞者四人. 設五方師子, 高丈餘, 飾以方色."(『新唐書』「禮樂志」) 唐나라 십부기 중 〈구자기〉의 상황은 다음과 같다. "무릇 대연회의 경우 殿庭에서 십부기를 설치해 華와 夷(의 음악을) 모두 갖춘다. … 여섯째는 〈구자기〉라 한다. 수공후·비파·오현·생·소·횡적·필률은 각각 1개이고, 동발은 2개이다. 답랍고·모원고·도담고·갈고·후제고·요고·계루고·패는 각각 1개이다. 춤추는 자는 4명이다.凡大燕會, 則設十部之伎於庭, 以備華夷. … 六曰龜玆伎. 竪箜篌·琵琶·五弦·笙·簫·橫笛·觱篥各一, 銅鈸二, 答臘鼓·毛員鼓·都曇鼓·羯鼓·侯提鼓·腰鼓·雞婁鼓·貝各一,

그 악공과 무랑舞郞은 대부분 교방敎坊의 영인伶人, 온갖 장인[百工]과 상인
[商賈], 주현州縣의 부역이나 군역을 피해 도망친[避役] 사람이었으므로 교습
을 담당할 훌륭한 스승도 없었다.

이듬해 원단에 전정殿庭에서 다시 연주하게 했는데, 등가登歌하여 내는 소
리가 이별을 슬퍼하며 괴로워하는 것이 마치 (만가挽歌인) 〈해로薤露〉[125]와
〈우빈虞殯〉[126]의 (서글픈) 소리와 같았다. (또한) 춤추는 자의 행렬이 나아가

舞四人.”(『唐六典』)

124) 〈예상법곡霓裳法曲〉: 〈霓裳羽衣曲〉을 말한다. 〈霓裳〉이라고도 한다.
唐나라 때 法曲의 대표작이자 당나라 가무의 집대성이다. 당 玄宗이
지은 것으로 알려져 있는데, 현종이 月宮에 가서 선녀를 만난 일을 묘사
한 것이다. 法曲은 불교 法會에서 유래한 명칭으로, 西域의 음악적 요
소가 농후하다. 당 현종은 法曲을 애호하여, 梨園을 세우고 法部를 설
치해 法曲을 만들고 연주하게 했다. 開元 연간에 河西節度使 楊敬述
이 서역에서 전래한 涼州의 天竺佛曲〈婆羅門曲〉을 현종에게 바쳤는
데, 현종이 이를 윤색했고 天寶 13년에 곡명을 〈霓裳羽衣曲〉으로 고쳤
다고 한다.

125) 〈해로薤露〉: 前漢 때의 挽歌로, 『樂府詩集』 '相和歌辭'에 수록되어 있
다. 田橫의 門客이 전횡의 죽음을 애도하며 지은 것이라 한다. 전횡은
戰國시대 齊나라의 종실로, 秦나라 말에 잠시 齊王이 되었다가 패한
이후 문객들과 함께 도망쳐 지내다가 漢나라가 건국된 이후 漢 高祖의
부름을 받고 洛陽으로 가던 길에 臣服하길 원치 않아 자살했다. 〈薤露〉
의 가사는 다음과 같다. “부추 위에 맺힌 이슬, 어찌 그리 쉽게 마르는가.
이슬은 말라도 내일 아침 다시 내리지만, 사람은 한번 가면 언제 돌아오
나.薤上露, 何易晞, 露晞明朝更復落, 人死一去何時歸.”

126) 〈우빈虞殯〉: 죽은 자를 보내는 노래인 挽歌를 의미한다. 『左傳』「哀公
11年」에 吳나라가 장차 齊나라와 싸우려 할 때 “공손하가 부하에게 명해
〈우빈〉을 부르게 했다.公孫夏, 命其徒歌虞殯.”라는 기록이 있는데, 만가
인 〈우빈〉을 부르게 했다는 것은 반드시 죽을 것임을 나타낸 말이다.

고 물러남이 전부 박자에 맞지 않아, 듣는 이가 모두 비분에 잠겼다.

(후진 출제出帝) 개운開運 2년(945), 태상소경太常少卿 도곡陶穀[127]이 이무를 폐지할 것을 상주했다.】

漢高祖受命之年, 秋九月, 權太常卿張昭上疏, 奏改一代樂名,
其略曰:

후한後漢 고조高祖(유지원劉知遠, 895~948)가 황제가 된[受命] 해(947) 가을 9월에 태상경 대리[權太常卿] 장소張昭[128]가 상소하여, 시대의 악명樂名을 바꾸길 아뢰었다. 그 대략적인 내용은 다음과 같다.

昔周公相成王, 制禮作樂, 殿庭徧奏六代舞, 所謂雲門·
大咸·大韶·大夏·大濩·大武也. 周室既衰, 王綱不振, 諸
樂多廢, 唯大韶·大武二曲存焉. 秦·漢以來, 名爲二舞: 文

---

127) 도곡陶穀(903~970): 後晉, 後漢, 後周, 北宋에 걸쳐 여러 관직을 지냈다. 字는 秀實이며, 邠州 新平(현재 陝西 彬縣) 사람이다. 본래 姓은 唐인데, 後晉 高祖의 이름이 石敬瑭이므로 避諱하기 위해서 성을 陶로 바꿨다. 宋 太祖의 禪位 詔書를 기초하였으며, 송나라 건국 이후 禮部尙書가 되었고 이후 刑部尙書와 戶部尙書를 역임했다.

128) 장소張昭(894~972): 後唐, 後晉, 後漢, 後周, 北宋에 걸쳐 여러 관직을 지냈으며 황제의 명을 받아 實錄을 修撰했다. 字는 潛夫이며, 濮州 範縣(현재 河南 範縣) 사람이다. 자칭 漢나라 常山王 張耳의 후손이라고 했다. 本名은 張昭遠인데, 後漢 高祖의 이름이 劉知遠이므로 避諱하기 위해서 張昭로 개명했다. 후한 초에 吏部侍郞을 그대로 맡으면서 또 太常卿이 되었으며, 후한 고조 乾佑 2년(949)에는 檢校禮部尙書로도 봉해졌다.

舞, 韶也; 武舞, 武也. 漢時改爲文始·五行之舞, 歷代因而不改. 貞觀作樂之時, 祖孝孫改隋文舞爲治康之舞, 武舞爲凱安之舞. 貞觀中, 有秦王破陣樂·功成慶善樂二舞, 樂府又用爲二舞, 是舞有四焉. 前朝行用年深, 不可遽廢, 俟國家偃伯靈臺[一四],129) 卽別召工師, 更其節奏, 今改其名, 具書如左:祖孝孫所定二舞名, 文舞曰治康之舞, 請改爲治安之舞;武舞曰凱安之舞, 請改爲振德之舞. 貞觀中二舞名, 文舞功成慶善樂治康,【原本作「治廣」, 今從五代會要改正.(影庫本粘籤)】[一五],130) 前朝名九功舞, 請改爲觀象之舞;武舞秦王破陣樂[一六],131) 前朝名爲七德舞, 請改爲講功之舞. 其治安·振德二舞, 請依舊郊廟行用, 以文舞降神, 武舞送神. 其觀象·講功二舞, 請依舊宴會行用.

　　옛날 주공周公이 성왕成王을 도와 예禮를 제정하고 악樂을 제작하여 전정殿庭에서 육대六代의 무무132)를 두루 연주했는

<hr />

129) [교감기 14] "偃伯靈臺"는 원래 "偃武於靈臺"로 되어 있지만 殿本과 殘宋本『冊府元龜』권570에 근거해서 ('偃伯靈臺'로) 고쳤다. 明本『冊府元龜』에는 "偃息靈臺"로 되어 있고, 影庫本 批校에서는 이렇게 말했다. "'偃武于靈臺' 구절은 원래 '偃伯靈臺'로 되어 있는데, (원래의 것이) 맞다. '偃武'로 잘못 고친 것은 틀린 것이다.偃武于靈臺句, 原本作偃伯靈臺, 是. 誤改作偃武, 非."

130) [교감기 15] "文舞功成慶善樂"에서, '舞'는 원래 '武'로 되어 있지만 殿本,『五代會要』권7,『冊府元龜』권570에 근거해서 ('舞'로) 고쳤다.

131) [교감기 16] "武舞秦王破陣樂"에서, '武舞' 2글자는 원래 없지만『冊府元龜』권570에 근거해서 보충했다.

132) 육대六代의 무무:六代 樂舞(六樂 혹은 六舞라고도 함)를 말한다. 六代는 黃帝, 唐, 虞, 夏, 殷, 周의 여섯 시대를 가리킨다. 六代 樂舞란

데, 이른바 〈운문雲門〉133) 〈대함大咸〉134) 〈대소大韶〉135) 〈대하

黃帝 때의 〈雲門大卷〉, 唐堯 때의 〈大咸〉, 虞舜 때의 〈大韶〉, 夏禹 때의 〈大夏〉, 商(殷) 湯 때의 〈大濩〉, 周 武王 때의 〈大武〉이다. 周代에 공경대부의 자제에게 가르친 것이 바로 六代의 樂舞이다. "악무를 國子에게 가르쳐 〈雲門大卷〉〈大咸〉〈大磬〉〈大夏〉〈大濩〉〈大武〉를 추게 한다.以樂舞教國子, 舞雲門大卷·大咸·大磬·大夏·大濩·大武."(『周禮』「春官·大司樂」)

133) 〈운문雲門〉: 黃帝의 樂舞로, 〈雲門大卷〉이라고도 한다. 文舞에 속하며, 黃鐘·大呂의 樂과 짝이 되어 天神에게 제사할 때 사용했다. "곧 黃鐘을 연주하고 大呂를 노래하고 〈雲門〉을 추며, 천신에게 제사한다.乃奏黃鐘, 歌大呂, 舞雲門, 以祭天神."(『周禮』「大司樂」)

134) 〈대함大咸〉: 堯의 樂舞로, 〈咸池〉라고도 한다. 文舞에 속하며, 太簇·應鐘의 樂과 짝이 되어 地祇에게 제사할 때 사용한다. "곧 大簇를 연주하고 應鐘을 노래하고 〈咸池〉를 추며, 地祇에게 제사한다.乃奏大簇, 歌應鐘, 舞咸池, 以祭地祇."(『周禮』「大司樂」) 黃帝가 지었는데, 堯가 增修했다고도 한다. "〈함지〉는 (黃帝에게 덕행이) 갖추어짐을 기린 것이다.咸池, 備矣."(『禮記』「樂記」) 이에 대해 鄭玄 注에서는 이렇게 말했다. "黃帝가 지은 樂名으로, 堯가 증수하여 사용했다. '咸'은 '모두'라는 의미이고 '池'는 '베풂'을 말하는데, 덕이 베풀어지지 않음이 없다는 말이다. 『주례』에서는 〈大咸〉이라고 하였다.黃帝所作樂名也, 堯增脩而用之. 咸, 皆也, 池之言施也, 言德之無不施也. 周禮曰大咸."

135) 〈대소大韶〉: 舜의 樂舞로, 〈大磬〉〈韶〉〈九韶〉〈簫韶〉라고도 한다. "〈韶〉는 (舜이 堯의 덕을) 계승하였음을 기린 것이다.韶, 繼也."(『禮記』「樂記」) "舜에게는 〈대소〉가 있었다.舜有大韶."(『莊子』「天下」) 文舞에 속하며, 姑洗·南呂의 樂과 짝이 되어 四望에게 제사할 때 사용한다. "곧 姑洗를 연주하고 南呂를 노래하고 大韶를 추며, 四望에게 제사한다.乃奏姑洗, 歌南呂, 舞大韶, 以祭四望."(『周禮』「大司樂」) 孔子는 〈韶〉를 극찬한 바 있다. "공자가 제나라에서 〈韶〉를 듣고 석 달 동안 고기 맛을 알지 못하였다.子在齊聞韶, 三月不知肉味."(『論語』「述而」)

大夏〉136) 〈대호大濩〉137) 〈대무大武〉138)입니다. 주周 왕실이 쇠
망하고 천자의 기강[王綱]이 부진不振하자, 여러 악이 대부분
폐기되고 〈대소〉와 〈대무〉 두 곡만 남았습니다. 진秦·한漢 이
래로 (이를) 이무二舞라고 이름하였는데, 문무文舞는 〈소韶〉이
고 무무武舞는 〈무武〉입니다. 한나라 때 (문무와 무무를 각각)
〈문시무文始舞〉와 〈오행무五行舞〉로 바꿨는데, 역대로 이를 따
르고 고치지 않았습니다.

　(당 태종太宗) 정관貞觀 연간(627~649)에 악樂을 제작할 때,
조효손祖孝孫이 수隋나라의 문무를 〈치강무治康舞〉라 하고 무

“(〈韶〉)는 아름다움을 다하였고, 선함을 다하였다.盡美矣, 又盡善也.”
(『論語』「八佾」)

136) 〈대하大夏〉: 禹의 樂舞로, 〈夏〉라고도 한다. “〈夏〉는 (禹가 堯와 舜의
덕을) 크게 발전시켰음을 기린 것이다.夏, 大也.”(『禮記』「樂記」) 이에
대해 鄭玄 注에서는 이렇게 말했다. “禹의 樂名이다. 우가 요와 순의
덕을 크게 발전시켰음을 말한다. 『주례』에서는 〈大夏〉라고 하였다.禹樂
名也. 言禹能大堯舜之德, 周禮曰大夏. 文舞에 속하며, 蕤賓·函鍾의
樂과 짝이 되어 山川에게 제사할 때 사용한다. “곧 蕤賓을 연주하고
函鍾을 노래하고 〈大夏〉를 추며, 山川에게 제사한다.乃奏蕤賓, 歌函鍾,
舞大夏, 以祭山川.”(『周禮』「大司樂」)

137) 〈대호大濩〉: 商나라 湯王의 樂舞로, 〈大護〉라고도 한다. 武舞에 속하
며, 夷則·小呂와 짝이 되어 先妣에게 제사할 때 사용한다. “곧 夷則을
연주하고 小呂를 노래하고 〈大護〉를 추며, 先妣에게 제사한다.乃奏夷
則, 歌小呂, 舞大護, 以祭先妣.”(『周禮』「大司樂」)

138) 〈대무大武〉: 周나라 武王의 樂舞이다. 武舞에 속하며, 無射·夾鍾과 짝
이 되어 先祖에게 제사할 때 사용한다. “곧 無射을 연주하고 夾鍾을
노래하고 〈大武〉를 추며, 先祖에게 제사한다.乃奏蕤賓, 歌函鍾, 舞大
夏, 以祭山川.”(『周禮』「大司樂」)

무를 〈개안무凱安舞〉라 했습니다.139) 정관 연간에 〈진왕파진악

秦王破陣樂〉140)과 〈공성경선악功成慶善樂〉141)의 이무가 있었는

---

139) "처음에 隋에는 文舞와 武舞가 있었는데, 祖孝孫이 樂을 제정함에 이
    르러 문무를 〈治康〉이라 고쳐 부르고 무무를 〈凱安〉이라 고쳐 불렀다.
    初, 隋有文舞武舞, 至祖孝孫定樂, 更文舞曰治康, 武舞曰凱安."(『新唐
    書』「禮樂志」)

140) 〈진왕파진악秦王破陣樂〉: 〈破陣樂〉이라고도 한다. 唐 太宗 李世民 때
    만들어진 樂舞이다. "〈破陣樂〉은 (당나라) 太宗이 만든 것이다. 태종이
    秦王으로 있을 때 사방을 정벌하자, 민간에서 〈秦王破陣樂〉이라는 곡을
    불렀다. 즉위한 뒤 呂才에게 명하여 음률을 맞추게 하고, 李百藥·虞世
    南·褚亮·魏徵 등에게 가사를 짓게 했다. 120명이 갑옷을 입고 창을 쥐
    며, 은으로 갑옷을 장식했다. 땅을 세게 내리밟으며[發揚蹈厲], 소리가
    강개하다. 饗宴에서 이를 연주하면, 천자가 자리를 뜨고 연회석에 앉아
    있던 자들은 모두 일어난다.破陣樂, 太宗所造也. 太宗爲秦王之時, 征
    伐四方, 人間歌謠秦王破陣樂之曲. 及卽位, 使呂才協音律, 李百藥·
    虞世南·褚亮·魏徵等製歌辭. 百二十人披甲持戟, 甲以銀飾之. 發揚
    蹈厲, 聲韻慷慨, 享宴奏之, 天子避位, 坐宴者皆興."(『舊唐書』「音樂
    志」)

141) 〈공성경선악功成慶善樂〉: 〈慶善樂〉이라고도 한다. 唐 太宗 李世民 때
    만들어진 樂舞이다. "〈慶善樂〉은 (당나라) 太宗이 만든 것이다. 태종은
    武功縣의 慶善宮에서 태어났는데, 귀하게 되고 나서 궁중에서 연회를
    베풀어 시를 짓고 (그 시에) 악곡[管絃]을 입힌 것이다. 춤추는 자는 64
    명이며, 소매가 넓은 자줏빛의 윗옷과 치마[紫大袖裙襦]를 입고, 검은빛
    의 딴머리를 덧대어 올리며[漆髻] 가죽신[皮履]을 신는다. 춤이 안정되
    고 평온하니, 文德이 두루 미쳐서 천하가 평안하고 즐거움을 상징한다.
    慶善樂, 太宗所造也. 太宗生於武功之慶善宮, 旣貴, 宴宮中, 賦詩, 被
    以管絃. 舞者六十四人, 衣紫大袖裙襦, 漆髻皮履. 舞蹈安徐, 以象文德
    洽而天下安樂也."(『舊唐書』「音樂志」)

데, 악부樂府에서 또 이를 이무로 사용했습니다. 이렇게 해서
무무舞舞가 4종류가 되었습니다. 이전 왕조에서 사용되어 행해진
지 오래되어 갑자기 폐기할 수는 없으니, 나라가 태평해진[偃
伯靈臺][142] 다음에 악공을 따로 불러서 (악무의) 절주節奏를 바
꾸시되 지금은 그 명칭을 바꾸소서. (그 명칭을) 다음과 같이
모두 기록하옵니다.

　　조효손이 정한 이무의 명칭 중 문무는 〈치강무〉라 하는데【('치
강治康'은) 원본에 '치광治廣'으로 되어 있는데, 『오대회요五代會要』에
근거해서 보충했다.(영고본影庫本 주석)】 청컨대 〈치안무治安舞〉로
바꾸고, 무무는 〈개안무〉라 하는데 청컨대 〈진덕무振德舞〉로
바꾸소서. 정관 연간의 이무의 명칭 중 문무는 〈공성경선악〉으
로 이전 왕조에서는 〈구공무九功舞〉[143]라고 이름했는데, 청컨

---

142) 언백영대偃伯靈臺 : 전쟁이 그치고 나라가 태평한 상태를 말한다. 偃伯
　　은 偃霸와 같은데, '偃'은 '休(그치다)'이다. 즉 偃伯은 무력을 쓰는 일을
　　그친다는 뜻이다. 靈臺는 周 文王이 天象을 관측하기 위해 세운 臺이다.
　　『詩經』「大雅·靈臺」에 文王이 靈臺를 만들 때의 이야기가 나온다. "靈
　　臺를 짓기 시작함에 계획하고 지으셨네. 백성들이 거드니 며칠도 안 되
　　어 완성했다네. 급히 서둘지 말라 하셨으나 백성들은 자식이 (아버지 돕
　　듯) 왔다네.經始靈臺, 經之營之. 庶民攻之, 不日成之. 經始勿亟, 庶民
　　子來." 孟子는 梁 惠王에게 이 일을 언급하면서 "옛 사람은 백성과 함
　　께 즐겼기 때문에 즐길 수 있었습니다.古之人與民偕樂故能樂也."(『孟
　　子』「梁惠王」)라고 했다.
143) 〈구공무九功舞〉: 본래 명칭은 〈功成慶善樂〉이다. "〈九功舞〉는 본래 명
　　칭이 〈功成慶善樂〉이다. 太宗은 慶善宮에서 태어났는데, 貞觀 6년
　　(632)에 그곳으로 행차해 從臣들과 연회를 열고 마을에 상을 내렸으니,
　　漢의 (高祖의 고향인) 沛나 (光武帝의 고향인) 宛과 마찬가지다. 황제

대 〈관상무觀象舞〉로 바꾸소서. 무무 〈진왕파진악〉은 이전 왕
조에서 〈칠덕무七德舞〉144)라고 이름했는데, 청컨대 〈강공무講

(태종)가 매우 기뻐하며 시를 짓고 起居郎 呂才가 그 시에 악곡[管絃]을
입혔는데, 〈功成慶善樂〉이라고 이름했다. … 이를 〈구공무〉라고 이름했
다. 나아가고 발을 디디는 모습이 안정되고 평온하니, 文德을 상징한다.
九功舞者, 本名功成慶善樂. 太宗生於慶善宮, 貞觀六年幸之, 宴從臣,
賞賜閭里, 同漢沛·宛. 帝歡甚, 賦詩, 起居郎呂才被之管絃, 名曰功成
慶善樂. … 號九功舞. 進蹈安徐, 以象文德.”(『新唐書』「禮樂志」) 〈九
功舞〉의 '九功'이란 六府와 三事의 일을 가리킨다. 백성의 생활의 근간
인 육부와 삼사를 잘 관장하는 제왕의 9가지 善政이 바로 九功으로, 제
왕의 文은 九功에 짝한다. “六府와 三事를 九功이라고 한다. 水·火·
金·木·土·穀을 일러 六府라고 한다. 正德·利用·厚生을 일러 三事
라고 한다.六府, 三事, 謂之九功. 水, 火, 金, 木, 土, 穀, 謂之六府. 正
德, 利用, 厚生, 謂之三事.”(『左傳』「文公 7年」)

144) 〈칠덕무七德舞〉: 본래 명칭은 〈秦王破陣樂〉이며, 후에 〈神功破陣樂〉
으로 바뀌었다. “〈칠덕무〉는 본래 명칭이 〈秦王破陣樂〉이다. 太宗이 秦
王으로 있을 때 劉武周를 무찌르자 軍中에서 다들 함께 〈秦王破陣樂
曲〉을 만들어 연주했다. … 후에 魏徵을 비롯해 員外散騎常侍 褚亮, 원
외산기상시 虞世南, 太子右庶子 李百藥에게 명하여 가사를 고쳐 짓게
하고 〈칠덕무〉라고 이름했다. … 후에 〈神功破陣樂〉으로 명칭을 비꾸었
다.七德舞者, 本名秦王破陣樂. 太宗爲秦王, 破劉武周, 軍中相與作秦
王破陣樂曲. … 後令魏徵與員外散騎常侍褚亮·員外散騎常侍虞世南·
太子右庶子李百藥更製歌辭, 名曰七德舞. … 其後更號神功破陣樂.”
(『新唐書』「禮樂志」) “顯慶 원년(656) 정월, 〈파진악무〉를 〈신공파진
악〉으로 바꾸었다.顯慶元年正月, 改破陣樂舞爲神功破陣樂.”(『舊唐
書』「音樂志」) 〈칠덕무〉의 七德은 武功의 7가지 德行으로, 제왕의 武는
七德에 짝한다. “武라는 것은 폭력을 억누르고, 무기를 거두어 싸움을
중지하며, 큰 나라를 유지하고, 공을 세우고, 백성을 편안하게 하며, 만민
을 화합시키며, 재물을 풍성하게 하는 것이다.夫武, 禁暴, 戢兵, 保大,

樂上 악 상 227

功舞〉로 바꾸소서. 〈치안무〉와 〈진덕무〉의 이무는 청컨대 예전
과 마찬가지로 교묘郊廟에서 사용하시되, 문무로 강신降神하시
고 무무로 송신送神하소서. 〈관상무〉와 〈강공무〉의 이무는 청
컨대 예전과 마찬가지로 연회에서 사용하소서.

又請改十二和樂云:

또 〈십이화十二和〉[145]를 (〈십이성十二成〉으로) 바꿀 것을 청하며
이렇게 아뢰었다.

  昔周朝奏六代之樂, 卽今二舞之類是也. 其賓祭常用〔一

定功, 安民, 和衆, 豐財者也."(『左傳』「宣公 12年」)

145) 〈십이화十二和〉: 唐의 樂名으로, 祖孝孫이 남과 북의 음악과 古音을
살펴서 개정하여 제정한 雅樂을 말한다. 大唐雅樂 또는 大唐樂이라고
도 한다. 총 12개로 그 명칭에 모두 '和'가 들어 있는데, 〈豫和〉〈順和〉
〈永和〉〈肅和〉〈雍和〉〈壽和〉〈太和〉〈舒和〉〈昭和〉〈休和〉〈正和〉
〈承和〉이다. "처음에, 祖孝孫이 樂을 제정한 뒤에 大樂은 天地와 더불
어 같이 조화를 이루는 것이라 말하며, 〈十二和〉를 만들어 하늘의 成數
를 본받았다. (〈십이화〉의) 첫째는 〈豫和〉, 둘째는 〈順和〉, 셋째는 〈永
和〉, 넷째는 〈肅和〉, 다섯째는 〈雍和〉, 여섯째는 〈壽和〉, 일곱째는 〈太
和〉, 여덟째는 〈舒和〉, 아홉째는 〈昭和〉, 열째는 〈休和〉, 열한째는 〈正
和〉, 열두째는 〈承和〉라고 한다. (〈십이화〉를) 郊廟와 朝廷에 사용하여
인간과 신을 조화롭게 했다. 初, 祖孝孫已定樂, 乃曰大樂與天地同和者
也, 製十二和, 以法天之成數, 號大唐雅樂. 一曰豫和, 二曰順和, 三曰
永和, 四曰肅和, 五曰雍和, 六曰壽和, 七曰太和, 八曰舒和, 九曰昭和,
十曰休和, 十一曰正和, 十二曰承和. 用於郊廟·朝廷, 以和人神."(『新
唐書』「禮樂志」)

七],146) 別有九夏之樂, 即肆夏·皇夏等是也. 梁武帝善音樂, 改九夏爲十二雅, 前朝祖孝孫改雅爲和, 示不相沿也. 臣今改和爲成, 取韶樂九成之義也. 十二成樂曲名：祭天神奏豫和之樂, 請改爲禋成；祭地祇奏順和, 請改爲順成；祭宗廟奏永和, 請改爲裕成；祭天地·宗廟, 登歌奏肅和, 請改爲肅成；皇帝臨軒奏太和, 請改爲政成；【政成, 原本作「征成」, 今從文獻通考改正.(影庫本粘籤)】王公出入奏舒和, 請改爲弼成；皇帝食擧及飮宴奏休和, 請改爲德成；皇帝受朝·皇后入宮奏正和, 請改爲宸成；皇太子軒懸出入奏承和, 請改爲胤成；元日·冬至皇帝禮會, 登歌奏昭和, 請改爲慶成；郊廟俎入奏雍和, 請改爲騂成；皇帝祭享·酌獻·讀祝文及飮福·受胙奏壽和, 請改爲壽成.

옛날 주周 왕조 때 육대六代의 악樂147)을 연주했는데, 바로 오늘날 이무二舞의 종류가 이것입니다. 빈賓을 접대하고 제사를 지낼 때 상용하는 것으로는 따로 〈구하九夏〉148)의 악樂이

---

146) [교감기 17] "其賓祭常用"에서, '賓'은 원래 '兵'으로 되어 있지만 殿本, 劉本, 『五代會要』 권7, 殘宋本 『冊府元龜』 권570에 근거해서 ('賓'으로) 고쳤다.

147) 육대六代의 악樂 : 六代의 樂舞, 즉 黃帝 때의 〈雲門大卷〉, 唐堯 때의 〈大咸〉, 虞舜 때의 〈大韶〉, 夏禹 때의 〈大夏〉, 商湯 때의 〈大濩〉, 周武王 때의 〈大武〉를 가리킨다. 周代에 공경대부의 자제에게 가르친 것이 바로 六代의 樂舞이다. "악무를 國子에게 가르쳐 〈雲門大卷〉〈大咸〉〈大磬〉〈大夏〉〈大濩〉〈大武〉를 추게 했다.以樂舞敎國子, 舞雲門大卷·大咸·大磬·大夏·大濩·大武."(『周禮』「春官·大司樂」)

148) 〈구하九夏〉: 周나라 때의 9가지 樂曲으로, 『周禮』에 따르면, 〈王夏〉〈肆夏〉〈昭夏〉〈納夏〉〈章夏〉〈齊夏〉〈族夏〉〈祴夏〉〈驁夏〉이다. "무

있었는데, 바로 〈사하肆夏〉[149] 〈황하皇夏〉[150] 등이 그것입니다. (남조) 양梁나라 무제武帝가 음악에 능통해 〈구하〉를 〈십이아 十二雅〉로 바꾸었습니다. 이전 왕조(당唐)에서 조효손祖孝孫이 '아雅(〈십이아〉)'를 '화和(〈십이화〉)'로 바꾼 것은 답습하지 않 겠다는 뜻을 보인 것입니다. 신이 이제 '화和(〈십이화〉)'를 '성 成(십이성))'으로 바꾼 것은 '소악구성韶樂九成'[151]의 의미를

릇 樂事는 종과 북으로 〈九夏〉를 연주한다. (〈구하〉는) 〈왕하〉 〈사하〉 〈소하〉 〈납하〉 〈장하〉 〈제하〉 〈족하〉 〈개하〉 〈오하〉이다.凡樂事, 以鍾鼓 奏九夏. 王夏·肆夏·昭夏·納夏·章夏·齊夏·族夏·祴夏·驁夏."(『周 禮』「春官·鍾師」) 이에 대해 鄭玄 注에서는 이렇게 말했다. "종과 북으 로 친다는 것은 먼저 종을 치고 다음으로 북을 쳐서 〈구하〉를 연주한다 는 것이다. 夏는 大이다. 樂의 大歌에는 9개가 있다.以鍾鼓者, 先擊鍾, 次擊鼓以奏九夏. 夏, 大也, 樂之大歌有九."

149) 〈사하肆夏〉: 九夏 중에서 尸童이 출입할 때 연주하는 음악이다. "왕이 출입할 때는 〈왕하〉를 연주하고, 尸童이 출입할 때는 〈사하〉를 연주하 고, 犧牲이 출입할 때는 〈소하〉를 연주한다.王出入則令奏王夏, 屍出入 則令奏肆夏, 牲出入則令奏昭夏.(『周禮』「大司樂」) 이상의 〈王夏〉〈肆 夏〉〈昭夏〉를 〈三夏〉라고 한다.

150) 〈황하皇夏〉: 〈九夏〉 중에서 왕이 출입할 때 연주하는 음악으로, 〈王夏〉 를 가리킨다. "『周禮』를 살펴보면 '왕이 출입 할 때는 〈왕하〉를 연주하 고, 시동이 출입할 때는 〈사하〉를 연주하며, 희생이 출입할 때는 〈소하〉 를 연주한다'고 하였습니다. 지금 樂府에서 연주하는 〈夏〉는 〈王夏〉를 변주해서 〈皇夏〉라고 한 것인데, 대개 秦나라와 漢나라 이래로 (王을) '皇'이라고 불렀기 때문입니다.案周禮王出入則奏王夏, 尸出入則奏肆 夏, 牲出入則奏昭夏. 今樂府之夏, 唯變王夏爲皇夏, 蓋緣秦·漢以來 稱皇故也."(『隋書』「音樂志」)

151) 소악구성韶樂九成:『尙書』「益稷」에서 "簫韶가 9번 연주되자 봉황이

취한 것입니다. 〈십이성十二成〉의 악곡명은 다음과 같습니다.
천신에 제사지낼 때 연주하는 〈예화豫和〉¹⁵²⁾를 청컨대 〈인

와서 춤을 추었다.簫韶九成, 鳳凰來儀."라고 했는데, '韶樂九成'은 바로
'簫韶九成'이다. "簫韶의 樂을 9번 연주하자[九成] 봉황이 날아와 儀容
을 갖추었습니다.簫韶之樂, 作之九成, 以致鳳皇來而有容儀也."(『尙書
注疏』「虞書」) 韶樂은 簫韶, 즉 舜의 음악이다. '九成'은 악무를 9번
연주한다는 의미로, '九變'이라고도 한다. 成과 變 모두 '奏(연주하다)'
를 의미한다. "變은 更과 같다. 樂이 끝나면 다시 연주하는 것이다.變猶
更也, 樂成則更奏也."(『周禮注』「大司樂」) "'成'은 樂曲이 완성되었음
을 이른다. 鄭玄은 '成은 終과 같다'라고 하였다. 매 曲이 한 번 끝나면
반드시 바꾸어 다시 연주하기 때문에 經文에서는 '九成'이라 말하고 孔
傳에서는 '九奏'라 말하고 『周禮』에서는 '九變'이라 일렀는데, 실은 동
일한 것이다.成, 謂樂曲成也. 鄭云, 成, 猶終也. 每曲一終, 必變更奏,
故經言九成, 傳言九奏, 周禮謂之九變, 其實一也."(『尙書注疏』「虞
書」) 宗廟 禘祫의 강신에는 九變을 사용한다. "圓丘의 강신에서는 六
變, 方澤의 강신에서는 八變, 宗廟 禘祫의 강신에서는 九變이며 모두
〈昭夏〉를 사용한다. 그 나머지 제사는 모두 一變이다.其圓丘降神六變,
方澤降神八變, 宗廟禘祫降神九變, 皆用昭夏. 其餘祭享皆一變."(『通
典』「樂典」)

152) 〈예화豫和〉: "(〈十二和〉의) 첫째는 〈豫和〉라 하는데, 천신의 降神에 사
용한다. 冬至에 圓丘에서 올리는 제사, 上辛 祈穀, 孟夏에 (비가 오기를
비는) 雩祀, 季秋에 明堂에서 올리는 제사, 아침 해에 올리는 제사[朝
日], 저녁달에 올리는 제사[夕月], 巡狩하기 전 원구에서의 告祭, 燔柴
告至, 太山에서 올리는 封祀, 上帝에게 올리는 類祭 등에서는 모두 圜
鍾을 宮으로 삼아 3번 연주한다. 黃鍾을 角으로 삼고 太簇를 徵로 삼고
姑洗을 羽로 삼아 각각 1번 연주하며, 文舞를 추면서 악곡을 6번 연주한
다[六成]. 五郊迎氣에서 黃帝를 제사지낼 때는 黃鍾을 궁으로 삼고, 赤
帝를 제사지낼 때는 函鍾을 치로 삼고, 白帝를 제사지낼 때는 太簇를
상으로 삼고, 黑帝를 제사지낼 때는 南呂를 우로 삼고, 靑帝를 제사지낼

성례成〉으로 바꾸소서. 지기地祇에 제사지낼 때 연주하는 〈순
화順和〉153)를 청컨대 〈순성順成〉으로 바꾸소서. 종묘宗廟에 제
사지낼 때 연주하는 〈영화永和〉154)를 청컨대 〈유성裕成〉으로

때는 고선을 각으로 삼으며, 모두 문무를 추면서 악무를 6번 연주한다.一
曰豫和, 以降天神. 冬至祀圜丘, 上辛祈穀, 孟夏雩, 季秋享明堂, 朝日,
夕月, 巡狩告于圜丘, 燔柴告至, 封祀太山, 類于上帝, 皆以圜鍾爲宮,
三奏. 黃鍾爲角, 太簇爲徵, 姑洗爲羽, 各一奏, 文舞六成. 五郊迎氣,
黃帝以黃鍾爲宮, 赤帝以函鍾爲徵, 白帝以太簇爲商, 黑帝以南呂爲
羽, 靑帝以姑洗爲角, 皆文舞六成."(『新唐書』「禮樂志」)

153) 〈순화順和〉: "(〈十二和〉의) 둘째는 〈順和〉라 하는데, 地祇의 降神에 사
용한다. 夏至에 方丘에서 올리는 제사, 孟冬에 神州 지기에게 올리는
제사, 春社와 秋社, 巡狩하기 전 토지신에게 고하는 제사[告社], (出征
하기 전) 토지신에게 올리는 제사[宜], 社首山에서 올리는 禪祭 등에서
는 모두 函鍾을 宮으로 삼고 太簇를 角으로 삼고 姑洗을 徵로 삼고
南呂를 羽로 삼아 각각 3번 연주하며, 文舞를 추면서 악무를 8번 연주한
다[八成]. 산천에 올리는 望祭에서는 蕤賓을 궁으로 삼아 3번 연주한다.
二曰順和, 以降地祇. 夏至祭方丘, 孟冬祭神州地祇, 春秋社, 巡狩告
社, 宜于社, 禪社首, 皆以函鍾爲宮, 太簇爲角, 姑洗爲徵, 南呂爲羽,
各三奏, 文舞八成. 望于山川, 以蕤賓爲宮, 三奏."(『新唐書』「禮樂志」)

154) 〈영화永和〉: "(〈十二和〉의) 셋째는 〈永和〉라 하는데, 人鬼의 강림에 사
용한다. (사시에 맞춰 태묘에서 제사하는) 時享과 (종묘에 모셔진 역대
선왕을 합사하는) 禘祫, 중요한 일이 있어 종묘에 제사지내며 아뢸 때
[告謁于廟]는 모두 黃鍾을 宮으로 삼아 3번 연주하며, 大呂를 角으로
삼고 太簇를 徵로 삼고 應鍾을 羽로 삼아 각각 2번 연주한다. 文舞를
추면서 악무를 9번 연주한다[九成]. 先農에 올리는 제사와 황태자가 올
리는 釋奠祭에서는 모두 姑洗을 궁으로 삼고 문무를 추면서 악무를 3번
연주하며, 送神에 각각 그 곡(〈영화〉)을 1번 연주한다. 蜡祭[八蜡] 및
천·지·인 각각의 신은, 황종으로 〈예화〉를 연주하고 蕤賓·姑洗·太簇

바꾸소서. 천지와 종묘에 제사지낼 때 등가登歌에서 연주하는 〈숙화肅和〉[155]를 청컨대 〈숙성肅成〉으로 바꾸소서. 황제가 임 헌臨軒할 때 연주하는 〈태화太和〉[156]를 청컨대 〈정성政成〉으로

로 〈順和〉를 연주하고 無射과 夷則으로 〈永和〉를 연주하여, 6개의 均을 모두 1번 연주함으로써 降神하며, 送神에는 〈豫和〉를 사용한다. 三曰永和, 以降人鬼. 時享‧禘祫, 有事而告謁于廟, 皆以黃鍾爲宮, 三奏. 大呂爲角, 太簇爲徵, 應鍾爲羽, 各二奏. 文舞九成. 祀先農, 皇太子釋奠, 皆以姑洗爲宮, 文舞三成. 送神, 各以其曲一成. 蜡兼天地人, 以黃鍾奏豫和, 蕤賓‧姑洗‧太簇奏順和, 無射‧夷則奏永和, 六均皆一成以降神, 而送神以豫和."(『新唐書』「禮樂志」)

155) 〈숙화肅和〉: "(〈十二和〉의) 넷째는 〈肅和〉라 하는데, 登歌하고 옥과 비단을 올릴 때 사용한다. 天神 제사에서는 大呂를 宮으로 삼고, 地祇 제사에서는 應鍾을 궁으로 삼고, 宗廟 제사에서는 圜鍾을 궁으로 삼고, 先農 제사와 釋奠에서는 南呂를 궁으로 삼고, 山川 望祭에서는 函鍾을 궁으로 삼는다. 四曰肅和, 登歌以奠玉帛. 于天神, 以大呂爲宮. 于地祇, 以應鍾爲宮. 于宗廟, 以圜鍾爲宮. 祀先農‧釋奠, 以南呂爲宮. 望于山川, 以函鍾爲宮."(『新唐書』「禮樂志」)

156) 〈태화太和〉: "(〈十二和〉의) 일곱째는 〈太和〉라 하는데, 행차할 때 節奏로 삼는다. 역시 黃鍾을 宮으로 삼는다. 무릇 제사를 올릴 때 天子가 문으로 들어와 제자리로 가고, 올라가고 내려가고, 임시 거처[次]로 돌아가는데, (천자가) 걸음을 옮기면 (〈태화〉를) 연주하고 걸음을 멈추면 연주도 그친다. 조정에서는 천자가 궁내에서 나가려 할 때 黃鍾의 종을 치면 오른쪽 5개의 종이 응하고, 이에 이것(〈태화〉)을 연주한다. 禮를 마친 뒤에 일어나 (궁내로) 들어올 때 蕤賓의 종을 치면 왼쪽 5개의 종이 응하고, 이에 이것(〈태화〉)을 연주한다. 모두 황종을 궁으로 삼는다. 七曰太和, 以爲行節. 亦以黃鍾爲宮. 凡祭祀, 天子入門而卽位, 與其升降, 至于還次, 行則作, 止則止. 其在朝廷, 天子將自內出, 撞黃鍾之鍾, 右五鍾應, 乃奏之. 其禮畢, 興而入, 撞蕤賓之鍾, 左五鍾應, 乃奏之. 皆

바꾸소서.【'정성政成'은 원본에 '정성征成'으로 되어 있는데, 『문헌통
고文獻通考』에 따라 바로잡았다.(영고본影庫本 주석)】왕공王公이 출
입할 때 연주하는 〈서화舒和〉[157]를 청컨대 〈필성弼成〉으로 바
꾸소서. 황제가 식사하고[食擧] 연회를 베풀 때[飮宴] 연주하는
〈휴화休和〉[158]를 청컨대 〈덕성德成〉으로 바꾸소서. 황제가 조
하朝賀를 받을 때와 황후가 입궁할 때 연주하는 〈정화正和〉[159]
를 청컨대 〈의성扆成〉으로 바꾸소서. 황태자의 헌현軒懸과 황
태자가 출입할 때 연주하는 〈승화承和〉[160]를 청컨대 〈윤성胤

以黃鍾爲宮.”(『新唐書』「禮樂志」)

157) 〈서화舒和〉: “(〈十二和〉의) 여덟째는 〈舒和〉라 하는데, 二舞를 보내고
들일 때, 황태자·王公·群后·國老 및 황후의 시첩[妾御]과 황태자의
宮臣이 문을 출입할 때 이것(〈서화〉)을 연주한다. 모두 太簇商을 쓴다.
八曰舒和, 以出入二舞, 及皇太子·王公·群后·國老若皇后之妾御·
皇太子之宮臣, 出入門則奏之. 皆以太簇之商.”(『新唐書』「禮樂志」)

158) 〈휴화休和〉: “(〈十二和〉의) 열째는 〈昭和〉라 하는데, 황제가 식사할 때
와 三老에게 肅拜할 때 사용하며, 황태자가 식사할 때도 사용한다. 모두
그달에 해당하는 律均을 사용한다.十曰休和, 皇帝以飯, 以肅拜三老,
皇太子亦以飯. 皆以其月之律均.”(『新唐書』「禮樂志」)

159) 〈정화正和〉: “(〈十二和〉의) 열한째는 〈正和〉라 하는데, 황후가 冊命을
받을 때 사용한다.十一曰正和, 皇后受冊以行.”(『新唐書』「禮樂志」)
“황제가 朝賀를 받을 때 〈政和〉를 연주한다.皇帝受朝, 奏政和.”(『舊唐
書』「音樂志」)

160) 〈승화承和〉: “(〈十二和〉의) 열둘째는 〈承和〉라 하는데, 황태자가 그 궁
(東宮)에서 연회를 베풀 때 사용한다. 만약 행차할 때는 黃鍾을 치고
〈太和〉를 연주한다. 太極門을 나가면 〈采茨〉를 연주하고 嘉德門에 이
르면 연주를 멈춘다. (행차했다가) 돌아올 때도 마찬가지다.十二曰承和,
皇太子在其宮, 有會以行. 若駕出, 則撞黃鍾, 奏太和. 出太極門而奏采

成〉으로 바꾸소서. 원단元日과 동지에 황제의 예회禮會에서 등가登歌할 때 연주하는 〈소화昭和〉[161]를 〈경성慶成〉으로 바꾸소서. 교묘郊廟에 조俎가 들어올 때 때 연주하는 〈옹화雍和〉[162]를 청컨대 〈성성騂成〉으로 바꾸소서. 황제의 제향祭享과 작헌酌獻 그리고 축문祝文을 읽을 때와 음복飮福과 수조受胙에 연주하는 〈수화壽和〉[163]를 청컨대 〈수성壽成〉으로 바꾸소서.

祖孝孫元定十二和曲, 開元朝又奏三和, 遂有十五和之名.
凡制作禮法, 動依典故, 梁置十二雅, 蓋取十二天之成數,

茨, 至于嘉德門而止. 其還也亦然."(『新唐書』「禮樂志」)

161) 〈소화昭和〉: "(〈十二和〉의) 아홉째는 〈昭和〉라 하는데, 황제와 황태자가 연회를 거행할 때[擧酒] 사용한다.九日昭和, 皇帝·皇太子以擧酒."(『新唐書』「禮樂志」) "원일(정월 초하룻날)과 동지에 황제가 마련한 禮會에서 登歌할 때 〈昭和〉를 연주한다.元日·冬至皇帝禮會登歌, 奏昭和."(『舊唐書』「音樂志」)

162) 〈옹화雍和〉: "(〈十二和〉의) 다섯째는 〈雍和〉라 하는데, 제사에서 俎를 들일 때 사용한다. 天神 제사에서 조를 들일 때는 黃鍾을 宮으로 삼고, 地祇 제사에서 조를 들일 때는 太簇를 궁으로 삼고, 人鬼 제사에서 조를 들일 때는 無射을 궁으로 삼는다. 또 豆를 거둘 때도 (〈옹화〉를) 사용한다. 무릇 제사에서 조를 들인 이후에 신을 영접할 때의 악곡 역시 이와 같다.五曰雍和, 凡祭祀以入俎. 天神之俎, 以黃鍾爲宮, 地祇之俎, 以太簇爲宮, 人鬼之俎, 以無射爲宮. 又以徹豆. 凡祭祀, 俎入之後, 接神之曲亦如之."(『新唐書』「禮樂志」)

163) 〈수화壽和〉: "(〈十二和〉의) 여섯째는 〈壽和〉라 하는데, 酌獻과 飮福에 사용한다. 黃鍾을 宮으로 삼는다.六曰壽和, 以酌獻·飮福. 以黃鍾爲宮."(『新唐書』「禮樂志」)

契八音十二律之變，輒益三和，有乖稽古．又緣祠祭所用，
不可盡去，臣取其一焉，祭孔宣父·齊太公廟降神奏宣和，
請改爲師雅之樂[一八]164)；三公升殿·會訖下階履行奏祴
和，請廢，同用弼成；享先農·耕籍田奏豐和[一九]，165)　請
廢，同用順成．

　　조효손祖孝孫이 원래 〈십이화十二和〉의 악곡을 정했는데, (현
종玄宗) 개원開元 연간(713~741)에 또 〈삼화三和〉166)를 연주하
니, 마침내 〈십오화十五和〉의 명칭이 생겨났습니다.167) 무릇 예

---

164) [교감기 18] "請改爲師雅之樂"에서, '改'자는 원래 없지만 『五代會要』
　　　권7과 『冊府元龜』 권570에 근거해서 보충했다.

165) [교감기 19] "享先農耕籍田"에서, '田'자는 원래 없지만 『五代會要』 권
　　　7에 근거해서 보충했다.

166) 〈삼화三和〉：玄宗 開元 연간(713~741)에 제작된 樂으로, 〈祴和〉〈豐
　　　和〉〈宣和〉를 말한다. "『通典』에서 말하길 '開元 연간에 또 〈三和〉 樂
　　　을 만들었다'라고 했다. 첫째는 〈祴和〉로, 三公이 오르내리고 행차할 때
　　　이것을 연주한다. 둘째는 〈豐和〉로, 先農에게 제사지낼 때 이것을 연주
　　　한다. 셋째는 宣和로, 孔宣父와 齊太公에게 제사지낼 때 이것을 연주한
　　　다.通典曰，開元中又造三和樂．一曰祴和，三公升降及行則奏之．二曰
　　　豐和，享先農則奏之．三曰宣和，祭孔宣父·齊太公則奏之．"(『樂府詩
　　　集』「唐郊祀歌辭」)

167) 開元 연간에 이르러 기존의 〈十二和〉에 해당하는 12개의 樂에 〈三和〉에
　　　해당하는 3개의 樂(〈祴和〉〈豐和〉〈宣和〉)을 더해 〈十五和〉가 된 것이다.
　　　"開元 연간에 이르러 〈三和〉 樂을 만들어 모두 〈十五和〉 樂이 되었는데,
　　　그 이름은 〈원화〉〈순화〉〈영화〉〈숙화〉〈옹화〉〈수화〉〈태화〉〈서화〉〈휴
　　　화〉〈소화〉〈개화〉〈정화〉〈승화〉〈풍화〉〈선화〉이다.至開元中，又造三和
　　　樂，共十五和樂，其曰元和·順和·永和·蕭和·雍和·壽和·太和·舒和·
　　　休和·昭和·祴和·正和·承和·豐和·宣和."(『通典』「樂典」)

법을 제작하려면 전고典故에 따라야 하는 법이니, (남조南朝) 양梁나라에서 〈십이아十二雅〉를 둔 것은 대개 12일의 성수成數를 취한 것이자 8음音 12율律의 변화에 합치하는 것입니다. (그런데) 돌연히 〈삼화〉를 더한 것은 옛것을 고찰함[稽古]에 어긋나옵니다. (그렇지만) 또 제사에 쓰이는 것이므로 모두 버릴 수는 없습니다. 신이 그중 하나를 취하오니, 공선보孔宣父와 제태공齊太公의 묘廟에서 강신降神할 때 연주하는 〈선화宣和〉를 청컨대 〈사아악師雅樂〉으로 바꾸소서. 삼공三公이 전殿에 오르고 예회禮會가 끝난 뒤 계단을 내려와 갈 때 연주하는 〈개화祴和〉는 청컨대 폐기하시고, 〈필성弼成〉을 겸용하소서. 선농先農에 제사지내고 황제가 친히 밭을 갈 때[耕籍田] 연주하는 〈풍화豐和〉는 청컨대 폐기하시고, 〈순성順成〉을 겸용하소서.

已上四舞·十二成·雅樂等曲, 今具錄合用處所及樂章首數, 一一條列在下. 其歌詞文多不錄.

이상의 사무四舞, 〈십이성十二成〉, 아악雅樂 등의 악곡은 그 적합한 8처 및 악장 몇 수를 지금 기록하니, 이래와 같이 일일이 나얼해 둔다. 그 가사는 많아서 기록하지 않는다.

樂下
악 하

하경심 역주

周廣順元年, 太祖初即大位, 惟新庶政, 時太常卿邊蔚上疏請改舞名, 其略云:“前朝改祖孝孫所定二舞名[一]1), 文舞曰治安之舞, 武舞曰振德之舞, 今請改治安爲政和之舞, 振德爲善勝之舞. 前朝改貞觀中二舞名, 文舞曰觀象之舞, 武舞曰講功之舞, 今請改觀象爲崇德之舞, 講功爲象成之舞.【象成, 原本作“相成”, 今據『五代會要』改正.(影庫本粘籤)】 又議改十二成, 今改爲順. 十二順樂曲名:祭天神奏禮成, 請改爲昭順之樂;祭地祇奏順成, 請改爲寧順之樂;祭宗廟奏裕成, 請改爲肅順之樂;祭天地·宗廟, 登歌奏肅成, 今請改爲感順之樂;皇帝臨軒奏政成, 請改爲治順之樂;王公出入奏弼成, 請改爲忠順之樂;皇帝食擧奏忠德成, 請改爲康順之樂;皇帝受朝·皇后入宮奏宬成, 請改爲雍順之樂;皇太子軒懸出入奏胤成, 請改爲溫順之樂;元日·冬至皇帝禮會, 登歌奏慶成, 請改爲禮順之樂;郊廟俎入奏駪成, 請改爲禮順之樂;【禮順, 原本作“福順”, 今從『五代會要』·『文獻通考』改正.(影庫本粘籤)】 皇帝祭享·酌獻·讀祝及飲福·受胙奏壽成, 請改爲福順之樂. 梁武帝改九夏爲十二雅, 以協陽律·陰呂·十二管旋宮之義, 祖孝孫改爲十二和. 開元中, 乃益三和, 前朝去二和, 改一雅. 今去雅, 只用十二順之曲. 祭孔宣父·齊太公廟降神奏師雅, 請同用禮順之樂;三公升殿·會訖下階履行同用弼成[二]2), 請同用忠順之樂;享先農及籍田同用順成, 請同用

---

1) [교감기 1] "所定二舞名"은 원래 "所更定十二成之名"으로 되어 있었는데 『冊府元龜』권570에 의거해 고쳤다. 殿本에는 "所定十二和之名"으로 되어있고 劉本에는 "所更定十二和之名", 『五代會要』권7에는 "所定二舞"로 되어 있다.

2) [교감기 2] "會訖" 이 두 글자는 원래 없었는데 『五代會要』권7, 『冊府元龜』권570에 의거해 보완한 것이다.

寧順之樂[三]3)." 曲詞文多不載.【案『五代會要』：邊蔚請添召樂師, 令在寺
習樂. 勑太常寺見管兩京雅樂節級樂工共四十人外, 更添六十人, 内三十八人宜
抽教坊貼部樂官兼充[四]4), 餘二十二人宜令本寺照名充塡. 仍令三司定支春冬
衣糧, 月報聞奏. 其舊管四十人, 亦量添請.】

　　주周5) 광순廣順 원년(951년)에 태조太祖가 즉위하여 각종 정사를
혁신했다. 이때 태상경太常卿 변위邊蔚6)가 악무의 이름을 바꿀 것을
상소했다. 대략적인 내용은 다음과 같다.

　　　전조前朝에서 조효손祖孝孫이 정한 2무舞의 명칭을 바꾸어,
　　　문무文舞는 〈치안무治安舞〉라 하고, 무무武舞는 〈진덕무振德
　　　舞〉라 했는데 이제 청하오니 〈치안무〉를 〈정화무政和舞〉로,

---

3) [교감기 3] "享先農及籍田同用順成請同用寧順之樂"에서 '先農及', '順
　　成', '請同用'의 여덟 글자는 원래 없었는데 『冊府元龜』 권570에 의거해
　　더한 것이다. 『五代會要』 권7에는 '請'이 '今'으로 되어 있고 나머지는 『冊
　　府元龜』와 같다.

4) [교감기 4] "兼充"의 '充'은 원래 '先'이었는데 殿本·劉本에 근거해 고친
　　것이다. 影庫本의 批校에서는 '兼充'의 '充'이 '先'으로 잘못 쓰인 것이므
　　로 응당 바로잡아야 한다고 하였다.

5) 주周 : 5代(後梁·後唐·後晉·後漢·後周)시기 後周(951~960)를 말한다.
　　951년 太祖 郭威가 後漢을 멸망시키고 건국한 나라로 東京 開封府에
　　수도를 정했으며 960년 송나라 건국까지 10년간 지속되었다.

6) 변위邊蔚(885~955) : 字는 得升이고 長安(현재 陝西省 西安市) 사람으
　　로, 後唐 莊宗이 蜀을 공격할 때 華州節度使記室로 군사업무를 책임졌
　　고 許州 등지의 판관을 지냈다. 後晉에서는 開封少尹·工部侍郎·開封
　　知府·毫州防御使·戶部侍郎 등을 지냈고 後漢에서는 御史中丞·兵部
　　侍郎 등을 지냈으며 後周때에는 開封知府·太常卿을 지냈다.

〈진덕무〉를 〈선승무善勝舞〉로 바꾸어 주십시오. 전조에서 정관
貞觀연간의 2무舞의 명칭을 바꾸어 문무文舞를 〈관상무觀象
舞〉, 무무武舞를 〈강공무講功舞〉라 했는데 이제 청하오니 〈관
상무〉를 〈숭덕무崇德舞〉로, 〈강공무〉를 〈상성무象成舞〉로 바꾸
어 주십시오.【상성象成은 원본에는 "상성相成"으로 되어 있는데 『오
대회요五代會要』에 근거해 수정한다.(영고본影庫本 주석)】 또한 (오대
후한 때) 논의하여 (〈十二和〉를) 〈십이성十二成〉으로 바꾸었는
데 이제 순順으로 바꾸니 〈십이순十二順〉 악곡 이름은 다음과
같이 해 주십시오. 천신天神에게 제사 올릴 때 연주하는 〈인성
禋成〉은 〈소순악昭順樂〉으로, 지기地祇[7]에게 제사 올릴 때 연
주하는 〈순성順成〉은 〈영순악寧順樂〉으로, 종묘에 제사 올릴
때 연주하는 〈유성裕成〉은 〈숙순악肅順樂〉으로, 천지·종묘에
제사 올릴 때 등가登歌하며 연주하는 〈숙성肅成〉은 〈감순악感
順樂〉으로, 황제가 임헌臨軒[8]하실 때 연주하는 〈정성政成〉은
〈치순악治順樂〉으로, 왕공王公의 출입시 연주하는 〈필성弼成〉
은 〈충순악忠順樂〉으로, 황제의 식거食舉[9]시 연주하는 〈덕성德

---

7) 지기地祇 : 토지신을 말하는데 社稷神, 산악과 강·바다의 신, 五祀神(주
택의 門神·戶神·井神·灶神·中溜의 다섯 신, 또는 五行의 신을 말한
다)과 만물의 신을 포함한다.
8) 임헌臨軒 : 황제가 어전 앞으로 나아가는 것을 말한다. 전 앞과 당의 계단
사이에 있는 난간이 앞이 높은 수레와 비슷해 '임헌'이라 한 것이다.
9) 식거食舉 : 전례 때 바친 犧牲(舉)을 먹는 것인데 특히 희생의 肺·등뼈
등을 사용한다. 『儀禮』「士冠禮」에 희생으로 돼지를 잡아 폐를 떼어내어
鼎에 채운다고 하였고("若殺, 則特豚, 載合升, 離肺, 實于鼎.") 『儀禮』
「士昏禮」에 "舉로 제사 지내고, 舉를 먹는다.皆祭舉, 食舉也."라는 말이

成〉은 〈강순악康順樂〉으로, 황제의 수조受朝10)때나, 황후의 입
궁시 연주하는 〈의성扆成〉은 〈옹순악雍順樂〉으로, 황태자皇太
子가 헌현軒懸11)하고 출입할 때 연주하는 〈윤성胤成〉은 〈온순
악溫順樂〉으로, 원일元日·동지冬至의 황제의 예회禮會시 등가
登歌하며 연주하는 〈경성慶成〉은 〈예순악禮順樂〉으로, 교묘郊
廟에 조组12)가 들어갈 때 연주하는 〈성성騂成〉은 〈인순악禋順
樂〉으로,【인순禋順은 원본에 '복순福順'으로 되어 있는데『오대회요』
·『문헌통고文獻通考』에 의거해 수정한다.(영고본影庫本 주석)】황제
의 제향祭享·작헌酌獻·독축讀祝 및 음복飲福·수조受胙13)시

있는데 賈公彦 疏에 "擧는 肺를 든다는 것으로 그것으로 제사를 지내고
먹으므로 폐를 거라고 한 것이다.擧, 謂擧肺, 以其擧以祭以食, 故名肺
爲擧."라고 하였다. 나아가 제왕이 음식을 먹거나 연회 때에 연주된 음악
을 말하기도 한다. 晉 司馬懿 〈食擧東西廂歌〉七 : "唯敬朝饗, 爰奏食
擧."(『樂府詩集』「燕射歌辭一」)

10) 수조受朝 : 황제가 신하로부터 慶賀나 朝會를 받는 일을 말한다.

11) 헌현軒懸 : 제후의 악에서 악기를 3면에 진열해 걸어놓는 것을 말한다.
『周禮』「春官·小胥」에 "왕은 宮懸, 제후는 軒懸(王宮懸, 諸侯軒懸)"이
라 했고 鄭玄의 주에서 "정사농이 이르기를, 궁현은 4면에 거는 것이고
헌현은 1면이 제거된 것이라고 하였다. … 남쪽을 없앤 것은 왕의 자리를
피하기 위해서라고 본다.鄭司農云宮懸, 四面懸, 軒懸, 去其一面, … 玄
謂軒懸去南面辟王也."라고 하였다.

12) 조组 : 제사 때 제품을 담아 놓는 기물로, 원래 소·양고기 등을 담는 4脚
의 네모난 靑銅盤, 또는 木漆盤이나 도마를 말한다.

13) 제향祭享·작헌酌獻·독축讀祝·음복飲福·수조受胙 : 祭享은 제품을 진
열해 올리며 신께 제사 지내는 것이고 酌獻은 술을 따라 바치는 것, 讀祝
은 祝告文을 읽는 것, 飲福은 제사 후 신에게 바친 酒肉을 먹으며 신께
복을 기원하는 것, 受胙는 제사 지낸 후 제사육을 받는 것을 말한다.

연주하는 〈수성壽成〉은 〈복순악福順樂〉으로 바꾸어 주십시오. 양梁 무제武帝14)가 〈구하九夏〉를 〈십이아十二雅〉로 바꾼 것은 양률陽律·음려陰呂·십이관선궁十二管旋宮15)의 뜻에 화합하기

14) 양梁 무제武帝(蕭衍. 464~549. 재위 502~549) : 字는 叔達이고 南蘭陵郡 東城里(오늘날의 江蘇省 丹陽市 埤城鎮 東城村) 사람으로, 南朝 梁의 개국황제이다. 齊(483-493) 明帝때 雍州刺史를 지내며 北魏의 침략을 막 아냈고 502년 蕭寶融으로부터 선위 받아 梁을 세웠다. 宋과 齊의 폐정을 바로잡고 北魏의 남침을 저지하고 북벌을 단행하기도 했으나 만년에는 정사를 소홀히 했고 548년 侯景의 난이 일어난 다음 해에 잡혀 죽었다. 文才가 뛰어나 많은 명작을 남겼으며 '竟陵八友'(齊 武帝 永明연간, 당 시 竟陵王이었던 蕭衍을 중심으로 모인 沈約·謝朓·王融 등의 문사집 단)를 이끌었다.『通史』6백 권을 편찬하게 하고 직접 贊序를 썼으며 음 률과 서법에도 정통해 당시의 문학예술발전에 공헌했다. 諡號는 武皇帝, 廟號는 高祖이고 修陵에 모셔졌다.

15) 선궁旋宮 : '旋宮轉調'를 말한다. 중국전통음계에는 12律(呂), 즉 黃鍾(F) ·大呂(F#)·太簇(G)·夾鍾(G#)·古洗(A)·仲呂(A#)·蕤賓(B)·林鍾(C)· 夷則(C#)·南呂(D)·無射(D#)·應鍾(E)이 있는데(이중 황종·태주·고선 ·유빈·이칙·무역을 律이라 하고 대려·협종·중려·임종·남려·응종을 呂라 한다) 旋宮은 12율의 위치에 따라 宮音이 바뀌고 나머지 商·角· 徵·羽음이 그에 따라 이동하는 것을 말하며 轉調는 곡조의 주음이 다른 階名의 음에 따라 달라짐으로써 調가 변환되는 것을 말한다. 예를 들어 黃鍾均은 황종이 궁음에 해당하고 그에 따라 나머지 음의 위치가 정해져 太簇가 商, 姑洗이 角, 蕤賓이 變徵, 林鍾이 徵, 南呂가 羽, 應鍾이 變宮 이 된다. 12율의 매 균에는 7개의 조가 있으므로 이론상 84개의 조가 가능 하지만 실제로 變宮 12성과 變徵 12성은 조를 이룰 수 없다고 보았다. 旋宮의 방식은 唐代에는 順旋과 逆旋, 宋代에는 右旋과 左旋이 있었는 데 雅樂으로 제사지낼 때에는 順旋·右旋 방식, 즉 12율을 달에 따라 순 서대로 선궁하는 방식을 썼다.

위함이었는데 조효손은 그것을 〈십이화十二和〉로 바꾸었습니다. 개원開元연간에는 삼화三和를 더했는데 전조前朝에서 이화二和를 없애 일아一雅로 바꾸었습니다. 이제 아雅도 없애고 〈십이순十二順〉 곡만 사용하십시오. 공자(孔宣父)·제태공묘齊太公廟에 제사 올릴 때 강신降神에서 〈사아師雅〉를 연주하는데 〈예순악〉도 함께 사용해 주십시오. 삼공三公의 승전升殿시, 예회를 마치고 계단을 내려오며 걸을 때 〈필성弼成〉을 함께 사용하는데, 〈충순악忠順樂〉도 함께 사용해 주십시오. 선농先農16)께 제를 올리고 적전籍田의 예17)를 행할 때 〈순성順成〉을 함께

---

16) 선농先農 : 帝社·王社라 하던 것을 漢代에 이르러 선농이라 했으며 처음 농경을 전수해 주었다는 神農을 가리킨다. 천자가 밭에 단을 쌓고 선농에게 제사를 올림으로써 한 해 농사의 풍요를 기원했다. "壇于田, 以祀先農."(『五經要議』)" 『後漢書』「禮儀志」上에 "力田種各穰訖"이라 하였고 劉昭의 注에서 『漢舊儀』를 인용해 "봄에 천자가 적전에서 경작을 시작하고 관에서는 선농에게 제사를 지낸다. 선농은 곧 신농 염제이다.春始東耕於藉田, 官祠先農. 先農即神農炎帝也."라고 하였다. 魏나라 때에는 風伯·雨師·靈星·社·稷과 함께 나라의 6神중 하나였다.

17) 적전藉田 : 天子·諸侯가 백성을 이용해 경작하던 밭을 말하는데 천자는 千畝, 제후는 百畝의 규모였다. 봄의 농사 시작 전 천자와 제후가 쟁기보습을 들고 籍田에서 세 번 밀고 한 번 당기는 동작을 하는데 이를 '籍禮'라 했다. 籍은 借, 즉 백성들의 힘을 빌려 농사를 짓는다는 뜻이며 천자가 솔선수범하여 농사에 임하는 모습을 상징적으로 보여줌으로써 백성들에게 권농하는 것이다. 『詩經』「周頌·載芟」: "載芟, 春籍田而祈社稷也." 毛傳 : "籍田, 甸師氏所掌, 王載耒耜所耕之田. 天子千畝, 諸侯百畝. 籍之言借也, 借民力治之, 故謂之籍田, 朕親率耕, 以給宗廟粢盛." 顏師古 注(韋昭의 말을 인용) : "籍, 借也. 借民力以治之, 以奉宗廟, 且以勸率天下, 使務農也."

사용하는데 〈영순악寧順樂〉도 사용해 주십시오.

이 곡들의 곡사曲詞는 대부분 수록하지 않았다.【안案:『오대회요』에 의하면 변위가 악사樂師를 더 불러 태상시에서 음악을 익히게 하고 태상시에 칙령을 내려 양경兩京의 아악을 관장하는 절급節級[18] 악공 40명을 살피는 외에 60명을 더하도록 청했는데 안의 38명은 교방첩부악관教坊貼部樂官에서 뽑아 겸직하도록 하고, 나머지 22명은 본시本寺에 명해 명단에 따라 충당하도록 했다. 또한 삼사三司로 하여금 봄과 겨울의 의복과 식량 지출 규모를 정하고 매달 보고하도록 했는데 전에 관리하던 40명도 그 수를 늘릴 것을 청했다.】

世宗顯德元年即位, 有司上太祖廟室酌獻, 奏明德之舞.

세종世宗이 현덕顯德[19] 원년元年(954)에 즉위하실 때 유사有司가 태조묘실太祖廟室에 작헌酌獻하며 〈명덕무明德舞〉를 연주했다.

五年六月, 命中書舍人竇儼參詳太常雅樂. 十一月, 翰林學士竇儼上疏論禮樂刑政之源, 其一曰: "請依唐會要所分門類, 上自五帝, 迄于聖朝, 凡所施爲, 悉命編次, 凡關禮樂, 無有闕漏, 名之曰

---

18) 절급節級 : 唐宋시대의 하급 武職 관원을 말하며 宋元代에는 地方獄吏를 일컫는 말이었다. 唐 玄奘『大唐西域記』「鉢邏耶伽國」: "備極珍玩, 窮諸上饌, 如是節級, 莫不周施."

19) 현덕顯德 : 後周 太祖 郭威때의 연호(954~960.1). 世宗 柴榮도 즉위 후 연용했고(현덕 원년~6년) 恭帝 柴宗訓도 연용해(현덕 6년 6월~7년 1월) 총 7년간 사용되었다.

大周通禮, 俾禮院掌之." 其二曰[五][20]: "伏請命博通之士, 上自五帝, 迄於聖朝, 凡樂章沿革, 總次編錄, 繫於歷代樂錄之後, 永爲定式, 名之曰大周正樂, 俾樂寺掌之. 依文教習, 務在齊肅." 詔曰: "竇儼所上封章, 備陳政要, 舉當今之急務, 疾近世之因循, 器識可嘉, 辭理甚當, 故能立事, 無愧蒞官. 所請編集大周通禮‧大周正樂, 宜依. 仍令於內外職官前資前名中, 選擇文學之士, 同共編集, 具名以聞. 委儼總領其事. 所須紙筆, 下有司供給."

현덕顯德 5년(958년) 6월, 중서사인中書舍人 두엄竇儼[21])에게 명해

---

20) [교감기 5] "其二曰"의 '二'는 원래 '三'인데 『冊府元龜』 권570에 근거해 고쳤다.

21) 두엄竇儼(918~960) : 字는 望之이고 薊州 漁陽縣(오늘날의 天津市 薊縣) 사람으로 5형제가 모두 登科한 집안으로 유명했다. 後晉 때(941년) 진사가 된 뒤 開運연간(944~946), 여러 지역에서 혹형이 자행되는 것을 보고 이를 금하게 해 달라는 상소를 올렸다. 後漢에서는 사관이 되었고 後周 太祖 顯德 원년(954년)에는 集賢殿學士‧判院事가 되었으며 世宗 때에는 治道에 있어 6綱, 즉 예를 밝히고 악을 숭상하며 정사를 빛내고 형벌을 바로잡으며 농사를 권면하고 武를 경륜해야 함을 주장하는 상소를 올려 ("歷代致理, 六綱爲首 : 一曰明禮, 禮不明則彝倫不叙. 二曰崇樂, 樂不崇則二儀不和. 三曰熙政, 政不熙則群務不整. 四曰正刑, 刑不正則巨奸不慴. 五曰勸農, 農不勸則資澤不流. 六曰經武, 武不經則軍功不盛. 故禮有紀, 若人之衣冠 ; 樂有章, 若人之喉舌 ; 政有統, 若人之情性 ; 刑有制, 若人之呼吸 ; 農爲本, 若人之飮食 ; 武爲用, 若人之手足. 斯六者, 不可斯須而去身也." 『宋史』「列傳」 권22) 신임을 받았다. 세종은 그에게 雅樂을 고증해 바로잡게 하고 翰林學士‧判太常寺에 임명했는데 그가 교정한 鐘磬筦龠의 수와 律呂 旋宮法 등은 지금도 준용될 정도로 정확성을 인정받고 있다. 北宋 太祖 때에는 禮部侍郎‧大儀知貢擧를 지냈으며 제사 악상, 종묘시호 등을 정했나. 『周正樂』 120권과 문집 70권을 넘겼다.

태상아악太常雅樂을 관찰하고 연구하게 했다. 11월, 한림학사翰林學
士 두엄이 상소해 예악형정禮樂刑政의 근원을 논하였다.

그 첫 번째는 다음과 같다.

> 청하옵건대 『당회요唐會要』에서 문류門類를 나눈 것에 의거
> 해 오제五帝로부터 본조에 이르기까지 시행한 바를 차례대로
> 정리하고, 무릇 예악에 관련된 것이라면 빠짐이 없도록 명하시
> 어 『대주통례大周通禮』라 이름하고 예원禮院에서 관장하도록
> 해 주십시오.

그 두 번째는 다음과 같다.

> 엎드려 청하옵건대, 박학다식한 인사에게 명해 오제부터 본
> 조에 이르기까지 모든 악장의 연혁을 모아 차례대로 수록하고
> 역대의 악록 뒤에 부기하여 영구히 고정격식으로 삼게 하시며
> 『대주정악大周正樂』이라 이름하여 악시樂寺에서 관장하도록
> 해 주십시오. 그리하여 기록된 대로 교습하되 엄정함에 힘쓰도
> 록 해 주십시오.

이에 대해 다음과 같이 명을 내리셨다.

> 두엄이 올린 봉장封章은 정사의 요지를 다 갖추어 말하였으
> 며 당장의 급선무를 거론하고 근세의 인습을 병폐로 여겼다.
> 기백과 견식이 가상하며 말의 조리가 타당하므로 공업을 일으
> 킬 만하며 맡은 바 관직에 부끄럽지 않다. 『대주통례』·『대주

정악』의 편찬을 청한 바, 그대로 시행하라. 또한 내외의 관직에
서 퇴직한 사람 중 문학에 뛰어난 인사를 선발해 함께 편찬하
도록 하며 그 이름을 갖추어 알리도록 하라. 엄의嚴儗에게 그 일을
총괄하도록 맡기고 필요한 지필은 유관 부서에서 공급하도록
하라.

六年春正月, 樞密使王朴奉詔詳定雅樂十二律旋相爲宮之法, 幷
造律準, 上之. 其奏疏略曰:

현덕顯德 6년(959년) 봄 정월에 추밀사樞密使 왕박王朴[22]이 명을
받들어 아악 12율律이 돌아가며 궁宮이 되는 법을 상세히 확정하고
율의 기준[律準]까지 만들어 올렸다. 그가 올린 주소奏疏는 대략 다
음과 같다.

夫樂作於人心, 成聲於物, 聲氣既和, 反感於人心者也.
所假之物, 大小有數. 九者, 成數也, 是以黃帝吹九寸之管,
得黃鍾之聲, 爲樂之端也. 半之, 清聲也. 倍之, 緩聲也. 三
分其一以損益之, 相生之聲也. 十二變而復黃鍾, 聲之總數

---

22) 왕박王朴(906-959) : 字는 文伯이고 東平(현재 山東省 東平) 사람으로,
오대시기 後漢에서 秘書郎을 지냈고 廣順 元年(951년) 鎭寧節度使 柴
榮의 節度掌書記를 지냈다. 柴榮이 後周의 世宗으로 즉위한 후「平邊
策」을 바치고 江淮지역을 취하고 남방의 할거세력과 北漢을 평정했으며
曆法을 개정하고 雅樂을 고증하는 등의 업적으로 세종의 총애를 받았고
樞密使가 되었다. 세종은 그가 죽은 뒤 대성통곡하였다고 하며 화상은
功臣閣에 보셔셨다고 한다.『大周欽天曆』·『律准』등의 저서가 있다.

也[六].23) 乃命之曰十二律. 旋迭爲均, 均有七調, 合八十
四調, 播之於八音, 著之於歌頌. 宗周而上, 率由斯道, 自秦
而下, 旋宮聲廢. 泊東漢雖有大予丞鮑鄴[案:原本訛「鮑節」, 今
據『五代會要』及『文獻通考』改正.(『舊五代史考異』)]興之[七].24) 人亡
而音息[八].25) 無嗣續之者. 漢至隋垂十代, 凡數百年, 所
存者黃鍾之宮一調而已. 十二律中, 唯用七聲, 其餘五律,
謂之啞鐘, 蓋不用故也. 唐太宗復古道, 乃用祖孝孫·張文
收考正雅樂, 而旋宮八十四調復見於時, 在懸之器, 方無啞
者. 安·史之亂, 京都爲墟, 器之與工, 十不存一, 所用歌奏,
漸多紕繆. 逮乎黃巢之餘, 工器都盡, 購募不獲, 文記亦亡,
集官詳酌, 終不知其制度. 時有太常博士殷盈孫[九].26) 按
周官考工記之文, 鑄鎛鍾十二, 編鍾二百四十. 處士蕭承訓
校定石磬, 今之在懸者是也. 雖有樂器之狀, 殊無相應之和.
逮乎朱梁·後唐, 歷晉與漢, 皆享國不遠, 未暇及於禮樂. 以

---

23) [교감기 6] "聲之總數也"의 '聲'자는 원래 없는데『五代會要』권7,『冊
府元龜』권570에 근거해 보완했다.

24) [교감기 7] "大予丞"는 원래 "太子丞"인데,『五代會要』권7,『資治通鑑』
권294의 주에 근거해 고쳤다.

25) [교감기 8] "人亡而音息"의 '音'은 원래 '政'으로,『五代會要』권7,『資治
通鑑』권294의 주에 근거해 고쳤다.

26) [교감기 9] "殷盈孫"의 '殷'은 원래 '商'인데 宋 太祖의 부친 弘殷을 避
諱한 것이다.『五代會要』권7,『資治通鑑』권294에 의거해 고쳤다. 影庫
本粘籤에 "商盈縣은 원본에 文盈縣으로 되어 있었는데『五代會要』에
근거해 바로 잡는다"고 했는데 沈校本·殿本·抄本『五代會要』에 모두
"殷盈孫"으로 되어 있고『冊府元龜』권570에 "商盈孫"으로 되어 있는
것을 보면 粘籤에서 말한 바에 오류가 있는 것 같다.

至於十二鎛鍾[一〇],27) 不問聲律宮商, 但循環而擊, 編鍾·
編磬徒懸而已. 絲·竹·匏·土, 僅有七聲, 作黃鍾之宮一調,
亦不和備, 其餘八十三調, 於是乎泯絶, 樂之缺壞, 無甚於今.

　대개 음악이라는 것은 사람 마음에서 지어지고 기물을 통해
소리를 이루며 소리와 기운이 어우러져 다시 돌아와 사람 마음
에 감동을 주는 것입니다. 기탁한 기물에는 크고 작은 수가 있
습니다. 9는 완전히 이루어진 수이므로 황제黃帝가 9촌의 관管
을 불어 황종黃鍾의 소리를 얻어서 음악의 시초로 삼았던 것입
니다. 그것을 반으로 줄인 것이 청성淸聲이고 그것을 배로 늘
인 것이 느린 소리[緩聲]입니다. 하나를 셋으로 나누어 감하고
더하면 서로 소리가 생겨납니다. 열두 번 변해 다시 황종黃鍾
이 되니 이것이 소리의 총수總數입니다. 이에 그것을 12율律로
명명하게 되었습니다.28) 차례로 갈마들어 균均이 되며 균에는

---

27) [교감기 10] "鎛鍾"는 원래 "鍾鎛"이었는데 殿本·彭本·劉本 및 『五代
會要』 권7, 『冊府元龜』 권570·本卷 上文에 근거해 고쳤다. 影庫本批校
에서 "鎛鐘을 잘못 써 鍾鎛이 된 것이다"라고 하였고 『舊五代史考異』에
서는 "원본에서 鐘鎛으로 잘못 썼는데 『隋書』 「樂志」에 의하면 宮에서
열 두 鎛鍾을 辰位에 각각 설치했다고 한 것을 보면 鍾鎛이 鎛鍾이 되었
을 뿐임을 알 수 있다. 이제 이를 바로 잡는다"고 하였다.

28) 12律의 높이는 律管에 의해 정해진다. 律管은 律琯이라고도 하며 음의
높이를 확정하는 표준기로, 管에서 나는 음을 가지고 조절하는데 12율에
해당하는 12율관이 있으며 재료에 따라 竹律·銅律·玉律이 있고 용도에
따라 笭律·笛律 등이 있다. 고대에는 기장 알을 가지고 양, 길이를 측정
하는 표준으로 삼았는데 그것을 일정한 방식으로 배열해 分(기장 한 알의
폭)·寸·尺과 律管의 길이, 龠(기장 1200알의 부피)·合·升·斗·斛의 용

7조調가 있어 모두 84조[29]가 되는데 그것을 팔음(金石土革絲木
匏竹)으로 연주하고 가송歌頌으로 드러냅니다. 주周나라 위로
는 모두 이 도를 따랐으나 진秦 이하로는 선궁하는 소리[30]를
폐지했습니다. 동한東漢에 이르러 대여승大予丞 포업鮑鄴[31]

량, 銖(기장 1200알의 무게)·兩·斤·鈞·石의 중량을 정했으며 계절변화
를 예측하는 기구로 쓰기도 했다. 12율관을 만드는 방법으로 3分 損益法
이 있는데 기본음인 황종율관의 길이를 3분해 3분의 1 만큼 더하거나 뺌
으로써 나머지 11율관을 만드는 것이다. 예를 들어 황종율관이 9촌인데
그 3분의 1인 3촌을 빼어(3分損一) 6촌 길이의 林鍾율관을 만들고 여기
에 6촌의 3분의 1인 2촌을 더해(3分損益) 8촌 길이의 太蔟율관을 만든다.
(이혜구, 『한국음악논총』, 수문당, 1976.) 3分 損益法은 『管子』에서 최초
로 언급되었고 『呂氏春秋』「音律」, 『淮南子』 등에도 기재가 보인다. 『管
子』「地員」第58篇 "凡聽徵, 如負猪豕覺而駭. 凡聽羽, 如鳴馬在野. 凡
聽宮, 如牛鳴窌中. 凡聽商, 如離群羊. 凡聽角, 如雉登木以鳴. 凡將起五
音凡首, 先主一而三之, 四開以合九九, 以是生黃鍾小素之首, 以成宮.
三分而益之以一, 爲百有八, 爲徵. 不無有三分而去其乘, 適足, 以是生
商. 有三分, 而復于其所, 以是成羽. 有三分, 去其乘, 適足, 以是成角."

29) 균均·궁宮·조調 : 均은 7음의 律位로 한 율을 宮을 삼아 세운 음계를
말한다. 黃鍾均의 경우 황종이 궁음이 되어 나머지 음의 음고위치가 정해
지며 黃鍾律을 黃鍾均의 均主라 한다. 宮은 音階, 調는 調式을 말한다.

30) 十二律을 七音에 안배하여 돌려가면서 宮音으로 삼는 것이다.

31) 대여승大予丞 포업鮑鄴 : 대여승은 음악을 관장하는 직으로 추정된다.
『隋書』 권15 「音樂志」下에 인용된 『東觀書』「馬防傳」의 기재를 보면,
建初 2년 7월 鮑鄴이 천자가 먹고 마시는 것은 반드시 네 계절의 다섯
가지 맛에 따르고 식거의 음악이 있어야 하며 그래야 천지에 순응하고
신명함을 기르며 복을 구해 응답받을 수 있다고 상주했다는 기재가 있
다."按東觀書馬防傳, 大予丞鮑鄴等上作樂事, 下防. 防奏言 : '建初二
年七月鄴上言, 天子食飲, 必順于四時五味, 而有食舉之樂. 所以順天

【안案 : 원본에는 '鮑節'로 잘못 기재되어 있으나 『오대회요』 및 『문헌통고』에 의거해 수정한다.(『구오대사고이舊五代史考異』)】이 이를 진흥시키려 했으나 사람도 죽고 그 음도 더 이상 쓰이지 않아 이어 계승하는 자가 없었습니다. 한漢대에서 수隋대에 걸쳐 십대十代에 이르기까지 수백 년 동안 보존된 것은 황종궁黃鍾宮 한 조뿐이었습니다. 12율중 7성만 사용하고 나머지 5율은 아종啞鐘(소리 없는 북)이라 하였으니, 대개 사용하지 않기 때문이었습니다. 당唐 태종太宗께서 옛 도를 복원하고자 조효손·장문수張文收가 고증해 바로잡은 아악을 사용하시니 선궁旋宮 84조가 세상에 다시 드러나게 되었으며, 걸려 있는 악기 중 소리 나지 않는 것이 없게 되었습니다. 안사安史의 난32)이 일어나

地, 養神明, 求福應也. 今官雅樂獨有黃鍾, 而食擧樂但有太簇, 皆不應月律, 恐傷氣類. 可作十二月均, 各應其月氣. 公卿朝會, 得聞月律, 乃能感天, 和氣宜應. 詔下太常評焉. 太常上言, 作樂器直錢百四十六萬, 奏寢. 今明詔復下, 臣防以爲可須上天之明時, 因歲首之嘉月, 發太簇之律, 奏雅頌之音, 以迎和氣.' 其條貫甚具, 遂獨施行."

32) 안사安史의 난 : 당대 節度使 安祿山과 突厥人 史思明이 일으킨 난 (757~763)으로 玄宗의 失政과 정치의 부패, 변방 節度使의 세력증강 등의 요인으로 일어났다. 安祿山(703~757)은 서역 康國출신으로 9개 서역 언어에 능했다고 하며 開元초에 幽州(範陽)都督 張守珪의 副將이 된 뒤, 天寶연간 그의 추천으로 玄宗의 신임을 얻어 平虜·範陽·河東 3鎭의 節度使를 맡고 東平郡王에 봉해졌다. 755년 재상 楊國忠을 처단한다는 명목으로 난을 일으켰으며 수하의 당 군대와 同羅·奚·契丹·室韋 등으로 이루어진 군대 20만을 이끌고 거병, 洛陽·潼關을 거쳐 756년 長安을 점령했다. 玄宗은 蜀땅으로 피난 가는 길에 陳玄禮와 六軍의 요구로 楊國忠·楊貴妃를 희생시키고 756년 太子 李亨이 肅宗에 즉위하자

경도京都가 폐허가 되자 악기와 그를 다루는 악공은 열 중 하
나도 남지 않았으며 연주하던 가곡도 점차 착오가 많아졌습니
다. 황소黃巢의 기의[33] 이후에는 악공·악기가 모두 사라져 포

太上皇으로 물러난다. 이후 郭子儀·李光弼 등이 史思明을 격파, 하북
일대를 수복하고 757년 河南節度副司 張巡이 이끄는 군민들이 睢陽(오
늘날의 河南省 商丘)을 지켜 반군을 저지하는 등 반격에 나서 長安·洛
陽을 수복하게 된다. 安祿山은 최측근인 嚴莊과 李猪兒, 아들 安慶緒에
의해 살해당하고 안경서는 史思明에게 죽임당하며 사사명 역시 칭제한
뒤 아들 史朝義에게 살해당한다. 당조는 762년 代宗 즉위후 回紇군과
연합해 반군을 공격, 6만 명을 참수하고 2만 명을 포로로 잡으며 洛陽을
수복한다. 763년 사조의가 자살하고 측근들이 투항함으로써 7년 2개월
지속된 안사의 난이 종결된다.

33) 황소黃巢(820~884)의 기의 : 曹州 冤句縣(오늘날 山東省 菏澤市 牡丹
區) 사람으로 鹽商 집안 출신이며 무예에 능했다. 수차례 과거에 응시해
실패한 후, 전국에 가뭄이 발생했음에도 부역과 세금의 부담이 커 백성들
이 유민이 되는 상황을 목도하고, 875년 역시 염상 출신으로 기의를 일으
킨 王仙芝가 관군을 격파하자 黃存·黃揆·黃鄴·林言 등 일가친척과 수
천 무리를 이끌고 이에 호응한다. 반군은 黃河에서 長江에 이르는 광범위
한 지역에서 관군에 승리를 거두며 반년 사이 30만 명에 이르게 되고 黃
巢는 877년 鄆州를 공략해 天平節度使 薛崇을 죽이는 등 승승장구하다
878년 王仙芝가 宋威에게 잡혀 죽자 기의군의 영수가 되어 冲天大將軍
이라 했으며 연호를 '王霸'라 했다. 이후 廣州·桂州를 평정하고 북쪽으
로 洛陽·潼關을 거쳐 長安까지 진격해 880년 12월 太淸宮 含元殿에서
제위에 올랐다. 국호를 大齊, 연호를 金統라 했으며 즉위 후 당의 종실,
공경 등 고관귀족들은 무자비하게 죽였다. 그러나 僖宗의 명에 의해 각지
의 당군들이 세력을 규합해 공격하자 결국 장안에서 퇴각해 동북으로 도
망가던 중 884년, 狼虎谷(山東省 萊蕪縣 서남쪽)에서 외조카 林言에 의
해 일가족과 함께 살해당해 그 수급이 당군에 바쳐졌다.

상을 걸고 모으려 해도 얻을 수 없었고 문자기록도 망실되어 관리들을 모아놓고 상세히 추정해보아도 마침내 그 제도를 알 수 없었습니다. 당시 태상박사太常博士 은영손殷盈孫이 『주례 周禮』「고공기考工記」의 문자기록에 따라 박종鎛鍾 12개, 편종 編鍾 240개를 주조했습니다. 처사處士 소승훈蕭承訓은 석경石 磬을 고증해 바로잡았는데 지금 걸려 있는 것이 그것입니다. 악기의 모양은 있으나 그에 상응하는 조화로운 소리는 전혀 없 습니다. 주량朱梁·후당後唐에 이르고 진晉·한漢을 거치는 동 안, 나라가 오래가지 못해 예악까지 정비할 틈이 없었기에, 12 박종34)은 성률궁상聲律宮商을 따지지 않고 돌아가며 치고 편 종·편경은 그저 걸어 놓기만 하는 지경에 이르렀습니다. 사絲 ·죽竹·포匏·토土에는 7聲만 있어 황종궁黃鍾宮 1조만 지었는 데 이 역시 조화롭지 못하고 나머지 83조는 결국 사라져 끊겼 으니 음악의 결손이 지금보다 심한 때는 없었습니다.

　陛下天縱文武, 奄宅中區, 思復三代之風, 臨視樂懸, 親 自考聽, 知其亡失, 深動上心. 乃命中書舍人竇儼參詳太常 樂事, 不踰月調品八音, 粗加和會. 以臣嘗學律曆, 宣示古今 樂錄, 令臣討論, 臣雖不敏, 敢不奉詔. 遂依周法[一一],35) 以秬黍校定尺度, 長九寸, 虛徑三分, 爲黃鍾之管, 與見在

34) 박종鎛鍾 : 고대 청동 타악기로 編鍾과 비슷하나 더 크며 단독으로 걸 수 있다.

35) [교감기 11] "遂依周法"의 '依'는 원래 '以'였는데 『五代會要』 권7, 『冊 府元龜』 권570, 『資治通鑑』 권294 注에 근거해 고쳤다.

黃鍾之聲相應. 以上下相生之法推之, 得十二律管. 以爲衆管互吹, 用聲不便, 乃作律準, 十三絃宣聲, 長九尺張絃, 各如黃鍾之聲. 以第八絃六尺, 設柱爲林鍾;第三絃八尺, 設柱爲太簇;第十絃五尺三寸四分, 設柱爲南呂;第五絃七尺一寸三分, 設柱爲姑洗;第十二絃四尺七寸五分, 設柱爲應鍾;第七絃六尺三寸三分, 設柱爲蕤賓;第二絃八尺四寸四分, 設柱爲大呂;第九絃【第九絃, 原本作'第八絃', 今據『五代會要』·『文獻通考』改正.(影庫本粘籤)】五尺六寸三分, 設柱爲夷則;第四絃七尺五寸一分, 設柱爲夾鍾;第十一絃五尺一分, 設柱爲無射;第六絃六尺六寸八分[一二],36) 設柱爲中呂;第十三絃四尺五寸, 設柱爲黃鍾之淸聲. 十二律中, 旋用七聲爲均, 爲均之主者, 宮也, 徵·商·羽·角·變宮·變徵次焉. 發其均主之聲, 歸乎本音之律, 七聲迭應而不亂, 乃成其調. 均有七調, 聲有十二均, 合八十四調, 歌奏之曲, 由之出焉.

　폐하께서는 하늘이 낸 문무로 온 중원땅을 통치하시며37) 삼대三代의 기풍을 회복하고자 친히 악현樂懸을 살피시고 직접 소리를 들어 보셨는데 악율樂律이 망실된 것을 아시고 깊이 느끼신 바가 있었습니다. 그래서 중서사인 두엄에게 태상악太常樂의 일을 참작해 상세히 조사하도록 명했는데 한 달이 안 되

---

36) [교감기 12] "六尺六寸八分"의 '八分'은 『五代會要』권7에는 '六分'으로 되어 있다.

37) 엄택중구奄宅中區 : 奄宅은 온 세상을 덮어 통치한다는 뜻이고 中區는 중원지방을 말한다. 晉 陸機 「答賈謐」詩 : "赫矣隆晉, 奄宅率土." 唐 元稹 「册文武孝德皇帝赦文」: "昔我高祖太宗化隋爲唐, 奄宅區夏, 包擧四海."

어 8음을 조정하고 대강 조화를 이루게 했습니다. 신이 일찍이 율력律曆을 배운 바 있다는 이유로 고금의 악록을 선시하시며 신에게 탐구해 논할 것을 명하셨습니다. 신이 불민하나 어찌 감히 명을 받들지 않겠습니까. 이에 마침내 주周의 법法에 따라 찰기장으로 척도尺度를 교정하고 길이 9촌, 지름 3푼으로 황종관黃鍾管을 삼으니 지금의 황종 소리와 상응하였습니다. 위 아래로 만들어나가는 법으로 추정해 12율관律管을 얻었습니다. 그러나 여러 관을 서로 불자니 소리를 내기에 불편해 율준律準을 정해 13현의 소리를 만들었는데 9척尺 길이로 현을 매고 각기 황종성黃鍾聲과 같게 하였습니다. 제8현은 6척 지점에 기러기 발을 세워 임종林鐘으로 삼고 ; 제3현은 8척 지점에 발을 세워 태주太簇로 삼고 ; 제10현은 5척 3촌 4분 지점에 발을 세워 남려南呂로 삼고 ; 제5현은 7척 1촌 3분 지점에 발을 세워 고선姑洗으로 삼고 ; 제12현은 4척 7촌 5분 지점에 발을 세워 응종應鍾으로 삼고 ; 제7현은 6척 3촌 3분 지점에 발을 세워 유빈蕤賓으로 삼고 ; 제2현은 8척 4촌 4분 지점에 발을 세워 대려大呂로 삼고 ; 제9현【제9현은 원본에는 '제8현'으로 되어 있는데 『오대회요』·『문헌통고』에 의거해 바로잡는다.(영고본影庫本 주석)】은 5척 6촌 3분 지점에 발을 세워 이칙夷則으로 삼고 ; 제4현은 7척 5촌 1분 지점에 발을 세워 협종夾鍾으로 삼고 ; 제11현은 5척 1분 지점에 발을 세워 무역無射으로 삼고 ; 제6현은 6척 6촌 8분 지점에 발을 세워 중려中呂로 삼고 ; 제13현은 4척 5촌 지점에 발을 세워 황종黃鍾의 청성清聲으로 삼습니다. 12율律 중 돌아가며 7성聲을 균均으로 삼는데 균均의 주음이 되는 것은 궁宮이고 치徵·상商·우羽·각角·변궁變宮·변치變徵가 그 다음이 됩니다. 균의 주성主聲을 내어 본음의 율에 귀속시키면 7성이 갈마들며 상응해 어지러워지지 않고 조調를 이루게 됩니다. 균均에는 7조調가 있고, 소리에는 12균均이 있어 모두 합해 84조가 되니 노래하고 연주하는 곡은 여기서 나오는 것입니다.

伏以旋宮之聲久絶, 一日而補, 出臣獨見, 恐未詳悉, 望集百官及內外知音者較其得失, 然後依調制曲. 八十四調, 曲有數百, 見存者九曲而已, 皆謂之黃鍾之宮. 今詳其音數, 內三曲【數內三曲, 原本作'一曲', 今據『五代會要』改正.(影庫本粘籤)】即是黃鍾宮聲, 其餘六曲, 錯雜諸調, 蓋傳習之誤也. 唐初雖有旋宮之樂, 至於用曲, 多與禮文相違. 旣不敢用唐爲則, 臣又憒學獨力, 未能備究古今, 亦望集多聞知禮文者, 上本古曲, 下順常道, 定其義理. 於何月行何禮, 合用何調何曲, 聲數長短, 幾變幾成, 議定而制曲, 方可久長行用. 所補雅樂旋宮八十四調, 并所定尺·所吹黃鍾管·所作律準, 謹同上進.

엎드려 생각하건대, 선궁旋宮의 소리가 끊어진 지 오래라 하루아침에 신 혼자 견해를 내어 보완한다고 해도 상세히 갖춰지지 못할까 걱정입니다. 바라옵건대, 백관百官 및 음을 아는 안팎의 인사들을 모아 그 득실을 비교한 연후, 조에 따라 곡을 짓도록 하여 주십시오. 84조에는 수백 곡이 있는데 현재 남아 있는 것은 9곡뿐이고 모두 황종궁이라 합니다. 이제 그 음수音數를 상세히 살펴보니 그중 3곡은【수내삼곡數內三曲은 원본에는

'일곡一曲'으로 되어 있는데 이제『오대회요』에 의거해 바로잡는다.(영고본影庫本 주석)】황종궁이고 나머지 6곡은 여러 조가 섞여 있는데 대개 전습 과정에서 착오가 있었던 것 같습니다. 당초唐初에는 선궁의 음악이 있었으나 곡을 쓸 적에는 예문禮文과 서로 어긋나는 것이 대부분이었습니다. 그래서 당대의 것을 준칙으로 삼을 수 없는 데다, 신 역시 우둔하게 혼자 힘으로 배운 터라 고금을 완벽히 고구할 수 없사오니, 바라옵건대, 예문을 많이 들어 잘 아는 자들을 모아, 위로는 옛 곡을 근본으로 삼고 아래로는 상도常道를 따르게 하시어 그 뜻과 이치를 정하여 주십시오. 그리하여 어느 달에 어떤 예를 행하고 어느 조의 무슨 곡을 써야 하는지, 성수聲數의 장단長短은 어떤지, 몇 곡을 몇 번 변환하는지를 의논해 정한 뒤 곡을 지어야 오래도록 사용할 수 있을 것입니다. 보정한 아악 선궁 84조 및 제가 정한 척尺과 불어서 정한 황종관黃鍾管, 제가 제작한 율준律準을 삼가 함께 올리나이다.

世宗善之, 詔尙書省集百官詳議. 兵部尙書張昭等議曰:

세종世宗께서 그를 가상히 여기시고 상서성尙書省에 명을 내려 백관을 모아 상세히 의론하도록 했다. 병부상서兵部尙書 장소張昭[38] 등이 다음과 같이 의론하였다.

---

38) 장소張昭(894-972): 字는 潛夫이고 濮州 範縣(현재의 河南省 範縣) 사람으로, 後唐·後晉·後漢·後周에 걸쳐 관직을 역임해 吏部尙書에 이르렀다. 후에 鄭國公·陳國公에 봉해졌고「三代興亡論」등을 지었다.

昔帝鴻氏之制樂也, 將以範圍天地, 協和人神, 候八節之
風聲, 測四時之正氣. 氣之清濁不可以筆授[一三],39) 聲之
善否不可以口傳, 故鳧氏鑄金, 伶倫截竹, 爲律呂相生之算,
宮商正和之音. 乃播之於管絃, 宣之於鐘石, 然後覆載之情
訢合, 陰陽之氣和同, 八風從律而不奸, 五聲成文而不亂
[一四].40) 空桑·孤竹之韻, 足以禮神; 雲門·大夏之容, 無
虧觀德. 然月律有還宮之法, 備於太師之職. 經秦滅學, 雅
道凌夷. 漢初制氏所調,【案 : 原本訛「知氏」, 今據漢書改正.(舊五代
史考異)】惟存鼓舞, 旋宮十二均更用之法, 世莫得聞. 漢元帝
時, 京房善易·別音, 探求古議, 以周官均法, 每月更用五
音, 乃立準調, 旋相爲宮, 成六十調. 又以日法析爲三百六
十, 傳於樂府, 而編懸復舊, 律呂無差. 遭漢中微, 雅音淪
缺, 京房準法, 屢有言者, 事終不成. 錢樂空記其名[一五],41)
沈重但條其說, 六十律法, 寂寥不傳. 梁武帝素精音律, 自
造四通十二笛, 以鼓八音. 又引古五正·二變之音, 旋相爲
宮, 得八十四調, 與律準所調, 音同數異. 侯景之亂, 其音又
絶. 隋朝初定雅樂, 羣黨沮議, 歷載不成. 而沛公鄭譯, 因龜
茲琵琶七音, 以應月律, 五正·二變, 七調克諧, 旋相爲宮,

---

39) [교감기13] "氣之清濁"의 '氣'는 원래 '器'였는데『五代會要』권7,『冊府
元龜』권570,『資治通鑑』권294 注에 근거해 고쳤다.

40) [교감기 14] "五聲"는 원래 '五色'인데『五代會要』권7,『冊府元龜』권
570,『資治通鑑』권294 注에 근거해 고쳤다.

41) [교감기 15] "錢樂"는 원래 '錢褒'였는데『五代會要』권7,『冊府元龜』
권570,『資治通鑑』권294 注에 근거해 고쳤다. 錢樂은 錢樂之인데 아래
구의 沈重과 대우를 맞추기 위해 錢樂으로 줄여 부른 것이라 생각된다.

復爲八十四調. 工人萬寶常又減其絲數, 稍令古淡[一六].42)
隋高祖不重雅樂, 令儒官集議. 博士何妥駁奏, 其鄭·萬所
奏八十四調幷廢. 隋氏郊廟所奏, 唯黃鍾一均, 與五郊迎氣,
雜用蕤賓, 但七調而已；其餘五鍾, 懸而不作. 三朝宴樂, 用
緦樂九部, 迄於革命, 未能改更. 唐太宗爰命舊工祖孝孫
[一七]43)·張文收整比鄭譯·萬寶常所均七音八十四調, 方
得絲管幷施, 鍾石俱奏, 七始之音復振, 四廂之韻皆調
[一八].44) 自安·史亂離, 咸秦盪覆. 崇牙樹羽之器, 掃地無
餘；夏擊搏拊之工, 窮年不嗣. 郊廟所奏, 何異南箕, 波蕩不
還, 知音殆絕.

　옛날 제홍씨(帝鴻氏45))는 음악을 제정하고 장차 이것으로써
천지를 포용하고 사람과 신을 조화롭게 하며 8절(節46))의 풍성

---

42) [교감기 16] "稍令古淡"의 '令'은 원래 '全'이었는데『五代會要』권7,
　　『冊府元龜』권570,『資治通鑑』권294 注에 의거해 고쳤다.

43) [교감기 17] "爰命舊工"의 '爰'은 원래 '受'였는데『五代會要』권7,『冊
　　府元龜』권570,『資治通鑑』권294 注에 근거해 고쳤다.

44) [교감기 18] "四廂"은 원래 '四廟'인데『五代會要』권7,『冊府元龜』권
　　570,『資治通鑑』권294 注에 근거해 고쳤다.

45) 제홍씨帝鴻氏 : 신화전설상 중국민족의 선조 중 하나로,『史記正義』에서
　　는 황제가 有熊國의 군주가 되어 호를 有熊氏라 했으며 縉雲氏·帝鴻氏
　　·帝軒氏라고도 불렸다고 하여 제홍씨를 黃帝와 동일 인물로 보고 있다.
　　『左傳』「文公 18年」에는 제홍씨에게 어리석고 완고한 아들이 있다고 하
　　였으며 "昔帝鴻氏有不才子, 掩義隱賊, 好行凶德, 丑類惡物, 頑嚚不友,
　　是與比周, 天下之民謂之渾敦."『山海經』「大荒東」經에는 帝俊이 帝鴻
　　을 낳고 帝鴻이 白民을 낳았다는 기재가 있다. "有白民之國. 帝俊生帝
　　鴻, 帝鴻生白民, 白民銷姓, 黍食, 使四鳥：虎·豹·熊·罴."

風聲을 살피고 사시四時의 정기正氣를 예측하고자 했습니다. 기氣의 청탁은 붓으로 전수할 수 없고 소리의 좋고 나쁨은 입으로 전할 수 없는 까닭에, 부씨鳧氏47)는 금관을 주조하고 영윤伶倫48)은 죽관을 만들어서 율려律呂가 생겨나는 추산으로 삼고 궁상宮商이 바르게 조화를 이루는 음으로 삼았습니다. 그것을 관현으로 연주하고 종석으로 펼친 연후에 하늘과 땅49)의 정이 감응하여 합해지고 음양의 기운이 조화를 이루며50) 8풍風51)이 율을 따르되 서로 범하지 않고 5성이 무늬를 이루되

---

46) 8절節 : 여덟 절기, 즉 立春·立夏·立秋·立冬·春分·夏至·秋分·冬至를 말한다. 또는 上元·淸明·立夏·端午·中元·中秋·冬至·除夕을 말하기도 한다.

47) 부씨鳧氏 : 종 만드는 일을 관장하는 고대의 관명으로『周禮』「考工記·鳧氏」에 보인다. "鳧氏爲鐘." 唐 王勃〈七夕賦〉: "鳧氏鳴秋, 鷄人唱曉." 前蜀 韋莊〈又玄集〉序 : "擊鳧氏之鐘, 霜淸日觀 ; 淬雷公之劍, 影動星津."

48) 영윤伶倫 : 黃帝 때의 악관으로 음률을 처음 만들었다고 한다. 鳳凰 울음소리에 근거해 12율을 정했고 여기에 짐승들의 소리를 기록해 음률을 풍부하게 했다고 한다. 후에 영윤은 배우·희극기예인의 뜻으로도 쓰였다.『呂氏春秋』「仲夏紀·古樂」에 영윤이 황제의 명으로 율을 만들었는데 嶰谿에서 대나무를 취해 구멍을 만들어 음을 조율했다고 한다.

49) 복재覆載 : 원래 덮어씌우고 이어 싣는다는 뜻으로, 키우고 포용한다는 의미로 쓰인다. 여기서는 천지를 가리킨다.『禮記』「中庸」"天之所覆, 地之所載, 日月所照, 霜露所隊, 凡有血氣者, 莫不尊親."『莊子』「天地」"夫道覆載萬物者也, 洋洋乎大哉."『漢書』「外戚傳下·孝成班倢伃」"猶被覆載之厚德兮, 不廢捐於罪郵." 宋 陸游「賀曾秘監啓」: "雖身居湖海之遠, 而名滿覆載之間."

50)『禮記』「樂記」의 "하늘과 땅이 화합하고, 음과 양이 조화된다.天地訢合 陰陽相得."라는 말을 인용한 것이다.

어지럽지 않게 되었습니다. 〈공상空桑〉·〈고죽孤竹〉의 운운韻韻은
신께 예를 다하기에 족하고, 〈운문雲門〉·〈대하大夏〉의 성용聲
容은 덕을 살피기에 모자람이 없었습니다. 월율月律에는 환궁
還宮의 법이 있어 태사太師 직에 갖추어져 있었는데 진대秦代
를 지나며 학문이 사라지고 아정한 도가 쇠락함에, 한나라 초
에 제씨制氏【안案 : 원본에 '지씨知氏'로 잘못 쓰여 있는 것을 『한서漢
書』에 근거해 바로잡는다.(『구오대사고이舊五代史考異』)】가 조율한
것은 고무鼓舞만 남고 선궁 12균을 바꿔 사용하는 법은 세상에
들리지 않게 되었습니다. 한나라 원제元帝 때, 경방京房[52]이

---

51) 팔풍八風 : 사계절 기후에 따른 팔방의 바람, 또는 8종의 계절풍을 말하는
것으로 『呂氏春秋』에 "대개 바람으로 사시에 응하는데 팔방에서 일어나
며 그 성질이 여덟 번 변한다.八風者, 盖風以應四時, 起于八方, 而性亦
八變."고 하였다. 8풍의 명칭에 대해서는 각서의 기재에 다소 차이가 있
는데 『呂氏春秋』「有始」에서는 東北의 炎風, 東方의 滔風, 東南의 熏
風, 南方의 巨風, 西南의 淒風, 西方의 飂風, 西北의 厲風, 北方의 寒風
이라 하였고("東北曰炎風, 東方曰滔風, 東南曰熏風, 南方曰巨風, 西南
曰淒風, 西方曰飂風, 西北曰厲風, 北方曰寒風.") 『淮南子』「墬形訓」에
서는 '炎風·條風·景風·巨風·涼風·飂風·麗風·寒風', 『說文解字』에
서는 "동방은 明庶風, 東南은 清明風, 南方은 景風風, 西南은 涼風, 서
쪽은 閶闔風, 西北은 不周風, 北方은 廣莫風, 東北은 融風風이라 한다.
東方曰明庶風, 東南曰清明風, 南方曰景風風, 西南曰涼風, 西方曰閶闔
風, 西北曰不周風, 北方曰廣莫風, 東北曰融風風."고 했다. 『左傳』「隱
公 5年」의 기재에 대한 陸德明의 釋文에서는 8풍을 동방의 谷風, 동남의
清明風, 남방의 凱風, 서남의 涼風, 서방의 閶闔風, 서북의 不周風, 북방
의 廣莫風, 동북의 融風(『左傳』「隱公 5年」 "夫舞所以節八音, 而行八
風." 陸德明 釋文 : "八方之風, 謂東方谷風, 東南清明風, 南方凱風, 西
南涼風. 西方閶闔風, 西北不周風, 北方廣莫風, 東北融風.")이라 했다.

『주역周易』에 정통하고 음을 잘 판별해 옛 (사람들) 뜻을 탐구한 바, 주관周官의 균법均法으로 매월 5음을 번갈아 사용함으로써 준조準調를 세우고 돌아가며 궁宮을 삼아 60조가 되게 하였습니다. 또 일법日法으로 360으로 쪼개어 악부樂府에 전하였는데 편현編懸악기의 옛 모습이 회복되고 율려律呂에 착오가 없었습니다. 한나라가 쇠락하면서 아음雅音도 쇠락하였고 경방의 준법準法도 여러 차례 언급하는 자가 있었으나 결국은 이루어지지 못했습니다. 전악錢樂53)은 그 이름만 기록되어 있고

---

52) 경방京房(기원전 77~기원전 37) : 본성은 李, 字는 君明으로 東郡 頓丘 (오늘날의 河南省 淸豊 西南쪽) 사람이다. 焦延壽에게서 『周易』을 배웠고 漢 元帝때 魏郡 太守를 지냈다. 『春秋』「周易」을 인용해 수차례 재난에 대해 상소를 올렸는데 환관 石顯에게 미움을 사고 당시의 권신인 五鹿充宗의 학설과 다르다 하여 '정치를 비방하고 천자를 비난한 죄'로 棄市당했다. 『易傳』 3卷, 『周易章句』 10卷, 『周易錯卦』 7卷, 『周易妖占』 12卷 등 주역에 대한 많은 저서를 남겼으며 그 제자 殷嘉 · 姚平 · 乘弘에게 그 학문이 전수되어 京氏學을 이루었다. 12율에 관한 이론은 西周시기 이래로 시대와 음악의 변화에 따라 다소 다르게 발전했는데 대체로 『呂氏春秋』의 3分損益律, 그에 기초해 나온 何承天의 新律, 朱載堉의 新法密率(平均率) 등 12율에 한해 사용하는 것과 선진시기의 鐘律, 전통적 琴律, 京房의 60율, 荀勗의 笛律, 蔡元定의 18율 등 12율을 초과하는 것으로 나눌 수 있다. 12율에는 확고한 지위를 차지하는 12율, 즉 正律이 있고 그에서 파생된 變律이 있는데 京房의 60율과 錢樂之의 360율 등은 율을 지나치게 세분화해 變律을 12正律 사이의 中立音으로 위치시켰으며 명확히 율위를 구분하지 않았다. 이로 인해 전통궁조이론의 12율위 旋宮 원칙과는 멀어졌지만 魏晉隋唐代의 俗樂 궁조 체계에는 현실적으로 적용되었다고 평가된다.

53) 전악錢樂(424~453) : 南朝 宋나라의 태사령이었던 錢樂之를 말한다. 율

심중沈重54)은 그 설만 조목으로 남아있을 뿐이라 60율법律法은 적막해져 전하지 않게 되었습니다. 양梁의 무제武帝는 원래 음률에 정통해 4통通55) 12적笛을 스스로 만들어 8음을 일으켰습니다. 또 예전의 5정正·2변變의 음을 끌어다가 돌아가며 궁宮을 삼아 84조를 얻었는데 율준律準으로 만든 조調와 음은 같고 수만 달랐습니다. 후경侯景의 난56)때에 그 음이 또 끊겼습니다. 수隋나라 초에 아악을 제정했는데 여러 무리들이 의논하는 것을 저지해 수년이 지나도록 완성되지 못했습니다. 패공沛公 정역鄭譯이 구자악龜玆樂의 비파琵琶 7음을 가지고 월율月律에 맞추니 5정正·2변變, 7조調가 조화로워졌고, 돌아가며 궁을 삼으니 다시 84조가 이루어졌습니다. 악공 만보상萬寶常이 다시 그 현의 수를 줄여 다소 고담古淡스럽게 했습니다. 수나

력학자로 경방의 60율에 근거해 360율을 추산해 냈으며 철저히 3分損益法의 율제에 따랐다.

54) 심중沈重 : 南朝 梁나라 때 학자로, 전악지의 뒤를 이어 360율을 추산했는데, 그 방법은 서로 달랐다고 한다.

55) 통通 : 고대의 律准, 즉 율을 정하는 正律器이다.

56) 후경侯景(503~552) : 본성은 侯骨이고 字는 萬景으로, 朔州(오늘날의 山西省 朔州市) 사람이다. 羯族으로, 六鎭의 기의때 공을 세운 뒤 대장군 爾朱榮 밑에서 葛榮의 기의를 평정하고 定州刺史가 되었다. 그후 東魏로 가 吏部尙書, 河南尹을 지냈으며 547년에는 梁 武帝에게 투항해 大將軍, 都督河南南北諸軍事 등을 지내고 河南王에 봉해졌다. 548년, 建康을 공격해 문벌세족들을 몰살하고 梁 武帝 부자를 죽였으며 551년에는 스스로 칭제하고 국호를 漢이라 했다. 이를 侯景의 난이라 하며 梁 元帝가 江州刺史 王僧辯, 東揚州刺史 陳霸先 등과 연합해 건강을 수복한 후 평정되었다. 侯景은 도망 후 부하 羊鵾에게 죽임 당했다.

라 고조高祖는 아악을 중시하지 않아 유관儒官들에게 모여 의
논하게 했는데 박사博士 하타何妥가 반박하는 상주를 올려 정
역·만보상이 지은 84조는 함께 폐지되었습니다. 수나라 교묘
郊廟에서 연주한 것은 황종 1균 뿐으로 5교五郊에서 영기迎
氣[57]제사를 올릴 때와 더불어 유빈蕤賓을 섞어 썼으니 7조만
있었던 것이고 ; 나머지 다섯 종鍾은 걸려 있을 뿐 쓰지 않았습
니다. 3조朝의 연악宴樂은 만악縵樂[58] 9부部를 썼고 당나라가
들어 설 때까지 바뀌지 않았습니다. 당 태종때 이르러서야 옛
악공 조효순·장문수에게 명해 정역·만보상이 조율한 7음 84
조를 정리하게 하니, 비로소 현악기와 관악기가 함께 펼쳐지고
종과 경이 함께 연주되어 7시始의 음이 다시 진작되고 4상廂의
운운韻이 모두 조화롭게 되었습니다. 안사安史의 난으로 장안長
安이 뒤집힌 후에는 오색 깃털 장식의 악기 걸이에 걸린 악
기[59]는 남김없이 사라지고 악기를 치고 연주하는[60] 악공은 오

---

57) 오교영기五郊迎氣 : 절기를 맞이하며 5교(동·서·남·북·중교)에서 제사
올리는 것을 말한다. 立春에는 동교에서 靑帝 句芒에게, 立夏에는 남교
에서 赤帝 祝融에게, 立秋 18일 전 중교에서 黃帝 后土에게, 立秋에는
서교에서 白帝 蓐收에게, 立冬에는 黑帝 玄冥에게 올렸다. 『後漢書』
「明帝紀」: "是歲(59년)始迎氣於五郊." 『隋書』「禮儀志」2 : "後齊五郊迎
氣, 爲壇各於四郊, 又爲黃壇於未地."

58) 만악縵樂 : 雜樂 중 조화로운 음악을 말하며 제사 때 썼다고 한다. 『周禮』
「春官·磬師」: "教縵樂燕樂之鐘磬, 凡祭祀, 奏縵樂." 鄭玄 注 : "縵, 謂
雜聲之和樂者也." 『漢書』「禮樂志」: "縵樂鼓員十三人." 顏師古 注 :
"縵樂, 雜樂也."

59) 숭아수우지기崇牙樹羽之器 : 崇牙는 악기를 거는 가로목 위에 새겨진 뾰

래도록 계승하는 사람이 없었습니다. 교묘에서 연주한 것이 어찌 남기南箕[61]와 다르겠습니까. 물결에 쓸려가 돌아오지 않으니 음악을 아는 사람이 거의 없게 된 것입니다.

족뾰족한 이 같은 부분(鋸齒)으로 악기를 걸 때 사용하는 것이고 樹羽는 崇牙 위에 장식된 오색의 깃털을 말한다. 『詩經』「周頌·有瞽」에 "맹인 악사, 맹인 악사가 주나라 廟庭에 늘어섰네. 종 걸이와 북 걸이 다 설치하니, 숭아엔 오색 깃털 장식, 소고와 대고 걸렸네. 鞉(路鼗: 북자루를 잡고 돌리면 양쪽 귀가 돌면서 쳐지는 북)와 磬, 柷(漆桶 모양의 나무 악기로 연주 시작을 알림)과 敔(엎드린 호랑이 모양 악기로 등쪽 톱니모양의 서어를 나무채로 긁어 연주 끝을 알림) 다 갖추어져 연주하고, 퉁소와 피리가 일제히 울리네.有瞽有瞽, 在周之庭. 設業設虡, 崇牙樹羽. 應田懸鼓, 鞉磬柷圉. 既備乃奏, 簫管備舉. 喤喤厥聲, 肅雍和鳴, 先祖是聽. 我客戾止, 永觀厥成."라는 구절이 있다.

60) 알격박부戞擊搏拊 : 戞擊은 원래 敔를 두드리고 柷을 치는 동작이고 搏拊는 원래 안에 쌀겨를 채운, 가죽으로 만든 타악기로 양손으로 치는 것인데 악기를 연주하는 동작을 가리키기도 한다. 『尙書』「益稷」에 "鳴球(玉磬)를 치고, 금슬을 타며 노래하니, 조상께서 이르시네.戞擊鳴球, 搏拊琴瑟以咏, 祖考來格."라고 하였다.

61) 남기南箕 : 원래 별자리 이름으로 키 모양으로 생겼는데 두 별은 箕踵(키의 뒤쪽 오목한 부분), 두 별은 箕舌(키의 앞쪽 넓은 부분)에 해당한다. 여름과 가을 사이 남방에 출현하는데 箕星은 口舌을 주관한다고 여겨졌으며 헐뜯고 아부하는 말을 비유하는 것으로 쓰였다. 여기서는 '南箕北斗'의 뜻으로 남쪽의 箕星은 키 모양이고 북쪽의 斗星은 국자 모양이나 실제로는 곡식을 까불릴 수도, 술을 뜰 수도 없음을 들어, 이름만 있고 실질이 없는 것을 비유한 것이다. 『詩經』「小雅·大東」: "維南有箕, 不可以簸揚；維北有斗, 不可以挹酒漿."

臣等竊以音之所起, 出自人心, 夔・曠不能長存, 人事不能常泰[一九]⁶²⁾, 人亡則音息, 世亂則樂崩, 若不深知禮樂之情, 安能明制作之本. 陛下心苞萬化, 學富三雍. 觀兵耀武之功, 已光鴻業; 尊祖禮神之致, 尤軫皇情. 乃睠奉常, 痛淪樂職, 親閱四懸之器, 思復九奏之音, 爰命廷臣, 重調鍾律. 樞密使王朴[二〇]⁶³⁾, 探京房之準法, 練梁武之通音, 考鄭譯・寶常【寶常, 原本作'寶富', 今據『五代會要』改正.(影庫本粘籤)】之七均, 校孝孫・文收之九變, 積黍累以審其度, 聽聲詩以測其情, 依權衡嘉量之前文, 得備數和聲之大旨, 施於鍾, 足洽簫韶. 臣等今月十九日於太常寺集, 命太樂令賈峻奏王朴新法黃鍾調七均, 音律和諧, 不相凌越. 其餘十一管諸調, 望依新法教習, 以備禮寺施用[二一]⁶⁴⁾. 其五郊天地・宗廟・社稷・三朝大禮, 合用十二管諸調, 並載『唐史』・『開元禮』, 近代常行. 廣順中, 太常卿邊蔚奉勅定前件祠祭朝會舞名・樂曲・歌詞, 寺司合有簿籍, 伏恐所定與新法曲調聲韻不協, 請下太常寺檢詳校試. 如或乖舛, 請本寺依新法聲調, 別撰樂章舞曲, 令歌者誦習, 永爲一代之法, 以光六樂之書[二二]⁶⁵⁾.

---

62) [교감기 19] "夔曠不能長存人事不能常泰"에서 '不能長存人事'의 여섯 자는 원래 없었는데『五代會要』권7,『冊府元龜』권570,『資治通鑑』권294 注에 근거해 보완했다.

63) [교감기 20] "樞密使王朴"는『五代會要』권7,『冊府元龜』권570,『資治通鑑』권294 注에 의하면 '樞密使' 앞에 '臣等據'의 세 자가 있었고 '王朴' 뒤에 '條奏' 두 자가 있었다.

64) [교감기 21] "以備禮寺施用"의 '施'는 원래 '視'였는데『五代會要』권7,『冊府元龜』권570,『資治通鑑』권294에 의거해 바로 잡는다.

신臣들이 사사로이 생각하기에, 음의 기원은 사람 마음에서 나오는데 기夔와 광曠66)도 영원히 존재할 수 없고 사람 일도 늘 편안할 수는 없어, 사람이 죽으면 음도 끊기고 세상이 어지러우면 음악도 붕괴됩니다. 그러니 예악의 정실을 깊이 알지 못한다면 어찌 음악이 만들어지는 근본에 밝을 수 있겠습니까. 폐하께서는 만물의 변화를 포용하시고 삼옹三雍67)의 가르침을

65) [교감기 22] "以光六樂之書"의 '光'은 원래 '先'이었는데 殿本・劉本 및 『冊府元龜』 권570에 근거해 고쳤다. 影庫本批校에 "以先六樂之書에서 先은 응당 光으로 해야 한다"고 했다.

66) 기夔와 광曠 : 夔는 『山海經』 「大荒經」에 등장하는 소 모양의 푸른 색 神獸로 다리가 하나이며 황제가 東海의 流波山 깊은 곳에서 그를 얻어 가죽으로 북을 만들고 雷獸의 뼈로 채를 만들어 치니 그 소리가 5백리까지 울렸다고 한다. "東海中有流波山, 入海七千里. 其上有獸, 狀如牛, 蒼身而無角, 一足, 出入水則必風雨, 其光如日月, 其聲如雷, 其名曰夔. 黃帝得之, 以其皮爲鼓, 橛以雷獸之骨, 聲聞五百里, 以威天下." 『呂氏春秋』 「察傳」에서는 기를 樂正으로 언급하고 있다. "魯哀公問於孔子曰, '樂正夔, 一足, 信乎?'" 曠은 先秦시기 樂聖으로 불린 師曠을 말하는데 晉 悼公・平公때 太宰를 지냈고 궁정음악을 관장했으며 태극권의 창시자, 사상가, 점술가로도 알려져 있다. 맹인으로 스스로 瞑臣・盲臣이라 칭했으며 박학다식하고 음률에 정통했다. 鳥獸의 언어까지 할 줄 알았고 그가 거문고를 타면 봉황이 이르렀으며 琴曲 〈陽春〉〈白雪〉도 그가 지은 것으로 전해진다. 또한 『莊子』 「齊物論」에 "음률을 매우 잘 알았다.甚知音律."고 전하며 『淮南子』 「氾論訓」에 "師曠이 거문고의 기러기 발(柱)을 놓았는데 상하로 움직임에 척도가 없음에도 음에 들어맞지 않는 것이 없었다.譬猶師曠之施瑟柱也, 所推移上下者, 無尺寸之度, 而靡不中音."는 기재가 있다. 그가 晉 平公이 주조한 大鐘의 음조가 맞지 않는다고 지적했으나 平公이 인정하지 않았는데 후에 衛의 악사 師涓이 그의 지적이 옳음을 증명했다는 일화가 전한다.

충분히 익히셨습니다. 또한 군대를 사열해 무공을 드날리고 위
대한 업을 이미 빛내셨으며; 조상을 받들고 신께 예를 극진히
올리실 때 진심으로 애통해 하셨습니다. 그리하여 봉상奉常[68]
을 살피시고 악직樂職이 침체된 것을 마음 아파하시어 친히 사
면에 걸려있는 악기 틀을 둘러보시고 9주奏[69]의 음악을 회복

---

67) 삼옹三雍 :『漢書』「河間獻王傳」에 "武帝時, 獻王來朝, 獻雅樂. 對三雍
宮及詔策所問三十餘事."라 하였는데 顏師古의 注에서 應劭의 말을 인
용해 三雍은 "辟雍·明堂·靈臺를 말한다. 雍은 조화롭다는 것으로 천지
·군신·백성들이 모두 조화를 이루는 것이다.辟雍·明堂·靈臺也. 雍, 和
也. 言天地君臣人民皆和也."라고 하였다. 辟雍은 원래 周 天子가 세운
大學으로 校址는 원형이고 물에 둘러싸인 곳인데 鄕飮·大射(제사때 거
행하는 射禮)나 제사의 예를 행하는 곳이며 明堂은 제왕이 정령을 반포
하고 朝覲을 받고 天地의 신 및 조상에게 제사를 올리는 곳이다. 靈臺는
제왕이 천문, 별자리와 기이한 현상을 관찰하는 곳으로,『文選』중 張衡
의 〈東京賦〉에 "왼쪽에 벽옹을 만들고 오른쪽에 영대를 세운다.左制辟
雍, 右立靈臺."라고 했는데 薛綜의 注에 "역법을 관장하고 절기를 기록
하고 예측하는 것을 영대라 한다.司歷紀候節氣者曰靈臺."고 하였다.

68) 봉상奉常 : 秦代 9卿중 하나로 종묘 사직의 예악, 예식을 관장하고 제사
때 황제를 보좌하며 황제의 침묘와 능원을 관리하던 직책이다. 漢 景帝때
(기원전 144년) 太常으로 바뀌었으며 속관으로는 太史·太祝·太宰·太
藥·太醫·太卜의 六令과 博士祭酒가 있었다. 漢代에는 중요한 직책으
로 주로 列侯나 名儒들이 맡았으며 후대에는 속관들이 타 부서에 속하게
되면서 제사와 예식을 전담하는 직책이 되었다.

69) 구주九奏 : 고대 예식에서 연주되던 9곡.『尙書』「益稷」에 "〈簫韶〉9成을
연주하니, 봉황이 춤추며 이른다.〈簫韶〉九成, 鳳凰來儀."라고 하였는데
孔傳에 "9奏의 음악을 갖추어 봉황을 부른 것이다.備樂九奏而致鳳凰."
라고 하였고 孔穎達 疏에 "成은 악곡이 이루어지는 것을 말한다. 鄭玄이
이르기를, '成은 끝난다는 것과 같다. 매곡이 끝나면 반드시 바꾸어 연주

시키고자 하셨으니, 이에 조정 대신들에게 명을 내려 다시금 종률鍾律을 조정하도록 하셨습니다. 추밀사樞密使 왕박王朴은 경방의 준법을 취하고, 양나라 무제의 통음通音을 연마하고, 정역과 만보상【보상寶常은 원래 '보부寶富'라 되어 있으나, 이제 『오대회요』에 의거하여 바로 잡는다.(영고본影庫本 주석)】의 칠균七均을 고찰하고, 조효손과 장문수의 9변變을 검교한 다음, 기장을 쌓아 올려 그 도수를 살피고, 노래를 들음으로써 감정을 추측하였습니다. 저울과 용기量器70)에 대한 예전의 기재에 근거해, 숫자를 갖추고 소리의 조화를 이룬 대강의 뜻을 얻어 종鐘에 시행하니 족히 (舜임금의 음악) 〈소소簫韶〉처럼 조화로웠습니다. 신 등은 이번 달 19일에 태상시에 모여 태악령太樂令 가준賈峻에게 명해 왕박이 새로 제정한 황종조 7균均을 연주하게 하였는데, 음률이 조화롭고 서로 침범하고 어긋나는 것이 없었습니다. 나머지 11관管의 여러 조들은 새로운 법에 따라 교습

해야 한다'라고 했다. 經에서는 9成이라 하고 傳에서는 9奏라 하고 『周禮』에서는 9變이라 했는데 실은 다 한 가지이다.成, 謂樂曲成也. 鄭云 : '成, 猶終也. 每曲一終, 必變更奏.' 故經言九成, 傳言九奏, 『周禮』謂之九變, 其實一也."라고 하였다.

70) 권형가량權衡嘉量 : 권형은 저울추와 저울대를 말하며 嘉量은 고대의 표준용기로, 斛·斗·升·合·龠 등이 있고 䖪(6말 4되)·豆(1말)·㪷(1되)를 三量이라 했으며(漢書』「律曆志」上) 『西淸古鑑』에 漢代의 '嘉量圖'가 전한다. 新의 王莽이 斛·斗·升·合·龠을 합해 1器로 만들었는데 청대 乾隆帝때 이것을 바친 사람이 있어 '新莽嘉量'이라 불렀다. 乾隆帝는 이것과 당 太宗때의 方形 가량을 참고해서 方形과 圓形 각 2개씩의 가량을 제작해 北京과 沈陽의 고궁에 두었다고 한다.

하여 예시禮寺에서 사용할 때를 대비하기 바라옵나이다. 오교
五郊에서 천지에 제사 지낼 때나 종묘, 사직, 삼조三朝 대례大
禮에는 12관管의 여러 조를 함께 사용하였다는 사실이 『당사唐
史』와 『개원례開元禮』71)에 나란히 기재되어 있어 근대에 늘 시
행되었습니다. 광순廣順연간에 태상경 변위가 칙령을 받들어
앞서 언급한 사제祠祭와 조회朝會에서 쓰인 춤 이름과 악곡,
가사를 정했으니 시사寺司에 응당 기록 문서가 있을 것입니다.
엎드려 생각하건대 혹여 그 정한 바가 신법의 곡조 성운과 어
울리지 않을까 걱정되오니, 태상시에 내려 상세히 검증하고 시
험하도록 하여 주십시오. 만약 어긋나는 바가 있으면 태상시에
청해 신법의 성조에 따라 따로 악장 무곡을 짓고 노래하는 이
에게 익히게 하여 영구히 한 시대의 법으로 삼고 6악樂72)의
서書를 빛내도록 하여 주십시오.

---

71) 『개원례開元禮』: 당대 開元연간 칙찬된 『大唐開元禮』 150권을 말한다.
『禮記』를 개찬한다는 목표하에 당 太宗·高宗(貞觀·顯慶연간) 시기의 禮
書를 참조해 지은 것으로, 徐堅 등이 시작해 蕭嵩 등이 완성했고 開元20년
(732년) 반포 시행되었다. 吉禮·賓禮·嘉禮·軍禮·凶禮의 5례로 나뉜다.
72) 육악六樂 : 黃帝·堯·舜·禹·湯, 周 武王의 6대에 걸친 古樂에 근거해
周代초에 예악제도 정립을 위해 지은 樂舞를 말한다. 黃帝때의 음악에
근거한 (天神제사에 쓰이는) 〈雲門〉, 堯임금때 음악에 근거한 (地神제사
에 쓰이는) 〈大咸〉, 舜임금때 음악에 근거한 (四望제사에 쓰이는) 〈大
韶〉, 禹임금때 음악에 근거한 (山川제사에 쓰이는) 〈大夏〉, 湯임금때 음
악에 근거한 (姜嫄제사에 쓰이는) 〈大濩〉, 周公이 창제한 (周의 선조 제
사에 쓰이는) 〈大武〉가 그것이다. 앞의 네 곡은 文舞이고 뒤의 두 곡은
武舞이며 후대에는 육무가 선왕의 음악, 신성한 雅樂으로 인식되었다.

世宗覽奏, 善之. 乃下詔曰 :「禮樂之重, 國家所先, 近朝以來, 雅音廢墜, 雖時運之多故, 亦官守之因循. 遂使擊拊之音, 空留梗概 ; 旋相之法, 莫究指歸. 樞密使王朴, 博識古今, 懸通律呂, 討尋舊典[二三]73), 撰集新聲, 定六代之正音, 成一朝之盛事. 其王朴所奏旋宮之法, 宜依張昭等議狀行. 仍令有司依調制曲, 其間或有疑滯, 更委王朴裁酌施行.」自是雅樂之音, 稍克諧矣.

세종世宗께서 주소를 보시고 좋다고 여겨 다음과 같은 조서를 내리셨다.

예악의 중요성은 나라에서 가장 우선시되는 바, 근조 이래 아정한 음이 사라진 것은 시운에 변고가 많았던 탓도 있으나 또한 관官에서 옛것을 답습해 고수한 것에도 이유가 있다. 그런 탓에 마침내 치고 두드리는 음에 대략적인 틀만 남고 선상旋相의 법이 무엇을 가리키는지조차 따지기 어렵게 된 것이다. 추밀사 왕박은 고금에 박식하고 율려에 정통했는데 옛 전적을 탐구하고 신성新聲을 찬집하여 6代의 정음正音을 정하고 일대의 성사를 이루었다. 왕박이 상주한 선궁의 법은 장소張昭 등이 의논한 장계에 의거해 시행해야 할 것이다. 또한 유사에 명해 조에 따라 곡을 짓게 하고, 그 사이 혹 의심스럽거나 안 풀리는 것이 있으면 왕박에게 재량하고 짐작하게 하여 시행토록 하라.

---

73) [교감기 23] "討尋舊典"의 '舊'는 원래 '書'인데 殿本 및 『冊府元龜』 권 570에 의거해 고쳤다. 影庫本批校에 "討尋舊典의 '舊'는 '書'로 잘못 쓰어 있다"라고 하였다.

이로부터 아악雅樂의 음이 다소 조화를 이룰 수 있었다.

右雅樂制作.【『永樂大典』卷21678.】

이상이 아악이 제작된 정황이다.【『영락대전永樂大典』 권21678】

참고문헌

『周易正義』『尙書正義』『毛詩正義』『周禮注疏』『儀禮注疏』『禮記正義』『春秋左傳正義』『春秋公羊傳注疏』『春秋穀梁傳注疏』『論語注疏』『爾雅注疏』『孟子注疏』『孝經注疏』(十三經注疏整理委員會 整理, 北京大學出版社, 2000년 12月 第1版)
『史記』『漢書』『後漢書』『三國志』『晉書』『宋書』『南齊書』『梁書』『陳書』『魏書』『北齊書』『周書』『南史』『北史』『隋書』『舊唐書』『新唐書』『舊五代史』『新五代史』『宋史』(中華書局 標點本)

郭茂倩 編, 『樂府詩集』, 中華書局, 2017.
東京大學東洋文化硏究所, 『大唐開元禮: 附大唐郊祀錄』, 汲古書院, 1972.
『大唐開元禮』中華禮藏·禮制卷·總制之屬 第1冊, 浙江大學出版社, 2016.
董誥 等 編, 『全唐文』, 中華書局, 1983.
杜佑 撰, 『通典』, 中華書局, 1996.
呂不韋 撰, 陳奇猷 校釋, 『呂氏春秋新校釋』, 上海古籍出版社, 2002.
陸德明, 『經典釋文』, 上海古籍出版社, 2013.
馬端臨, 『文獻通考』, 中華書局, 1986.
班固 著, (淸) 陳立 輯, 『白虎通疏證』, 中華書局, 1994.
司馬光 撰, (元) 胡三省 注, 『資治通鑑』, 北京: 中華書局, 1997.
徐松, 『唐兩京城坊考』, 中華書局, 1985.
徐松, 『宋會要輯稿』, 中華書局, 1957.
薛居正 撰, 陳尙君 修訂, 『點校本24史修訂本 舊五代史』, 中華書局, 2015.
聶崇義 撰, 丁鼎 點校, 『新定三禮圖』, 淸華大學出版社, 2006.
邵晉涵, 『舊五代史考異』 文淵閣四庫全書本.
宋敏求 編, 洪丕謨 等 點校, 『唐大詔令集』, 學林出版社, 1992.
楊甲 撰, 『六經圖』, 文淵閣四庫全書本.
王溥 撰, 『唐會要』, 上海: 上海古籍出版社, 1991.
王溥 撰, 『五代會要』, 上海: 上海古籍出版社, 1978.
王先謙, 『荀子集解』, 中華書局, 2013.

王先愼 撰, 鍾哲 點校, 『韓非子集解』, 中華書局, 2016.

王應麟, 『玉海』, 中日合璧本, 京都 : 中文出版社, 1986.

王欽若 等 撰 周勳初 等 校訂, 『冊府元龜』, 鳳凰出版社, 2006.

應劭 著, (淸) 孫星衍 輯, 『漢官六種』, 中華書局, 1990.

李誠, 『營造法式』, 人民出版社, 2006.

李林甫 等 撰, 陳仲夫 點校, 『唐六典』, 中華書局, 2014.

錢大昕, 『廿二史考異』, 上海古籍出版社, 2004.

鄭樵, 『通志二十略』, 中華書局, 1995.

趙翼(淸) 著, 欒保群·呂宗力 校點, 『陔餘叢考』, 河北人民出版社, 2003.

左丘明 撰, 王守謙·金秀珍·王鳳春 譯注, 『左傳 全譯』, 貴州人民出版社,
   1991.

陳鼓應 注譯, 『莊子今注今譯』, 中華書局, 1991.

陳立, 『白虎通疏證』, 中華書局, 1994.

陳祥道(宋) 撰, 『禮書』 全 32冊, 國家圖書館出版社, 2006.

陳暘 撰, 張國強 點校, 『樂書』, 中州古籍出版社, 2019.

崔豹, 『古今注』, 遼寧教育出版社, 1998.

郝懿行 撰, 欒保羣 點校, 『山海經箋疏』, 中華書局, 2019.

許愼 撰, (淸) 段玉裁 注, 『說文解字』, 上海古籍出版社, 1988.

黃以周, 『禮書通故』, 中華書局, 2007.

『欽定周官義疏』, 王皓 編, 『文津閣四庫全書圖典』, 商務印書館, 2017.

『欽定禮記義疏』 王皓 編, 『文津閣四庫全書圖典』, 商務印書館, 2017.

甘懷眞, 『唐代家廟制研究』, 臺灣商務印書館, 1991.

姜波, 『漢唐都城禮制建築研究』, 文物出版社, 2003.

高明士, 『中國中古禮律綜論』, 商務印書館, 2017.

郭善兵, 『中國古代帝王宗廟禮制研究』, 人民出版社, 2007.

史爲樂 主編, 『中國歷史地名大辭典』, 中國社科出版社, 2005.

孫晨陽, 『中國古代服飾辭典』, 中華書局, 2015.

楊鴻勛, 『宮殿考古通論』, 紫禁城出版社, 2007.

吳麗娛 主編, 『禮與中國古代社會: 隋唐五代宋元卷』, 中國社會科學出版
   社, 2016.

吳麗娛, 『唐禮撫遺 - 中古書儀研究』, 北京: 商務印書館, 2002.

吳玉貴 撰, 『唐書輯校』, 中華書局, 2009.

劉藍 輯著, 『二十五史音樂志』 第2卷, 雲南大學出版社, 2015.

幼彬・李婉貞 編, 『中國古代建築歷史圖說』, 中國建築工業出版社, 2002.

任爽, 『十國典制考』, 中華書局, 2004.

任爽, 『五代典制考』, 中華書局, 2007.

張文昌, 『制禮以敎天下』, 臺灣: 國立臺灣大學出版中心, 2012 初版.

錢玄, 『三禮辭典』, 江蘇古籍出版社, 1988.

趙翼, 『陔餘叢考』, 中華書局, 1963 초판.

朱溢, 『事邦國之神祇: 唐至北宋吉禮變遷研究』, 上海古籍出版社, 2014.

周一良・趙和平, 『唐五代書儀研究』, 中國社會科學出版社, 1995.

陳尙君 主編, 『舊五代史新輯會證』, 復旦大學出版社, 2005.

崔圭順, 『中國歷代帝王冕服硏究』, 東華大學, 2007.

向燕南・李峰, 『新舊唐書與新舊五代史研究』, 北京: 中國大百科全書出版
社, 2009.

許嘉璐 主編, 『二十四史全譯』(全91冊), 同心出版社, 2012.

김용천 등, 『의례역주』(1~8), 세창출판사, 2012~2015.

김택민 주역, 『역주 당육전』 상・중・하, 신서원, 2003.

세오 다쓰히코 저, 최재영 역, 『장안은 어떻게 세계의 수도가 되었나』, 황금가
지, 2006.

와타나베신이치로 저, 문정희・임대희 공역, 『천공의 옥좌』, 신서원, 2002.

왕치쥔 주편, 차주환 등 역, 『중국도해사전』, 고려출판사, 2016.

이혜구, 『한국음악논총』, 수문당, 1976.

임종욱 외 1인, 『중국역대인명사전』, 이회문화사, 2010.

진양 지음, 이후영 옮김, 『역주 악서 3』, 소명출판, 2012.

진양 지음, 이후영・김종수 옮김, 『역주 악서 4』, 소명출판, 2014.

진양 지음, 조남권・김종수 옮김, 『역주 악서 5』, 소명출판, 2017.

耿元驪, 「五代禮制考」, 『五代典制考』 第1章, 中華書局, 2007.

瀧天政次郎, 「江都集禮と日本の儀式」, 『典籍論集』岩井博士古稀記念事

業会, 1963.

李方元, 「唐宋時期的正史樂志及其文體傳統」, 『中國音樂』, 2004년 제4기.

李曉龍·王小盾, 「從『舊五代史樂志』看音樂文獻的校勘」, 『音樂藝術』, 2015
    年 第1期.

盛險峰, 「郊廟地點與五代兩都分立」, 『社會科學戰線』, 2003年 第4期.

盛險峰, 「五代典章制度研究」, 東北師範大學博士論文, 2003.

孫先文, 「『舊五代史』研究」 安徽大學博士論文, 2014.

王美華, 「皇帝祭天禮與五代十國的正統意識」 『陝西師範大學學報』 제47권
    제4기, 2018년 7월.

張文昌, 「〈大周通禮〉與〈開寶通禮〉內容與體例試探」, 『早期中國史研究』
    第2卷 第2期, 2010.

朱溢, 「唐至北宋時期的皇帝親郊」, 『國立政治大學歷史學報』 第34期, 2010
    년 11월.

陳智超·鄭慶寶, 「『舊五代史』諸志標准本的論證」, 『江西社會科學』, 2012
    年 第8期.

陳昌文·盛霞, 「遊離與回歸—『舊五代史·樂志』發微」, 『東南學術』, 2015年
    第3期.

湯勤福, 「唐代玄元皇帝廟·太清宮的禮儀屬性問題」, 『史林』, 2019年 6期
    第1版.

馮盛, 「五代太常卿太常博士考論」, 『河北北方學院學報』 第36卷 第2期,
    2020년 4월.

許繼起, 「鼓吹十二案考釋」, 『中國音樂學』, 2004年 第4期.

許繼起, 「魏晉南北朝清商樂署考論」, 『中南民族大學學報(人文社會科學
    版)』, 2016年 第6期.

당송 예악지 역주 총서

연구책임 김현철

01 **구당서 예의지** 1 문정희 역주
02 **구당서 예의지** 2 문정희·최진묵 역주
03 **구당서 예의지** 3 김정신·방향숙·김용천 역주
04 **구당서 음악지** 1 최진묵·이유진 역주
05 **구당서 음악지** 2 이유진·하경심 역주
06 **구당서 여복지·신당서 거복지** 방향숙 역주
07 **신당서 예악지** 1 문정희·김현철 역주
08 **신당서 예악지** 2 최진묵·김정신 역주
09 **신당서 예악지** 3 김용천·이유진 역주
10 **신당서 예악지** 4·**의위지** 이유진·하경심·방향숙 역주
11 **구오대사 예지·악지** 문정희·이유진·하경심 역주
12 **송사 예지** 1 문정희 역주 근간
13 **송사 예지** 2 최진묵·김용천 역주 근간
14 **송사 예지** 3 김용천·김정신·최진묵 역주 근간
15 **송사 예지** 4 최진묵·문정희 역주 근간
16 **송사 예지** 5 문정희·김정신 역주 근간
17 **송사 예지** 6 방향숙 역주 근간
18 **송사 예지** 7 이유진 역주 근간
19 **송사 예지** 8 이유진·방향숙 역주 근간
20 **송사 예지** 9 김용천 역주 근간
21 **송사 악지** 1 이유진·하경심 역주 근간
22 **송사 악지** 2 문정희·이유진 역주 근간
23 **송사 악지** 3 하경심·최진묵 역주 근간
24 **송사 악지** 4 최진묵·김현철 역주 근간
25 **송사 악지** 5 이유진 역주 근간
26 **송사 악지** 6 문정희·방향숙 역주 근간
27 **송사 악지** 7 방향숙·문정희 역주 근간
28 **송사 의위지** 1 방향숙·이유진 역주 근간
29 **송사 의위지** 2 이유진·최진묵 역주 근간
30 **송사 여복지** 1 방향숙 역주 근간
31 **송사 여복지** 2 방향숙·문정희 역주 근간
32 **색인** 당송 예악지 연구회 편 근간

| 연구 책임 |

김현철

연세대학교 중국연구원 원장
중국 언어와 문화 전공자. 한국연구재단 중점사업 '중국 정사 당송 예악지 역주' 사업
연구책임자. 연세대학교 우수업적 교수상, 우수강의 교수상, 공헌교수상 및 우수업적
논문분야 최우수상을 수상
200여 편의 논문과 저역서 편찬, 『중국 언어학사』가 '1998년 제31회 문화관광부선정
우수학술도서', 『중국어어법 연구방법론』이 '2008년 대한민국학술원 기초학문육성 우
수 학술도서', 『대조분석과 중국어교육』이 '2019년 학술부문 세종도서로 선정'로 선정

| 역주자 |

문정희

연세대학교 중국연구원 연구교수
연세대학교 사학과, 동대학원 석·박사 졸업
역서로 『天空의 玉座 – 중국고대제국의 조정과 의례』(공역), 『중국 고대 정사 예악지 역
주: 사기·한서·위서·남제서·수서』(공역), 『중국 정사 외국전 역주: 사기·한서·위서·
남제서』(공역), 『양한사상사』권1 상(공역), 논문으로 「고대 중국의 출행의식과 여행금
기」, 「일서日書를 통해 본 고대 중국의 질병관념과 제사습속」 등이 있다.

이유진

연세대학교 중국연구원 연구교수
연세대 중어중문학과를 졸업하고, 동대학원에서 '중국신화의 역사화歷史化 연구'로 박
사학위를 받았다. 복잡한 중국 역사를 대중적인 언어로 소개하는 작업을 꾸준히 해왔
다. 저서로 『중국을 빚어낸 여섯 도읍지 이야기』, 『상식과 교양으로 읽는 중국의 역사』,
『한손엔 공자 한손엔 황제 : 중국의 문화 굴기를 읽는다』, 『차이나 인사이트 2018』(공저)
등이 있고, 역서로 『신세계사』, 『고대 도시로 떠나는 여행』, 『미의 역정』, 『동양고전과
푸코의 웃음소리』, 『중국신화사』(공역), 『태평광기』(공역) 등이 있다.

하경심

연세대학교 중어중문학과 교수, 연세대학교 공연예술연구소장. 중국고전희곡 전공
역서로 『중국연극사』(학고방), 『두아이야기, 악한 노재랑』(지만지), 『전한희곡선』(학고방),
『조우희곡선』(학고방), 『부득이』(일조각), 『송대의 사』(학고방) 등이 있고 논문으로 「무대
위의 건괵영웅 – 중국 전통극중 여성영웅형상의 탄생과 변용」, 「계승과 변화, 다양성과
가능성 : 최근 북경의 극 공연 및 공연환경 탐색」, 「중국 전통극 제재의 변용에 관한
일고 – 혼변고사를 중심으로」, 「마치원의 산곡 투수 소고」, 「원대 '조소' 산곡 소고」 등
이 있다.

당송 예악지 역주 총서 11

구오대사 예지 악지

초판 1쇄 인쇄 2023년 8월 1일
초판 1쇄 발행 2023년 8월 16일

연세대학교 중국연구원 당송 예악지 연구회 편
연구책임 | 김현철

역 주 자 | 문정희·이유진·하경심
펴 낸 이 | 하운근
펴 낸 곳 | 學古房

주   소 | 경기도 고양시 덕양구 통일로 140 삼송테크노밸리 A동 B224
전   화 | (02)353-9908   편집부(02)356-9903
팩   스 | (02)6959-8234
홈페이지 | http://hakgobang.co.kr
전자우편 | hakgobang@naver.com, hakgobang@chol.com
등록번호 | 제311-1994-000001호

ISBN 979-11-6586-458-3 94910
      979-11-6586-091-2 (세트)

값 : 25,000원